西南山区高速铁路新技术丛书

西南山区煤与瓦斯突出隧道施工技术

王明慧 张忠爱〇编著

西南交通大学出版社
·成 都·

图书在版编目（ＣＩＰ）数据

西南山区煤与瓦斯突出隧道施工技术／王明慧，张忠爱编著. —成都：西南交通大学出版社，2017.12
ISBN 978-7-5643-5916-4

Ⅰ. ①西… Ⅱ. ①王… ②张… Ⅲ.①铁路隧道 – 瓦斯隧道 – 隧道施工 Ⅳ. ①U459.91

中国版本图书馆 CIP 数据核字（2017）第 289590 号

西南山区煤与瓦斯突出隧道施工技术

王明慧　张忠爱　编著

策 划 编 辑	王　旻
责 任 编 辑	姜锡伟
封 面 设 计	何东琳设计工作室
出 版 发 行	西南交通大学出版社 （四川省成都市二环路北一段 111 号 西南交通大学创新大厦 21 楼）
发 行 部 电 话	028-87600564　028-87600533
邮 政 编 码	610031
网　　　　址	http://www.xnjdcbs.com
印　　　　刷	四川煤田地质制图印刷厂
成 品 尺 寸	210 mm×285 mm
印　　　　张	11.5
字　　　　数	292 千
版　　　　次	2017 年 12 月第 1 版
印　　　　次	2017 年 12 月第 1 次
书　　　　号	ISBN 978-7-5643-5916-4
定　　　　价	68.00 元

序

　　瓦斯隧道尤其是瓦斯突出隧道的工程建设难度大，风险高。近二十年来，随着交通建设的快速发展，瓦斯隧道越来越多。由于前期认识不足，缺乏足够的防治经验，在工程建设过程中，瓦斯隧道事故时有发生，一些事故甚至带来惨痛的教训和巨大的损失。

　　近年来，相关单位虽然加强了对瓦斯隧道爆破技术、通风设计、瓦斯监控和预防、施工用电管理、火源控制、施工机械防爆改装、气密性混凝土使用等方面的研究，但是针对高瓦斯隧道施工技术方面的规定还是不够具体、不够完善。

　　渝黔铁路天坪隧道地处重庆与贵州交界地段，为典型的西南山区隧道，其瓦斯压力为 3.58~3.67 MPa（突出判别值为 0.74 MPa），属于瓦斯突出隧道。为确保天坪隧道安全、快速、高质量地施工，施工单位通过组织开展瓦斯突出隧道修建关键技术研究，研究解决了天坪隧道修建中遇到的揭煤、瓦斯抽排、通风、无轨运输、超前探测、机制砂气密性混凝土、安全管理等主要技术难题。

　　《西南山区煤与瓦斯突出隧道施工技术》一书结合天坪瓦斯突出隧道具体施工实例，系统总结了各项研究成果，理论联系实际，图文并茂，学术性、实用性、针对性强，可为我国西南山区煤与瓦斯隧道的规划、设计、施工、监理、运营提供借鉴。

中国工程院院士：

2017 年 8 月

前　言

渝黔铁路天坪隧道地处重庆与贵州交界，为典型的西南山区隧道，其瓦斯压力为 3.58～3.67 MPa（突出判别值为 0.74 MPa），为典型的瓦斯突出隧道，施工中存在大断面隧道揭煤、隧道内瓦斯抽排、瓦斯突出隧道施工通风、高瓦斯隧道无轨运输、瓦斯超前探测和瓦斯突出隧道施工组织管理等技术问题。为确保天坪隧道安全、快速、高质量地施工，从 2013 年开始，我们开始组织瓦斯突出隧道修建关键技术研究，主要研究解决天坪隧道修建中遇到的技术难题，为天坪隧道的修建保驾护航，力争将我国高瓦斯隧道的修建技术推上一个新的台阶。

本书是历经两年，结合天坪瓦斯突出隧道施工，经过反复修改完善、提炼完成的，主要阐释了瓦斯突出隧道的工程技术与工程方法，包括瓦斯抽放防突、揭煤、节能通风、监测、无轨运输、机制砂气密性混凝土、安全管理等技术。期待其能为国内隧道规划、设计、施工、监理、运营管理技术人员提供借鉴，并希望成为引导隧道修建技术的发展、促进隧道技术人员不断深化研究与实践的参考。本书可供瓦斯隧道建设者、大专院校大学生、研究生及有关研究人员参考。

本书参与编写的单位及人员有：

中国铁路总公司：赵国堂、何志军、肖广智、姚久清、张民庆、唐国荣

渝黔铁路有限责任公司：王明慧、孙根柱、姚云晓、鲁军良、王旗兵、刘伟邦、李永生、黄旭、张兴林、曹义华、向道银、肖家强、王建华、张桥

中铁隧道局集团有限公司：洪开荣、罗琼、王小平、尤显明、卓越、王华平、于明华、杨立新、刘石磊、任伟杰、陈文义、谢成涛、王富军

中铁隧道勘测设计院有限公司：赵晋友、徐福东、杨军生、张美琴、杨仁春、李乐、将红军、杨卓梅

中铁隧道集团一处有限公司：张忠爱、易国良、陈海峰、王兴彬、李集光、张志和、祁西元、张永雄、翟富强、杨琨、刘盛、左杜平、张涛、辛国平

本书共分七章，由王明慧、张忠爱、张志和、杨琨共同组织完成。本书统稿由王明慧、张忠爱负责。本书在编写的过程中参阅了大量的国内外专著、学术论文等文献资料，同时也收集了大量的生产一线工作成果，在此谨向他们表示深深的谢意！本著作篇幅较大，由于参与人员较多，不可避免会有疏漏，有些提法也可能需要大家一起讨论，敬请提出批评并指正。

本书同时感谢梁文灏等院士对本书提供的技术指导。另外，也感谢中国矿业大学（北京）、辽宁工程技术大学、重庆煤炭科学研究院和河南理工大学等单位对本项目的技术指导工作。

编著者

2017 年 11 月

目　录

第1章 绪 论

渝黔铁路天坪隧道为瓦斯突出隧道，其瓦斯压力为 3.58～3.67 MPa（突出判别值为 0.74 MPa），施工中存在揭煤、瓦斯抽排、通风、无轨运输、超前探测、机制砂气密性混凝土、安全管理等技术难题。为确保天坪隧道安全、快速、高质量地施工，建设者主要研究天坪隧道修建中遇到的上述技术难题和关键技术，为天坪隧道的修建起到了保驾护航的指导作用，同时，也将我国高瓦斯隧道的修建技术推上了一个新的台阶。

天坪隧道位于贵州省北部，重庆与贵州省交界地段，行政区划属贵州省遵义市桐梓县。天坪隧道全长 13.978 km，地质条件复杂，集岩溶、瓦斯突出、有害气体、高地应力、高地温、突泥涌水等不良地质于一体，为渝黔铁路第一长 I 级高风险单洞双线铁路隧道，为实现长隧短打，共设置 1 平导、2 斜井、横洞（主井）、横洞（副井），天坪隧道总体平面布置见图 1-1。

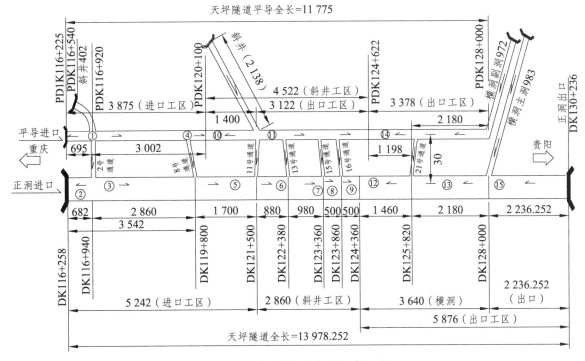

图 1-1 天坪隧道总体平面布置图

天坪隧道在 DK127+710～DK127+850 段穿越龙潭组煤系地层，隧址龙潭组共有 3～22 层煤，主要有 9 层煤，其中稳定可采的有 2 层，较稳定的可采煤有 3 层，其余 4 层煤稳定性差，局部可采。煤层最薄为 10 cm，最厚可达 3 m，其中对隧道影响较大的为 C3、C5、C6 煤层。煤系地层段施工容易发生煤与瓦斯突然大量涌出或瓦斯聚积发生瓦斯燃烧、爆炸事故，是制约总体工期的关键线路，是天坪隧道的重点也是难点。

隧道穿煤段东侧约 81m 为新渝兴煤矿规划区，周边马湖塘煤矿为突出矿井，松坎煤矿均为高瓦斯矿井。由于 C3、C5、C6 煤层在 DZ-7 钻孔中未能全面测定瓦斯压力、瓦斯含量等各

项煤层瓦斯参数，施工单位在收集参考渝兴煤矿数据的基础上，在隧道施工作业中根据平导开挖面 TSP、超前地质钻孔及煤层取芯检测情况，对瓦斯压力、瓦斯含量等各项煤层瓦斯参数进行了修正，具体见图 1-2、表 1-1。

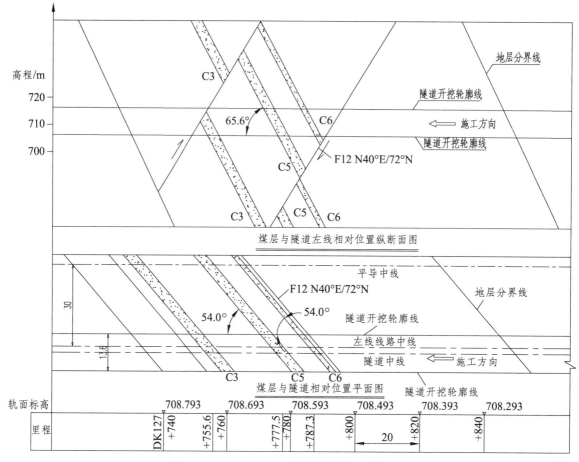

图 1-2 C3、C5、C6 煤层纵断面及平面图

表 1-1 DZ-7 地表钻孔煤与瓦斯参数测试成果

参数	瓦斯突出临界值	实测指标	备注
瓦斯压力 P（MPa）	≥0.74	3.75	
瓦斯放散初速度 ΔP	≥10	14.4	
煤的坚固系数 f	≤0.5	0.2	
煤的破坏类型	Ⅲ 及以上	Ⅳ（粉碎煤）	

1.1 煤与瓦斯突出的基本知识

瓦斯 gas：从煤（岩）层内逸出的各种有害气体的总称，其主要成分为甲烷（CH_4）。广义上讲，凡从围岩或煤层渗入隧道的有害气体，均称为瓦斯，其主要成分为：甲烷（沼气 CH_4）、二氧化碳（CO_2）、氮气（N_2），还有少量的硫化氢（H_2S）、一氧化碳（CO）、氢气（H_2）、二氧化硫（SO_2）及其他碳氢化物、稀有气体等。狭义上讲瓦斯单指甲烷（CH_4），包括煤层甲烷

和石油甲烷。

瓦斯爆炸界限为 5%~16%。当瓦斯浓度低于 5%时，遇火不爆炸，但能在火焰外围形成燃烧层；当瓦斯浓度为 9.5%时，其爆炸威力最大（氧和瓦斯完全反应）；当瓦斯浓度在 16%以上时，失去爆炸性，但在空气中遇火仍会燃烧。具体见图 1-3。

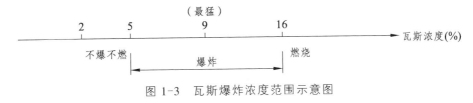

图 1-3　瓦斯爆炸浓度范围示意图

1.1.1　瓦斯隧道的判别标准

《铁路瓦斯隧道技术规范》（TB 10120—2002）中提出了瓦斯隧道、瓦斯段落和瓦斯工区的概念。瓦斯隧道分为低瓦斯隧道、高瓦斯隧道及瓦斯突出隧道三种，瓦斯隧道的类型按隧道内瓦斯工区的最高级确定。

（1）瓦斯隧道。

由于不确定因素很多，为了确保施工安全，《铁路瓦斯隧道技术规范》（TB 10120—2002）对瓦斯隧道没有定量指标，规定只要隧道内存在瓦斯，不论瓦斯出现早晚、时间长短、地点位置、数量大小，该隧道即被定义为瓦斯隧道。根据隧道内各施工工区的最高级，瓦斯隧道可分为低瓦斯隧道、高瓦斯隧道和瓦斯突出隧道三种。瓦斯隧道分级主要由设计阶段依据地表深孔钻探的瓦斯涌出量和瓦斯压力，并结合周边环境的调查来确定。

（2）瓦斯工区。

瓦斯工区的划分主要根据施工组织及瓦斯设防需要，经技术经济比较后确定。按瓦斯涌出量和瓦斯压力，《铁路瓦斯隧道技术规范》（TB 10120—2002）中将瓦斯工区分为四类：当全工区未监测到瓦斯时为非瓦斯工区；当瓦斯涌出量小于 0.5 m³/min 时为低瓦斯工区；当瓦斯涌出量大于或等于 0.5 m³/min 时为高瓦斯工区（绝对瓦斯涌出量）；当瓦斯压力大于或等于 0.74 MPa、通过鉴定具有煤与瓦斯突出危险时，为煤与瓦斯突出工区。

（3）瓦斯地段。

《铁路瓦斯隧道技术规范》（TB 10120—2002）中根据瓦斯工区的瓦斯含量，将瓦斯工区划分为非瓦斯地段和瓦斯地段（含三级、二级与一级三种）。

瓦斯隧道工区分为非瓦斯工区、低瓦斯工区、高瓦斯工区、瓦斯突出工区共四类；低瓦斯工区和高瓦斯工区可按绝对瓦斯涌出量进行判定。当全工区的瓦斯涌出量小于 0.5 m³/min 时，为低瓦斯工区；大于或等于 0.5 m³/min 时，为高瓦斯工区；瓦斯隧道只要有一处有突出危险，该处所在的工区即为瓦斯突出工区。判定瓦斯突出必须同时满足下列 4 个指标：① 瓦斯压力 $P > 0.74$ MPa；② 瓦斯放散初速度 $\Delta P > 10$；③ 煤的坚固性系数 $f < 0.5$；④ 煤的破坏类型为Ⅲ类及以上。

《铁路瓦斯隧道技术规范》（TB 10120—2002）条文说明 3.3.2 中指出："施工阶段应根据开挖后揭示的实际情况进行修正，尤其是对于煤层突出危险的判断，必须在开挖工作面进行现场检验和核实。"但由于现场施工中对瓦斯难以进行压力和涌出量的测定，而主要是通过监测瓦斯浓度，以瓦斯浓度进行安全管理，因此施工阶段必须建立以瓦斯浓度为标准体系的瓦斯分级。国内外矿井或隧道瓦斯分级见表 1-2。

表 1-2 世界各国瓦斯矿井或隧道分级

国家	行业	低瓦斯	高瓦斯	备注
苏联	矿井	<10 m³/t	≥10 m³/t	采用吨煤相对瓦斯涌出量评价
波兰	矿井	<15 m³/t	≥15 m³/t	采用吨煤相对瓦斯涌出量评价
德国	矿井	<20 m³/t	≥20 m³/t	采用吨煤相对瓦斯涌出量评价
印度	矿井	<10 m³/t	≥10 m³/t	采用吨煤相对瓦斯涌出量评价
日本	矿井	<0.5%	≥0.5%	通风条件下瓦斯浓度
	矿井	<3%	≥3%	停风 1 h 瓦斯浓度
英国	矿井	<1.25%	≥1.25%	通风条件下瓦斯浓度
美国	矿井	<0.25%	≥0.25%	通风条件下瓦斯浓度
中国	大陆矿井	<10 m³/t	≥10 m³/t	采用吨煤相对瓦斯涌出量评价
	大陆铁路隧道	<0.5 m³/min	≥0.5 m³/min	采用全工区绝对瓦斯涌出量评价
		<0.15 MPa	≥0.15 MPa	采用瓦斯压力评价
	台湾铁路隧道	<0.25%	≥0.25%	通风条件下瓦斯浓度

由世界各国（或地区）瓦斯分级来看，苏联、波兰、德国、印度和中国大陆采用瓦斯涌出量法进行瓦斯分级，而美国、日本、英国和中国台湾采用瓦斯浓度法进行瓦斯分级，且美国标准最高，也是最安全的。

瓦斯隧道灾害后果极其严重，风险高。因此，必须在地质调查的基础上，采取最直观、最准确的超前钻探法进行预报，从而评价隧道瓦斯的严重程度及对工程的影响，提出技术措施。超前钻探主要起到两个方面的预报作用：

（1）探瓦斯。通过超前钻孔进行瓦斯含量、瓦斯压力测试。

（2）探煤层。通过超前钻孔探明煤层分布位置、煤层厚度等。钻机应采用防爆型，钻孔直径应在 75~120 mm。在非煤系地层中超前钻孔数量不少于 1 个，煤层中不少于 3 个（取芯），复杂地质条件需适当增加地质钻孔数量。

1.1.2 瓦斯在煤层内的赋存状态

煤中瓦斯的赋存状态一般有游离状态和吸附状态两种：

（1）游离瓦斯：瓦斯以自由的气体状态存在于煤体和围岩的孔隙、裂隙或空洞中，瓦斯分子在孔隙中可以自由运动。

（2）吸附瓦斯：又分为吸着瓦斯和吸收瓦斯。在被吸附瓦斯中，通常把附着在煤体表面的瓦斯称为吸着瓦斯；而把进入煤体内部的瓦斯称为吸收瓦斯。

在煤体中，吸附瓦斯和游离瓦斯在外界条件不变的条件下处于动态平衡状态，吸附状态的瓦斯分子和游离状态的分子处于不断的交换之中；当外界的瓦斯压力和温度发生变化或给予冲击或振荡，影响了分子的能量时，其动态平衡会被破坏，而产生新的平衡状态。吸附瓦斯变为游离瓦斯的现象称为解吸现象。

煤中瓦斯 80% 以上以吸附状态存在。

1.1.3 影响瓦斯含量的地质因素

瓦斯含量：自然条件下单位质量或体积煤体中所含的瓦斯量（包括游离瓦斯和吸附瓦斯），

单位为 m³/t。

  煤体中瓦斯含量与实际瓦斯生成量差别很大；不同煤田、同一煤田内的不同井田、同一井田内的不同采区，其瓦斯含量均有很大差异。造成这种差异的因素很多，主要有以下几方面：

  （1）煤的变质程度。

  煤是天然吸附体，煤的煤化程度越高，其贮存瓦斯的能力就越强。一般情况下，在瓦斯带内，倘若其他因素相同，煤化变质程度不同的煤，其瓦斯含量不仅有所不同，而且随深度增加其瓦斯含量增加的量也有所不同。随着煤化变质程度的提高，在相同深度下，不仅瓦斯含量高，而且瓦斯含量梯度也大。

  这主要是因为，在一定范围内，随着煤化变质程度的增高，煤体内部因干馏作用而产生微孔隙越多，使煤的表面积增大。

  （2）煤层和围岩的透气性。

  煤系地层岩性组合及其透气性对煤层瓦斯含量有重大影响。煤层及其围岩的透气性越大，瓦斯越易流失，煤层瓦斯含量就越小；反之，瓦斯易于保存，煤层的瓦斯含量就高。

  现场实践表明：煤层顶底板透气性低的岩层（如泥岩、充填致密的细碎屑岩、裂隙不发育的灰岩等）越厚，它们在煤系地层中所占的比例越大，则往往煤层的瓦斯含量越高。反之，当围岩是由厚层中粗砂岩、砾岩或是裂隙溶洞发育的灰岩组成时，煤层瓦斯含量往往较小。

  （3）地质构造。

  地质构造是影响煤层瓦斯赋存及含量的最重要条件之一。目前总的来说，封闭型地质构造有利于封存瓦斯，开放型地质构造有利于瓦斯排放，如断裂构造和褶曲构造。

  ① 断裂构造：通常张性断层，尤其是通达地表的张性断层，有利于瓦斯的排放；压性断裂不利于瓦斯排放，甚至有一定封闭作用。

  ② 褶曲构造：当顶板为致密岩层且未暴露地表时，一般在背斜瓦斯含量由两翼向轴部增大，在向斜槽部瓦斯含量减少。当顶板为脆性岩层具裂隙较多时，瓦斯容易扩散，因而背斜顶部含瓦斯减少，在向斜轴部瓦斯增加。

  （4）煤层露头。

  煤层露头是瓦斯向地面排放的出口，因此，露头存在时间越长，瓦斯排放就越多，例如福建、广东地区的煤层多露头，瓦斯含量往往较低；反之，地表无露头的煤层，瓦斯含量往往较高。

  （5）地下水活动。

  由于地下水的运移，一方面驱动着裂隙和孔隙中瓦斯的运移，另一方面又带动了溶解于水中的瓦斯一起流动。因此，地下水活动有利于瓦斯的逸散。同时，水吸附在煤岩裂隙和孔隙的表面上，也减弱了煤对瓦斯的吸附能力，因而地下水和瓦斯占有的空间是互补的，这种相逆的关系，表现为水大地带瓦斯小、水小地带瓦斯大。

  （6）煤层埋藏深度。

  煤层埋藏深度的增加不仅会因地应力增高而使煤层和围岩的透气性降低，而且瓦斯向地表运移的距离也增大，这两者的变化均朝着有利于封存瓦斯而不利于放散瓦斯方向发展。

  研究表明：当深度不大时，煤层瓦斯含量随埋深的增大基本上呈线性规律增加；当埋深达一定值后，煤层瓦斯含量将会趋于常量。

1.1.4 瓦斯突出的危害

瓦斯隧道施工时，可能发生 7 种灾害：

（1）煤与瓦斯突出——在地应力和瓦斯压力的共同作用下，很短的时间中破碎的煤、岩和瓦斯从洞壁突然抛出，伴有猛烈的声响和巨大的动能，同时释放出大量的瓦斯。有时伴随瓦斯爆炸，造成二次破坏。"突出"事故的伤亡和损失一般都是很惨重的。

（2）煤突然倾出——在重力作用下松软的煤层突然坍下，同时有大量瓦斯释放，坍下的煤以煤块形式堆积。

（3）煤突然压出——一部分煤在构造应力或放炮震动影响下，整体抛出，但位移不大，压出的煤或呈小块状，或呈有大量裂隙的大块状。

（4）岩石与瓦斯突出——原因与煤与瓦斯突出相似，有时还加上掘进放炮的振动作用。大多数发生在破碎的砂岩中，放炮时，发生岩石破坏、抛出的现象，在抛出的砂岩岩块中含有大量的砂粒和粉尘，洞壁上形成空洞（不一定与爆破洞穴同一位置），与此同时，洞内瓦斯大量增加。

（5）瓦斯爆炸——达到爆炸浓度的瓦斯（一般为 5%～16%）与火源接触（一般需要 512℃以上），并且坑道内有氧气存在（含量 12%以上），就会发生猛烈爆炸，有时会造成大量伤亡。

（6）煤尘爆炸——当煤质中挥发物占总可燃物（固定炭加挥发物）10%以上，且形成的小颗粒煤尘悬浮在空气中，当空气中煤尘含量较多（30 g/m³ 以上），遇 700℃以上的火源，即会发生煤尘爆炸。煤尘爆炸的后果比瓦斯爆炸更严重，因为煤层爆炸会产生大量一氧化碳（CO）使人中毒，很多人不是炸死而是被毒死。

（7）坍塌——煤系地层除少数外，大多数强度很低，尤其是煤中的软分层，用手即可捻成粉碎，所以巷道稳定性差，容易产生坍塌事故。

1.1.5 瓦斯隧道发展及瓦斯事故案例

2000 年以来，随着我国交通事业的发展，穿越含瓦斯地层修筑隧道的情况越来越多。据统计，自 1949 年至 1999 年，我国修筑了 18 座瓦斯隧道，只占全国隧道总数的 0.18%。但随着我国交通事业的发展，穿越含瓦斯地层修筑隧道的情况越来越多，高瓦斯隧道数量也在不断增加。据不完全统计，2000 年至 2009 年我国修建的瓦斯隧道已有 60 余座，其中 3 km 以上隧道 32 座，大大超过了 2000 年以前修建的瓦斯隧道总数。

瓦斯隧道施工过程中由于瓦斯监测或管理出现漏洞极易发生重大安全事故。1959 年 1 月 27 日，贵昆线岩脚寨铁路隧道在下导坑掘进距洞口 242 m 处，火雷管点火及电灯接线引起二次瓦斯爆炸，并形成坍方，共死 34 人，伤 65 人；同年 6 月 26 日，电闸拉火又引起瓦斯爆炸，坑道坍方 7 处。从 1 月 27 日到 6 月 26 日半年中，共发生瓦斯爆炸 6 次，由于处置不当，死伤惨重（总计死伤 220 人）。达成铁路炮台山隧道在 1994 年 4 月 3 日平导掘进到距洞口 808 m 处，灯泡爆裂引发瓦斯燃烧，死 1 人，伤 3 人。次日，汽车进洞运风管，由于汽车打火，又引起瓦斯爆炸，死 12 人。都汶高速公路董家山隧道在 2005 年 12 月上旬，隧道右洞进口掌子面发生坍方，由于该处位于背斜核部、裂隙发育、裂隙中含有煤层瓦斯，坍方又促使瓦斯大量涌出；12 月 22 日，衬砌台车上的不防爆插座打火，引起瓦斯爆炸，当场死 44 人，伤 11 人；爆炸气流充满 1 500 巷道并冲出洞口，将洞外几十吨重台车推动几十米。2015 年 2 月 24 日 13 时 20 分左右，成都市龙泉驿五洛路 1 号隧道发生瓦斯爆炸，事故已造成 3 人死亡 20 人受伤。

1.2 瓦斯突出治理的基本方法

在防治瓦斯突出预测方面，德国专家提出通过分析风流中气体监测结果来评价瓦斯突出的危险性，一是利用从风流中测得的沼气浓度在多大程度上反映沼气量变化过程，二是它能否作为确定防突措施的必要依据。为弄清瓦斯危险的局部通风掘进工作面放炮后瓦斯涌出量的变化情况，研究者对瓦斯在风流中的扩散进行了研究。试验结果为，利用在后方风流中任意观测站测得的瓦斯浓度变化，就能定出爆破地点瓦斯浓度及其随时间的关系，并能对瓦斯突出危险性特征值的变化及长期变化研究趋势进行了分析评价，开发了一种测量瓦斯涌出量的装置。苏联在 20 世纪 60 年代，开始研究煤与瓦斯突出的预测预报技术，70 年代已经应用于现场。法国和德国等采用地质雷达、红外线测试和光谱分析试验等无损检测对隧道衬砌进行检查。

中铁隧道集团邵俊涛，在云台山瓦斯隧道中用平导第一次揭煤，按先进行瓦斯预测，然后进行爆破设计，揭煤前后按安全作业进行管理的程序，由于措施得力，在云台山隧道揭煤 22 次，次次安全揭开，没发生一次瓦斯事故，达到了预期目的，为瓦斯隧道揭煤及安全事故管理提供了经验。

中南大学赵志飞对控制公路瓦斯隧道安全施工的技术——超前预报技术、瓦斯实时监测技术及防突出技术、通风技术等进行了综合研究，并通过 Fluent 仿真模拟研究瓦斯隧道的通风及瓦斯分布规律，最终达到该类隧道安全施工的目的。

目前，突出机理研究以瓦斯主导作用假说、地压主导作用假说、化学本质假说、综合假说为主，总体而言尚停留在定性解释和近似定量计算阶段。而研究和实践表明，突出是可以预测的，突出区域预测的主要任务是确定矿井、煤层和煤层区域的突出危险性，其目的和意义在于准确划分出突出危险区和无突出危险区，变被动为主动，提高突出灾害防治的针对性和有效性，为矿井瓦斯治理提供科学依据。

王刚等在《瓦斯含量在突出过程中的作用分析》中研究了瓦斯压力和含量的关系，他们认为瓦斯含量对突出的影响比压力更大，采用瓦斯含量指标预测突出更加可靠，研究了发生突出时的能量条件，计算出了不同煤体普氏系数 f 和地应力条件下突出时的临界瓦斯含量。他们用可压缩流体力学的观点分析了突出机理，采用多相连续介质力学中的应力分析法建立了瓦斯压力临界值的理论计算式，探索了不同煤体结构组合下突出发生的临界瓦斯压力计算方法，认为临界瓦斯压力与软煤所占比例关系有较好的规律性。《防治煤与瓦斯突出规定》提出根据试验考察确定瓦斯压力或瓦斯含量指标临界值，在未确定前暂将煤层瓦斯压力小于 0.74 MPa 或瓦斯含量小于 8 m^3/t 的区域划分为无突出危险区，将其余区域划分突出危险区。

1.3 隧道瓦斯爆炸及预防

1.3.1 瓦斯爆炸的概念及三要素

（1）瓦斯爆炸的概念。

瓦斯是一种能够燃烧和爆炸的气体，瓦斯爆炸是空气中的氧气与瓦斯进行剧烈氧化反应的结果。具体反应式为：

$$CH_4+2O_2 \xrightarrow{\text{点燃}} CO_2+2H_2O+882.6 \text{ kJ/mol} \tag{1-1}$$

从上式看出：瓦斯在高温火源作用下，与氧气发生化学反应，生成的二氧化碳和水蒸气迅速膨胀，形成高温、高压，并以极高的速度向外冲出，这就是瓦斯爆炸。

（2）瓦斯爆炸三要素。

瓦斯爆炸必须具备三个基本条件（图1-4），称为瓦斯爆炸三要素。

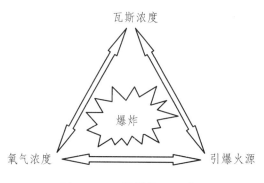

图1-4 瓦斯爆炸三要素

① 一定的瓦斯浓度。

瓦斯爆炸具有一定的浓度范围，只有在这个浓度范围内，瓦斯才能够爆炸，这个范围称为瓦斯爆炸的界限。最低爆炸浓度叫爆炸下限，最高爆炸浓度叫爆炸上限，在新鲜空气中，瓦斯爆炸的界限为5%～16%。

当瓦斯浓度低于5%时，由于参加化学反应的瓦斯较少，不能形成热量积聚，因此不能爆炸，只能燃烧。当瓦斯浓度达到5%时（爆炸下限），瓦斯就能爆炸，随着瓦斯浓度的升高，爆炸威力逐渐增强。当瓦斯浓度为9.5%时，因为空气中的全部瓦斯和氧气都能参加反应，爆炸的威力最强，随着瓦斯浓度的升高，爆炸威力逐渐减弱。当瓦斯浓度高于16%时（爆炸上限），由于空气中氧气不足，满足不了氧化反应的全部需要，只有部分瓦斯和氧气发生反应，生成的热量被周围介质吸收而降温，不能发生爆炸。

② 一定的引火温度。

点燃瓦斯所需的最低温度称为引火温度，一般认为瓦斯的引火温度是650～750℃。明火、电气火花、炽热的金属表面、吸烟、爆破甚至撞击和摩擦产生的火花都足以引燃瓦斯。

③ 充足的氧气含量。

瓦斯爆炸界限随着混合气体中氧气浓度的降低而缩小，氧气浓度降低时，瓦斯爆炸下限缓缓升高，而瓦斯爆炸上限迅速降低，当氧气浓度低于12%时，混合气体中的瓦斯就失去了爆炸性，遇火也不会爆炸。

1.3.2 瓦斯爆炸原因分析

从瓦斯爆炸三要素可知，瓦斯隧道内瓦斯爆炸的必要条件是：瓦斯浓度处于爆炸范围内（5%～16%），氧气浓度超过失爆氧浓度（12%），引火源温度高于瓦斯引火温度（650～750℃）。在隧道施工中，当氧含量低于12%时，短时间内就能导致人窒息死亡，因此隧道施工中规定工作地点氧气含量不低于20%。瓦斯隧道环境是满足氧气浓度要素的，只要同时具备瓦斯浓度和引爆火源两大要素就会发生瓦斯爆炸事故。

（1）瓦斯积聚。

瓦斯积聚是隧道内体积大于 0.5 m³ 的空间内积聚瓦斯浓度达到或超过 2%的现象，瓦斯积聚是造成瓦斯爆炸的根源。

瓦斯积聚的原因很多，主要有：

① 通风机停止运转。通风机管理混乱，无计划停电、停风，停风时间越长瓦斯积聚量越大。

② 通风管断开或漏风严重。施工人员不爱护通风设备，将通风管断开、压扁、刮坏等，而通风人员不能及时发现和进行维护、修补，造成开挖工作面冲淡瓦斯的通风量不足而导致瓦斯积聚。

③ 通风机出现循环风。由于通风机安装位置不符合要求，通风机吸入的风量为循环风，致使瓦斯反复回到开挖工作面，造成瓦斯积聚超限。

④ 通风系统不合理。整体通风方案存在缺陷，开挖面风量不足，涌出的瓦斯不能稀释到安全浓度，造成瓦斯积聚超限。

⑤ 瓦斯涌出异常。断层、褶曲、地质破碎带等地带（图 1-5）是瓦斯的富集区域，超前钻探或放炮后，瓦斯涌出可能会突然增大，局部超挖的地点也会造成局部瓦斯积聚。

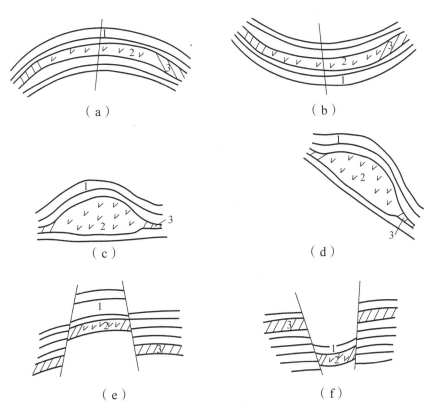

（a）   （b）

（c）   （d）

（e）   （f）

图 1-5 几种常见瓦斯富集构造

1—不透气岩层；2—瓦斯富集部位；3—煤层

（2）引爆火源。

洞内引爆瓦斯的火源主要有以下几种：

① 明火：火柴明火、香烟明火、电气焊明火、喷灯明火、火灾明火等，都可能引燃瓦斯。

② 炮火：使用不合格炸药、炮孔封泥不足或不严、用可燃物做封炮眼填料等，爆破产生的火焰与炽热气体和微粒都可引燃瓦斯。

③ 冲击、摩擦火源：如金属器具冲击出火花；坚硬岩石撞击出火花；岩石与岩石、岩石与金属、金属与金属等之间的强力撞击与摩擦都有可能引燃瓦斯。

④ 电火花、电弧：设备的隔爆性能丧失或带电作业、照明电灯泡破碎时、电焊作业、电缆与电路短路、蓄电池机车控制器防爆性能失效以及杂散电流等都能产生足以引燃瓦斯的电火花与电弧。

⑤ 静电火花：高电阻物体或处于电绝缘状态的物体在互相紧密接触后分离或摩擦时，产生的静电也可能引燃瓦斯。

（3）管理因素。

瓦斯爆炸事故的发生，主要是由于认识上不到位和管理上存在缺陷造成的。思想麻痹、管理松懈、违章指挥、违章作业、违犯劳动纪律、作业前后不检查瓦斯浓度或"漏检"等是发生瓦斯事故的重要因素。

1.3.3　瓦斯爆炸的预防

（1）防止瓦斯积聚与超限。

通风异常与瓦斯异常是造成瓦斯积聚的根本原因。防止瓦斯积聚的措施是避免这些异常的发生，或者一旦出现异常，必须及时采取措施，在未造成事故或灾害之前，使其恢复正常；如果经处理仍不能恢复正常，应将其控制在局部地点使异常局部化，并在异常区采取措施杜绝一切可能产生的火源，确保安全。防止瓦斯积聚与超限的措施有：

① 加强通风。隧道通风工作是防止瓦斯积聚最有效也是最基本的措施。按照相关要求建立和完善合理的、最佳的隧道通风系统，加强通风管理，保证隧道有足够的新鲜空气，把掌子面以及局部积聚的瓦斯冲淡到规范规定的浓度以下并及时排出。

② 加强检查。隧道内瓦斯浓度的检查是发现事故隐患的眼睛，也是采取防范和处理措施的依据。准确掌握隧道内瓦斯浓度的变化，是防止瓦斯爆炸的基本手段之一。所以，隧道必须建立瓦斯气体的检查制度，严格按照技术交底规定的次数检查瓦斯，严禁空班漏检。

③ 局部瓦斯积聚的处理。及时处理局部积聚的瓦斯，是预防瓦斯燃烧和爆炸的主要措施之一，也是瓦斯管理工作的重要内容。严格执行相关规定中有关瓦斯浓度的规定和瓦斯超限时必须采取的安全措施，及时处理瓦斯超限和局部瓦斯积聚。

（2）防止瓦斯引爆的措施。

火源是瓦斯燃烧和爆炸的必要条件之一，所以在隧道内杜绝火源，是防止瓦斯引燃和爆炸的关键。防止瓦斯引燃的原则是禁止一切非生产火源，对生产中可能发生的火源严格管理和控制。

① 严格明火管理。严格洞口检查制度，严禁任何人携带烟草及引火物进洞；隧道内禁止吸烟和使用明火。照明要使用安全矿灯，矿灯严禁拆开。隧道内需要进行电焊、气焊时，应制定安全措施。

② 防止电火花。洞内机械和电气设备及供电网路要符合相关要求，对电气设备的防爆性能定期检查，不符合要求的及时更换和修理。所有电缆接头不准有"鸡爪子""羊尾巴"和明接头。

③ 防止爆破火焰。严格炸药、爆破管理，严禁使用产生火焰的爆破器材和爆破工艺。爆破作业必须选用煤矿许用炸药和煤矿许用电雷管。炮眼要用黄泥装填满，推广使用水炮泥。严格执行"一炮三检"制度等。

④ 防止摩擦火花。装渣作业时要采用洒水措施，防止火花产生。

⑤ 防止静电火花。通风使用双抗风管，人员穿着纯棉衣物等措施。

（3）防止事故扩大。

防止瓦斯积聚与引燃措施是积极的，当有事故发生时，应采取措施尽可能减小事故影响范围，防止灾害持续扩大。

瓦斯隧道要制定有针对性的灾害预防预案和应急救援措施，根据实际情况进行定期演练，使每个员工熟悉和掌握瓦斯爆炸时的撤出和躲避路线。揭煤施工中，作业人员要佩戴自救器，发生瓦斯或其他灾害时能够安全逃生。

第 2 章　瓦斯突出机理与防突技术

瓦斯突出的机理目前有两种理论。

球壳失稳机理：在突出过程中，地应力首先破坏煤体，使煤体产生裂纹，形成球盖状煤壳，然后煤体向裂隙内释放并积聚高压瓦斯，瓦斯使煤体裂纹扩张并使形成的煤壳失稳破坏并抛向巷道空间，使应力峰值移向煤体内部，继续破坏后续的煤体，形成一个连续发展的突出过程，详见图 2-1。

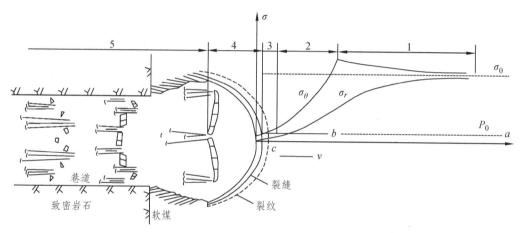

图 2-1　球壳失稳机理示意图

力学作用机理：煤与瓦斯突出、冲击地压等煤岩瓦斯动力灾害都是煤岩介质在固气两相力作用下发生突然和连续破坏的过程。这个过程包含准备、发动、发展、终止四个阶段。准备阶段是应力集中并发生弹塑性小变形阶段，发动阶段是暴露面附近煤岩突然失稳并抛出的阶段，发展阶段是继发动阶段后暴露面深部煤岩体连续失稳并抛出的阶段，终止阶段是煤岩停止抛出的阶段。发动阶段的起因主要体现于煤岩应变软化、加速蠕变、介质弱面、震动载荷等，表现为大变形或脆性断裂的破坏形态；发展阶段的起因主要体现于力的梯度的急剧增加，依据气相力作用程度表现为粉化+层裂或层裂破坏的破坏形态，详见图 2-2。

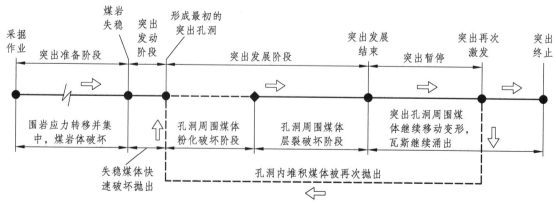

图 2-2　力学作用机理示意图

2.1　煤与瓦斯突出段超前地质预报

2.1.1　地质调查

2.1.1.1　地质调查概述

地质调查法是利用常规地质理论和作图法，根据隧道已有勘察资料、地表补充地质调查资料、洞内地质调查资料、隧道开挖工作面地质素描，通过地层层序对比、地层分界线及构造线地下和地表相关性分析、断层要素与隧道几何参数的相关性分析、地质作图和趋势分析、隧道内不良地质体临近前兆分析等，推测开挖工作面前方可能揭示的地质情况进行预测预报，如地层岩性、地质构造、不良地质及特殊地质等。地质调查法适用于各种地质条件下隧道的超前地质预报。

区域地质调查必须以当代地球科学系统观为指导，以翔实的地质观察研究为基础，充分利用物探、化探、遥感等综合信息，应用数字填图技术，通过填制地质图，矿产图等，为矿产地质、水文地质、工程地质、环境地质、灾害地质、农业地质和城市地质调查，为国土资源规划、管理、保护和合理利用，为地学科学研究和教学等提供基础地质资料，同时为社会公众提供公益性的地质信息。

区域地质调查工作一般包括组队、收集资料、野外踏勘、设计编审、野外调查、资料整理、原始资料数据库建设、野外验收、图件编制、最终成果数据库（区域地质图空间数据库）建设、报告编写、成果验收、成果出版、资料归档与汇交等程序。上述程序之间是互为关联、密不可分的一个有机整体。

天坪隧道勘察阶段 DZ-7 孔探明 DK127+705～+855 段为二叠系上统龙潭组含煤地层，煤层位置、数量、厚度、产状、瓦斯成分、压力等参数明确，施工揭示与设计基本一致。施工过程中采用物探与钻探相结合的地质预报方式可以准确探明煤层瓦斯位置。DZ-3 号孔钻至奥陶系下统湄潭组（O_{1m}）泥、页岩地层时孔内曾发生过不明气体逸出事件，DZ-5 号孔钻至奥陶系中上统(O_{2+3})龟裂纹灰岩地层时也逸出不明气体，在孔口可点燃。设计推断 DK116+565～DK116+920、DK121+000～DK125+880 两段存在天然气逸出的可能，范围很大，不能具体到点，施工过程很难把握，如果全段采用超前地质钻探，可以提前探明气体发育位置，但成本太高，且影响施工进度。

隐伏含水构造体超前探测：天坪隧道存在断层、褶皱、岩溶、可溶岩与非可溶岩接触带等隐伏含水构造。鉴于目前超前地质预报技术发展水平，还不存在一种廉价的、能探测所有隐伏含水构造的地质预报手段，超前地质预报设计往往同时给出若干预报手段，而施工阶段是否需要全部采用，具体采用何种手段，在什么位置开始探测，如何在节约地质预报成本的同时保证探测准确，成为隧道施工过程中需要解决的难题。

2.1.1.2　断　裂

（1）F_1正断层。

总体走向 N37°E，倾向 SE，倾角 50°～70°，破碎带宽 50～80 m 不等，在硬质岩层内破碎带断层角砾胶结较好，软质岩层胶结较差。该断层与隧道相交于 DK116+520 附近，夹角约 35°。

（2）F₄平移断层。

总体走向东西向，倾向北，倾角约为60°，破碎带一般宽60～100 m不等，平移错动300～400 m。受断层影响，尧龙山向斜核部东西向平移了400 m，在永兴沟沟谷内，断层两侧同层位炭质页岩出露标高明显差异。该断层在线路位置与线路约呈81°相交，与隧道相交于DK119+745附近。

（3）F₆断层。

位于桐梓县竹林湾一带，大地电磁探测结果表明，相对低阻异常由地面延伸至洞身，推测为断层，倾向出口，结合本区的构造发育规律，推测该断层顺层。该断层与线路相交于DK128+145附近。

（4）F₇正断层。

总体走向N40°～55°E，倾向SE，倾角约为80°，破碎带一般宽30～50 m，该断层为层间断层，断层带内岩体松散破碎，有明显镜面擦痕，断层附近岩体节理裂隙发育，层理紊乱。该断层与线路相交约呈61°，相交于DK128+851附近。

（5）F₈正断层。

总体走向N50°E，倾角SE，倾角约为85°，破碎带一般宽60～70 m，破碎带中心为灰黑色断层泥，两侧为断层角砾岩，角砾成分以灰岩为主，夹砂岩，砾径1～10 cm不等，磨圆度低，呈棱角状，该断层与线路约呈61°，相交于DK129+135附近。

（6）F₉逆断层。

走向N57°E，倾向SW，倾角60°～70°，破碎带一般宽20～30 m，破碎带内见灰黑色断层泥、断层角砾夹灰岩、页岩透镜体。受断层影响，上盘页岩扭曲，产状紊乱，下盘 T_{3xj} 与 T_{2s} 地层重复出现。该断层在地表与线路正交于DK129+905附近。

（7）F₁₁断层。

大地电磁探测结果表明，相对低阻异常由地面延伸至洞身，推测为断层，倾向进口，该断层与线路相交于DK118+908附近。

（8）F₁₂断层。

DZ-7钻孔发现该断层，断层把煤层错动，错动距离为20～30 m，推测为逆断层，倾向进口，与线路相交于DK127+780附近。

2.1.1.3 区域水文地质条件

隧道区域内地质构造的封闭条件较差，地下水系与地表水系的分水岭基本一致。综合考虑地貌及地质构造等特征，将区域划分为两个水文地质单元，即松坎河流域水文地质单元和小渔沱河流域水文地质单元，尧龙山—黑足岩—老鹰岩一线为其分水岭。

隧道穿越一系列不同时代的地层，根据隧址区地层岩性及其组合关系、地质构造条件、水理性质、地下水赋存条件和水力特征，可将隧址区地下水类型划分为：松散堆积层孔隙潜水、基岩裂隙水、碳酸盐岩岩溶水等三种类型。

隧道在DK127+710～DK127+850段，穿越主要含煤地层上二叠统龙潭组（P_{21}）煤系地层，该煤层具有较强的生烃能力，易产生甲烷（CH_4、瓦斯）、CO_2、SO_2等有害气体。根据从既有煤矿收集到的资料，区内煤矿均为高瓦斯突出矿井。结合收集矿井及DZ-7实测瓦斯指标，建议为隧道在龙潭组（P_{21}）地层段为瓦斯突出工区。马湖塘煤矿煤层自燃倾向为Ⅰ类，易自燃；该煤矿所处区域C5、C3煤层均属于突出威胁区域煤层，均具有突出危险性。隧道施工将穿越该煤层，存在煤与瓦斯突出、煤层自燃发火的可能性。

隧道在出口 DK130+000 ~ DK130+200 段穿越 T_{3xj} 含煤地层；在 DK126+135 ~ DK129+932 段穿越志留系龙马溪组（S_{1l}），该组地层的底部含有炭质页岩，存在含有少量瓦斯等有害气体的可能。

另外，由于测区构造发育，周边煤气田广布，隧道穿越其他非含煤地层时，不排除有害气体少量逸出的可能。DZ-3 钻孔揭露 O_{1m} 地层时，孔内就曾发生过不明气体逸出的事件，DZ-5 钻孔也逸出气体，在孔口可点燃，对该气体收集后对其成分分析，该气体以 CH_4 为主，可证明该气体为天然气。

2.1.2　地质素描分析

现场素描，首先应对掌子面及掌子面附近开挖段进行详细观察。首先从岩性、岩体完整性、出水量大小等方面进行大范围、前后左右对比，宏观把握地层岩性等的变化。对于地层颜色、软硬程度、节理裂隙发育状况、出水量与周围岩体发生明显差异的部位，进行重点详细观察，通过手触、锤击、采集样本详细观察查明差异的性质，分析造成差异的原因。地质素描记录以下信息：

（1）工程地质信息。

① 地层岩性：描述地层时代、岩性、产状、层间结合程度、风化程度等。

② 地质构造：描述褶皱、断层、节理裂隙特征等。断层的发育位置、产状、性质、破碎带的宽度、物质成分、含水情况以及与隧道的关系；褶皱的性质、形态、地层的完整程度等；节理裂隙的组数、产状、间距、充填物、延伸长度、张开度及节理面特征，分析组合特征、判断岩体完整程度。

节理裂隙的描述首先应根据其产状特征进行分组归类，一般产状差异不大的节理应划分为一组。对于成组出现的节理，应示意性地标示在图纸上，图纸采用的节理倾角应为换算的视倾角，标注的产状为真实产状，图示节理间距应能表明其真实发育程度（即不同发育程度的节理组，在图纸上显示节理间距应不同）。对于零星发育的节理应作为随机节理描述，贯通性好、对岩体稳定性影响大的随机节理（包括岩脉）应重点描述，并按其实际出露位置标示在图纸上。

③ 岩溶：描述岩溶规模、形态、位置、所属地层和构造部位，充填物成分、状态，以及岩溶展布的空间关系。

④ 特殊地层：煤层、沥青层、含膏盐层、膨胀岩和含黄铁矿层应单独描述。

⑤ 人为坑洞：使用中或废弃的各种坑道和洞穴分布位置及与隧道的空间关系。

⑥ 地应力：包括高地应力显示性标志及其发生部位，如岩爆、软弱夹层挤出、探孔饼状岩芯等现象。

⑦ 塌方：应记录塌方部位、方式与规模及其随时间的变化特征，并分析产生塌方的地质原因及其对继续掘进的影响。

⑧ 有害气体及放射性危害源存在情况。

（2）水文地质信息。

水文地质信息包括出水段落及范围、出水形态及出水量大小（渗水、滴水、滴水成线、股水（涌水）、暗河）。必要时进行地表相关气象、水文观测，判断洞内涌水与地表径流、降雨的关系。

（3）影像信息。

隧道内重要的和具代表性的地质现象应进行摄影或录像。

（4）分析判断。

根据现场素描获得的地质信息，依据工程地质现象发生的一般规律（地质前兆），结合勘察资料、其他预报手段成果进行综合分析判断，预测预报前方工程地质条件，对于可能发生重大地质异常的地段，提出进行进一步核实预报的措施手段。

断层破碎带的集中主要临近前兆：

① 节理组数的急剧增加，临近断层破碎带时，节理组数可多达 6～12 组；

② 临近断层破碎带时，出现牵引褶曲或牵引褶皱；

③ 临近断层破碎带时，有时会出现由弧形节理组成的小型施卷构造或反倾节理；

④ 临近断层破碎带时，一般岩石强度都明显降低；

⑤ 以逆断层为主的断层破碎带附近会出现压裂岩和碎裂岩（多数情况下出现夹泥或铁锈染压裂岩、碎裂岩），以平移断层为主的断层破碎带附近会出现以 L1 节理为代表的节理密度明显增加。

大规模塌方的临近前兆主要有：

① 顶板岩石开裂，裂缝旁有岩粉喷出或洞内无故尘土飞扬；

② 支撑拱架变形或发生声响；

③ 拱顶岩石掉块或裂缝逐渐扩大；

④ 干燥围岩突然涌水等。

煤与瓦斯突出的临近前兆：

① 掌子面岩层发生鼓裂；

② 瓦斯含量突然增大或忽高忽低；

③ 工作面有移动感；

④ 工作面发出瓦斯强涌出的嘶嘶声，同时带有煤尘；

⑤ 工作面附近，时常听到沉雷声或闷雷声。

（5）提交资料。

地质信息应在现场根据实际情况翔实记录，并经整理后反映在规定的表格、图纸上，具体提交资料如下：

① 开挖工作面地质素描记录表；

② 隧道地质展视图；

③ 前方工程地质条件与水文地质条件的评价及进一步采取预测预报方法的建议。

2.1.3　TSP 超前地质预报

TSP 探测法属于多波多分量高分辨率地震反射法。地震波在设计的震源点（通常在隧道的左或右边墙，大约 24 个炮点）通过小剂量炸药激发产生。当地震波遇到岩石波阻抗差异界面（如断层、破碎带或岩性变化等）时，一部分地震信号被反射回来，一部分信号透射进入前方介质。反射的地震信号被高灵敏度的地震检波器接收，接收到的数据通过 TSPwin 软件处理，再经过综合分析判断，便可预测隧道工作面前方不良地质体性质（软弱带、破碎带、断层、含水等）、发育位置及发育规模。

TSPwin 软件处理流程包括 11 个主要步骤，即：数据设置→带通滤波→初值拾取→拾取处理→炮能量均衡→Q 估计→反射波提取→P-S 波分离→速度分析→深度偏移→提取反射层。速度分析可以将反射信号的传播时间转换为距离（深度）。处理结果可以用与隧道轴的交角及隧道工作面的距离来确定反射层所对应的地质界面的空间位置，并根据反射波的组合特征及其动力学特征解释地质体的性质。

通过 TSPwin 软件处理，可以获得 P 波、SH 波、SV 波的时间剖面、深度偏移剖面、提取的反射层、岩石物理力学参数、各反射层能量大小等成果，以及反射层在探测范围内的 2D 或 3D 空间分布，详见图 2-3。

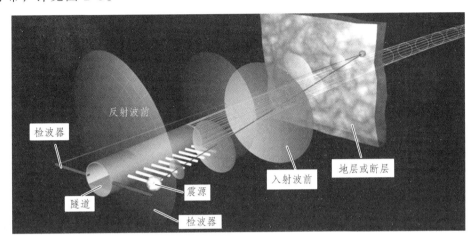

图 2-3 TSP203 原理图

2.1.3.1 数据分析

（1）数据处理原则。

对探测段根据物性参数差异进行分段描述，数据分析应根据以下原则，并综合考虑区域地质、勘察设计资料、岩性特征、结构特征等进行综合分析：

① 反射振幅越高，反射系数和波阻抗的差别越大。

② 正反射振幅（红色）表明正的反射系数，也就是刚性岩层；负反射振幅（蓝色）指向软弱岩层。

③ 若 S 波反射比 P 波强，则表明岩层饱含水。

④ v_p/v_s 较大的增加或泊松比 v 突然增大，常常是因为流体的存在。

⑤ 若 v_p 下降，则表明裂隙密度或孔隙度增加。

（2）数据处理分析结论。

综合区域地质、设计资料、已开挖段揭露地质资料等相关资料，综合分析结论。

2.1.3.2 TSP 实测情况

（1）工作概况。

此次 TSP 超前地质预报在天坪隧道横洞平导进行，于 2014 年 4 月 8 日采集数据，于 2014 年 4 月 9 日提交报告，预报里程段 PDK127+905 ~ +785。

接收器位置在 PDK127+968，掌子面位置为 PDK127+905，设计为 24 炮，2 个接收器接收。通过试验，确定采用药量为 30 ~ 50 g 乳化炸药。数据采集时采用 X-Y-Z 三分量接收，采样间隔 62.5 μs，记录长度 451.125 ms（7 218 采样数）。

实际激发 24 炮，所记录的 24 炮合格，可用于数据处理和解释。

（2）TSP 探测设备及系统主要组成。

采用 TSP203plus 超前地质预报系统。系统主要组成：

① 记录单元：12道，24位 A/D 转换，采样间隔 62.5 μs 和 125 μs，最大记录长度为 1 808.5 ms，动态范围 120 dB。

② 接收器（检波器）：三分量加速度地震检波器，灵敏度为 1 000 mV/g±5%，频率范围为 0.5～5 000 Hz，共振频率 9 000 Hz，横向灵敏度>1%，操作温度 0～65 ℃。

③ TSPwin 软件：集数据采集和处理于一体。

（3）测线布置。

① 接收器孔。

位置：在隧道左右边墙各 1 个，距离掌子面约 63 m。

数量：2 个。

直径：ϕ50 mm/孔深 2 m。

布置：沿轴径向，用锚固剂固结，向下倾斜 4.6°左右。

高度：离地面 0.8 m。

② 炮孔。

位置：在隧道的右边墙。第一个炮孔距离接收器 15 m，其余炮孔间距约 1.5 m。

数量：24 个。

直径：ϕ40 mm/孔深 1.4 m。

布置：沿轴径向，向下倾斜 0～3.7°（激发时水封填炮孔）。

高度：离地面 0.8 m。

（4）探测结果初步分析。

对处理成果的分析，根据以下原则进行：

① 反射振幅越高，反射系数和波阻抗的差别越大。

② 正反射振幅（红色）表明正的反射系数，也就是刚性岩层；负反射振幅（蓝色）指向软弱岩层。

③ 若 S 波反射比 P 波强，则表明岩层饱含水。

④ v_p/v_s 较大的增加或泊松比 δ 突然增大，常常是因为流体的存在。

⑤ 若 v_p 下降，则表明裂隙密度或孔隙度增加。

初步分析结果如表 2-1 所示。

表 2-1　平导煤系地层 TSP 探测结果

序号	里程	长度（m）	探测结果推断
1	PDK127+905～+884	21	该段围岩与现掌子面围岩基本一致，围岩强度与完整性变化不大，岩体较完整～较破碎，节理裂隙发育，整段地下水不发育
2	PDK127+884～+861	23	该段围岩强度降低，完整性变差，围岩整体较破碎，节理裂隙发育，其中 PDK127+884～+880 段为节理裂隙发育密集带，PDK127+867～+865 段为软弱夹层。PDK127+867～+861 段发育基岩裂隙水
3	PDK127+861～+831	30	该段围岩完整性较好，围岩强度下降，岩体较完整～较破碎，节理裂隙较发育。整段发育基岩裂隙水
4	PDK127+831～+785	46	该段围岩整段完整性及强度不均匀，变化较大，判断本段为软硬岩互层地段，夹有多层软岩，围岩强度整体低，可能夹有煤层。PDK127+829～+823、PDK127+819～+814、PDK127+796～+793 段基岩裂隙水较发育

（5）结论及建议。

本次探测天坪隧道横洞平导 PDK127+905～+785 范围内围岩较完整～较破碎,局部破碎,节理裂隙较发育,PDK127+884～+880 段为节理裂隙发育密集带,PDK127+867～+865 段为软弱夹层,PDK127+831～+785 判断本段为软硬岩互层地段,夹有多层软岩,围岩强度整体低,可能夹有煤层。PDK127+867～+861、PDK127+861～+831、PDK127+829～+823、PDK127+819～+814、PDK127+796～+793 段基岩裂隙水较发育。

对上述 PDK127+884～+880 段节理裂隙发育密集带、PDK127+831～+785 进入软硬岩互层、可能夹有煤层地段,建议及时按设计做好支护并通过超前水平钻探和加深炮孔探测进行验证,验证确认后及时加强初期支护,防止煤层瓦斯突出或围岩破碎、裂隙水发育导致坍塌掉块,同时做好瓦斯监测,保证隧道安全施工。

平导开挖至 PDK127+805 后按 TSP 技术交底施作下一循环 TSP 检测,现场数据记录详见表 2-2。

表 2-2　平导煤系地层 TSP 现场数据记录表

掌子面里程			PDK127+905	炮孔布置		左边墙	
						右边墙	√
接收器	里程		高度（m）	孔深（m）	倾角（°）	耦合剂	耦合状态
	左	PDK127+968	0.8	−2.0	3.0	锚固剂	良好
	右	PDK127+968	0.8	2.0	4.6	锚固剂	良好
炮点参数							
序号	与参考点距离（m）	深度（m）	与参考面高度（m）	方位角（°）	倾角（°）	药量（g）	备注
1	15.00	1.70	0.00	0.0	0.2	30	
2	16.50	1.70	0.00	0.0	0.9	30	
3	18.00	1.70	0.00	0.0	0.5	30	
4	19.50	1.70	0.00	0.0	0.8	30	
5	21.00	1.70	0.00	0.0	0.2	30	
6	22.50	1.50	0.00	0.0	0.3	30	
7	24.00	1.60	0.00	0.0	0.0	30	
8	25.50	1.60	0.00	0.0	1.2	30	
9	27.00	1.70	0.00	0.0	1.1	30	
10	28.50	1.00	0.00	0.0	0.4	30	
11	30.00	1.90	0.00	0.0	1.3	30	
12	31.50	2.00	0.00	0.0	0.7	30	
13	34.50	2.00	0.00	0.0	0.4	50	
14	36.00	2.00	0.00	0.0	0.4	50	
15	37.50	2.00	0.00	0.0	3.6	50	
16	39.00	1.70	0.00	0.0	2.9	50	
17	40.50	1.90	0.00	0.0	3.8	50	
18	42.00	1.90	0.00	0.0	2.1	50	
19	43.50	2.00	0.00	0.0	0.4	50	
20	45.00	1.90	0.00	0.0	2.3	50	
21	46.50	1.80	0.00	0.0	0.9	50	
22	48.00	1.80	0.00	0.0	3.6	50	
23	49.50	1.80	0.00	0.0	3.7	50	
24	33.00	1.90	0.00	0.0	0.1	30	

注：炮点距离为炮点到接收器的距离；高差为各炮孔与参考面的高差,高为正,低为负,参考面高度为1.0；倾角向下为正,向上为负。

2.1.4 超前探孔

（1）第一次综合超前地质预报。

根据设计文件煤系地层段进行物探（TSP203）、超前钻孔、地质素描、地质调查等手段的综合超前地质预报，物探（TSP203）每隔100m预报一次，搭接50m。

横洞（副井）进入平导后于PDK127+887处进行第一次综合超前地质预报，预计可探测到煤系地层、F_{12}断层。

根据预测的煤层位置、产状（走向、倾向、倾角）、煤层厚度等，以及是否存在采空区及采空区规模、性质等数据，确定超前钻孔施工起始位置，并修订超前钻孔施工方案，以确保查明煤层厚度、倾角变化、地质构造和瓦斯情况。

（2）第二次综合超前地质预报。

在PDK127+831处进行第二次预报，此次探测应可探查整个煤系地层段，查明F_{12}断层特征及煤层分布情况、掌子面距煤层的距离。

2.1.4.1 超前地质钻孔

煤系地层全程采用超前钻孔探测，钻探长度为30m，搭接5m；距煤层100m时，搭接长度应不小于20m，钻孔时安装气渣分离器。同时还需施作两次超长地质孔，对地质及煤层、瓦斯情况进行探测。

（1）第一次超前地质钻孔。

① 布置位置。

距C6煤层50m处，PDK127+831里程处实施。

② 主要作用。

探明煤层及断层的距离，煤层层数、煤层间距、厚度等，以准确确定第二次地质探孔的布置位置，以查明煤系地层段煤层和断层分布情况，特别是F_{12}断层是否有伴生构造，是否造成煤层重复以及断层落差大小。

测定煤层瓦斯压力，取岩芯、取煤样测定煤层瓦斯含量。

利用超前探距孔进行煤层水力压裂增透。

③ 钻孔布置。

钻孔参数：根据物探情况，确定钻场位置，在钻场内布置地质钻孔3个：1#钻孔方向平行平导中线（兼作煤层水力压裂孔）、平孔，穿透所有煤层并进入最后一层煤底板0.5m；2#、3#孔与平导中线成25°夹角，2#平孔、3#钻孔倾角20°，穿透煤系地层进入底板岩层至少2m；3个钻孔孔径ϕ75mm（开孔89mm）。

（2）第二次超前地质钻孔。

① 布置位置。

依据设计文件C5、C6煤层层间距6.44m，C3、C5层间距16.45m，且勘察期间ZD-7钻孔资料反映煤层受走向断层F_{12}破坏严重，断层性质及其断距等构造特征不明。按照《防突规定》，构造破坏地段揭煤工作面开挖至距煤层最小法向距离最小20m之前必须布置一定数量的超前地质钻孔。平导中线与正洞中线距离30m，平导与正洞之间岩柱约22m，小于区域防突措施两者开挖轮廓线外12m最小控制范围之和，同时考虑平导超前正洞开挖，可利用平导施工钻孔一并查明正洞前方地层、构造和煤层、采空区及其位置。

超前钻孔在平导进入龙潭组煤系地层 17 m 后（约距离 C6 煤层 20 m 处），于 PDK127 + 794 里程处实施。

② 主要作用。

探明煤层赋存情况及断层的距离，煤层层数、间距、厚度等，以查明煤系地层段煤层和断层分布情况，特别是 F_{12} 断层是否有伴生构造，是否造成煤层重复以及断层落差大小。

利用超前探距孔进行煤层区域预测。

③ 前探钻孔布置。

计划施工 10 个超前地质钻孔，开孔 $\phi86$ mm，孔深 10 m 后以 $\phi75$ mm 孔径钻进，开孔 10 m 后即下套管封闭孔口并安装气渣分离装置，引流钻孔瓦斯接入抽采管和钻屑装车排出地面，确保钻孔施工安全。各钻孔分别控制各煤层和 F_{12} 断层带，以断层性质特征和断距，查明可采煤层和局部可采煤层特征及煤层赋存情况，钻孔参数见表 2-3。

表 2-3　天坪隧道煤层段超前钻孔布置参数

编号	孔径 (mm)	方位	倾角	长度 (m)	终孔层位	钻孔探查目的			
						探测煤层	取芯	现场测定瓦斯参数	断层
1#	94	348°0′0″	0°	71.4	$F_{12'}$	C3、C5、C6	全孔取芯制样	瓦斯压力 瓦斯含量	F_{12}、$F_{12'}$
2#	94	312°1′4″	0°	55.0	$F_{12'}$	C3、C5、C6	全孔取芯制样	瓦斯压力 瓦斯含量	F_{12}、$F_{12'}$
3#	94	1°1′5″	0°	53.5	C5	C5、C6	煤层取芯制样	瓦斯压力 瓦斯含量	F_{12}
4#	94	348°0′0″	−15°53′19″	40.5	C5	C5、C6	煤层取芯制样	瓦斯压力 瓦斯含量	F_{12}
5#	94	348°0′0″	13°54′25″	70.3	C3	C3、C5、C6	全孔取芯制样	瓦斯压力 瓦斯含量	F_{12}、$F_{12'}$
6#	94	312°1′4″	−14°50′1″	28.3	C5	C5、C6	煤层取芯制样	瓦斯压力 瓦斯含量	F_{12}
7#	94	312°1′4″	21°30′13″	53.2	C3	C3、C5、C6	煤层取芯制样	瓦斯压力 瓦斯含量	F_{12}、$F_{12'}$
8#	94	287°51′20″	0°	56.3	C3	C3、C5、C6	煤层取芯制样	瓦斯压力 瓦斯含量	F_{12}
9#	94	265°19′35″	13°52′47″	48.8	C5	C5、C6	煤层取芯制样	瓦斯压力 瓦斯含量	F_{12}
10#	94	258°47′56″	−15°12′55″	47.8	C5	C5、C6	全孔取芯制样	瓦斯压力 瓦斯含量	F_{12}
合计				525.1					

注：1. 控制平导前方 C3、C5、C6 可采煤层、局部可采煤层，与 F_{12}、$F_{12'}$ 断层位置。
　　2. 钻孔长度视施工揭露地质情况适当延长，以达到探查目的。
　　3. 取芯抽取测定瓦斯放散初速度、坚固性系数、瓦斯含量煤样送检。
　　4. 开孔口径 $\phi115$，孔深 10 m 后以 $\phi94$ 孔径钻进，孔口下套管并安装瓦斯引流装置。

钻孔长度视施工揭露地质情况适当延长，以达到探查目的。前探钻孔必须穿透煤层全厚且进入底板不小于 0.5 m，并详细记录岩芯资料和钻孔过程中瓦斯涌出情况。现场钻孔布置图、钻孔照片及检测报告详见图 2-4 ~ 图 2-8。

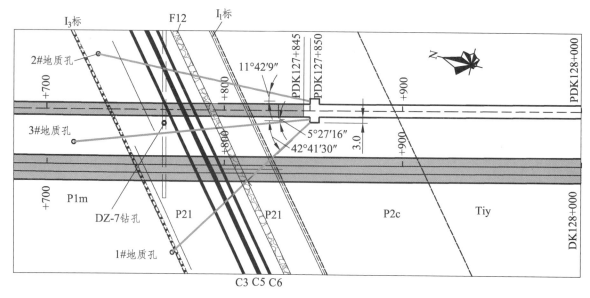

图 2-4　根据设计煤层地质布设超前地质钻孔

图 2-5　现场钻孔照片

图 2-6　钻场工作面及钻孔孔口瓦斯检测照片

图 2-7 现场钻孔取芯照片

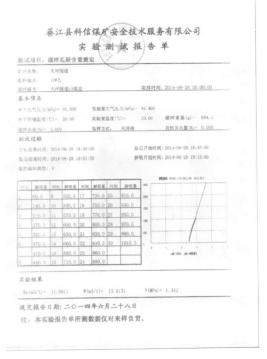

图 2-8 地质钻孔煤样瓦斯测试报告

根据天坪隧道煤系地层钻孔煤样瓦斯测试报告,最大吨煤瓦斯含量达 13.913 1 m³,瓦斯压力达 1.342 MPa,该区段可界定为瓦斯突出地段。

2.1.4.2 钻孔施工方法

(1)钻机选型及施工方法。

选择 ZDY-2300 型煤矿用液压坑道钻机 8 台(5 台使用、3 台备用)。其钻进深度可达 300 m,开孔直径 ϕ 115 mm,终孔直径 ϕ 94 mm,施工倾角-90° ~ +90°,钻杆直径 ϕ 63 mm,电机功率 37 kW,满足瓦斯抽采钻孔施工的需要。

按钻孔的布置及钻机操作说明书实施抽采钻孔施工,钻孔开孔 5 m 后即下套管封闭孔口并安装气渣分离装置,引流钻孔瓦斯和钻屑,确保钻孔施工安全。开口段 6 ~ 8 m 施工钻孔直

径 ϕ 87 mm 以安装套管，其余钻孔直径施工 ϕ 75 mm，钻孔完成后，立即封孔接抽。

（2）封孔方法。

① 封孔长度。

预抽瓦斯钻孔封堵必须严密，穿层钻孔的封孔段长度不得小于 5 m。

② 封孔方法。

本方案的穿层钻孔封孔方法选用水泥砂浆封孔，水泥砂浆采用 C40 号以上的硅酸盐水泥、砂子与水混合搅拌而成，水泥与砂子的质量比为 1∶2.4 ~ 1∶2.5，砂子颗粒直径为 0.5 ~ 1.5 mm。

封孔前用水或压风将孔内残存的煤、岩屑清洗干净，然后放入套管（孔内抽采管），套管直径为 50 mm，封堵长度为穿层钻孔不小于 5 m。堵、套管装入钻孔后，用专用封孔泵往钻孔封孔段内送砂浆，直到封完钻孔。

（3）封孔泵选型。

采取机械封孔工艺，选择型号为 BFZ-10/1.2 型矿用注浆泵。

2.1.4.3　钻孔质量保障措施

每一钻孔施工前都必须编制施工安全措施和施工设计，以确保每个钻孔都能达到预期的效果。

（1）钻孔偏斜监测与纠正。

由于钻孔方向与岩层（煤层）走向斜交，容易发生偏孔而造成钻孔控制煤层范围达不到设计要求，因此钻孔方位、仰角控制尤为重要。应当做好每个钻孔施工及竣工验收记录台账，并从钻杆钻进所需用力的角度来初步判断与钻孔倾斜的关系。

① 如果钻机在垂直分布的岩层上施工，钻杆只在同一岩层中工作，钻进过程中不会跨越不同岩层，钻杆钻进所需用力不会发生变化，基本上应该处于同一稳定值，故而，在钻进过程中，如果力发生了突变，无论是变大还是变小，则一定是钻孔倾斜了，要及时调整到原来所用的力或功率的值。节流阀用来控制进给速度。节流阀的手柄顺时针转动流量减小，钻进压力增高，推进速度加大，反时针旋转则相反。为此，在正常钻进时，根据井底压力大小随时调节节流阀，即岩石硬时，推进速度可加大，岩石软时推进压力应减小。

② 如果钻机在水平分布的岩层上施工，则在不同岩层的接触面上，钻杆钻进所需力肯定会发生突变，这时钻头容易发生倾斜，要特别注意，如果下一岩层岩性较上一岩层软弱，则应朝所需用力最小的方向钻进，反之则应朝所需用力最大的方向钻进。

③ 如果在钻进过程中遇到了倾斜分布的岩层，钻头发生倾斜的可能性会更大，一般钻头会沿着岩层的接触面发生倾斜，这时要放慢钻进速度，减小钻杆的振动。由于钻头要受到钻杆的扭矩的传递作用，其在倾斜岩层中推进时，如果遇到岩层接触面，两侧分布为不同岩层，此时钻头两侧受到的摩擦阻力 F_1 和 F_2 就不相等，此时钻头又会沿着岩层走向发生倾斜。可采用边回提钻杆边钻进的方式，钻进一定深度后稍微向上提升钻杆，待下层钻头处的岩石破坏稳定并将钻杆调整垂直后继续钻进，可增加下层钻头处岩石的抗滑力，适当避免倾斜。

总之要在钻进所用力发生突变的时候加强注意，检查钻机是否发生偏移，测斜仪是否正常工作，钻杆是否垂直等。

（2）钻孔队伍培训。聘用熟练瓦斯抽采钻工，并组织本揭煤方案及设备操作、安全知识培训合格后方可上岗。

（3）打钻期间实行 24 h 管理人员值班。

（4）保证安装和换径质量，开孔由地测人员现场定向，定期校核钻孔方位角和倾角，偏离设计时及时调整。安装设备前地基要平整、坚实，填方部分不超过 1/3，基台木要水平、稳固；钻机立轴倾角的方向要符合设计要求，上对塔上天车、下对设计孔位，同时在钻进过程中还需经常检查和校正立轴方向；要保证按设计方向开孔，粗径钻具要直，长度要逐渐加长至 10 m 左右，孔口管要固定牢，其方位和倾角要符合设计要求；换径时应采用带导向的综合式异径钻具。

（5）对孔斜规律明显的地层或岩层倾角较大、钻孔轴线无法与之垂直相交的地层，应充分利用造斜地层的自然偏斜规律，辅以人工控制偏斜措施，设计"初级定向孔"；若已知钻孔偏斜规律是方位基本稳定而顶角偏离设计值较大时，应改变顶角的设计，若已知钻孔偏斜规律是倾角基本稳定而方位角变化较大时，应按方位角变化规律调整钻孔设计，常用的有设计钻孔点平移法和扭转钻机立轴法两种。

2.2　区域防突措施

2.2.1　治理方法

根据《铁路瓦斯隧道技术规范》要求，经预测有煤与瓦斯突出危险时，施工单位应在揭煤前制定包括技术、组织、安全、通风、抢险、救护等技术组织措施，并明确指出防治煤与瓦斯突出宜采用钻孔排放。根据《煤矿安全规程》《防治煤与瓦斯突出规定》要求，煤矿瓦斯矿井坚持源头治理，以治本为主、标本兼治的原则。主要依靠开采保护层、大面积预抽煤层瓦斯等区域防突措施，大幅度降低煤层的瓦斯含量和地应力，从根本上达到防治煤与瓦斯突出的目的。中国煤矿瓦斯抽采主要技术方向应井下和地面抽采相结合，预抽和采动卸压抽采相结合。

目前，对于低透气性松软单一煤层突出矿井来说，煤与瓦斯突出的区域防治还是一个世界性的难题。由于预抽瓦斯措施工程量大、费用高、时间长、效果差，煤与瓦斯突出事故难以杜绝，安全生产难以保证。

河南理工大学通过对顺层钻孔的成孔机理研究，提出了顺层钻孔深孔施钻的"孔内高压"施钻理论，提高了顺层钻孔在低透气性松软煤层施钻深度，解决了顺层钻孔预抽区段煤层瓦斯区域防突措施不能覆盖一个区段的问题，提出了"孔间煤体水力压裂卸压增透"技术，通过理论研究，计算机模拟，现场试验，使空间煤体地应力释放、煤体透气性增加，提高了瓦斯抽采的浓度和流量，大幅度减少了抽采达标时间。

顺层钻孔预抽煤层瓦斯区域防突措施非常适应单一低透气性突出煤层矿井现场的条件，具有防突费用经济、钻孔容易布置、钻机施工方便、防突效果明显等优点，在防突规定中被列为优先选择的措施。但是，这一区域防突措施没有得到有效的运用。究其原因，主要存在如下问题：

（1）由于突出煤层软，透气性低，瓦斯含量和压力大，垮孔、喷孔严重等限制，上山钻孔钻进深度超不过 80 m，下山钻孔的深度超不过 60 m。钻孔覆盖范围不能达到一个区段。

（2）顺层预抽钻孔的布孔密度是一个两难命题，钻孔间距大，影响钻孔的预抽及区域消突效果；钻孔布置较密，在接近或穿过相邻钻孔瓦斯喷孔影响区域时，造成因钻孔周围煤体应力不均匀使钻孔产生偏移，甚至使钻孔内压风从相邻钻孔内排出。

（3）单纯的顺层钻孔预抽措施对消除地应力、构造应力的集中区域效果不理想，而地应

力、构造应力的集中区又影响着煤层的透气性，采取预抽措施后仍有突出事故发生。

（4）顺层钻孔预抽煤层瓦斯区域防突措施的预抽达标期太长，如果把瓦斯含量降到 8 m³/t 以下，预抽期高达 20~24 个月，时间周期长，正常的采掘接替无法进行。

（5）单纯的高压水力压裂技术作为区域防突措施有很大的缺陷。一是水力压裂技术的压裂区域不能人为控制，无法预知水力压裂的影响区域的准确范围；二是在使压裂区域产生卸压的同时，由于煤体的水平位移，会在压裂影响区域之外形成应力升高区或者应力集中区。防突存在盲目性。

2.2.2 瓦斯压力和含量测定方法

瓦斯压力和含量测定是瓦斯治理的需要，瓦斯压力与含量的测定结果直接涉及煤矿通风设计、矿井瓦斯涌出量预测、瓦斯突出防治及煤矿井下瓦斯抽采的定性问题，是煤矿施工中的一项重要指标。

2.2.2.1 瓦斯含量测定

瓦斯含量测定方法分为直接测定法和间接法两种，其中直接法又分为地勘测定法和井下测定法，地勘法主要有解析法、密闭法和集气法（地表或试验室检测），井下法主要指钻屑解吸法（地下现场检测），详见图 2-9。

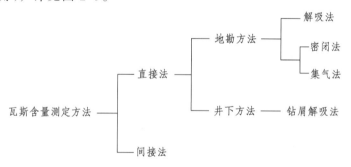

图 2-9　瓦斯含量测定方法分解图

（1）地勘解吸法。

国际上现在普遍采用地勘解吸法来测定煤层瓦斯含量，并建立了相关的测定标准。地勘解吸法操作步骤如下：

① 采样：用普通岩芯管采取煤芯（煤样），当煤芯（煤样）提升至地表之后选取 300~400 g 立即装入密封罐中，在采样过程中，注意记录开始提芯、煤芯提至地表和装罐前在空气中暴露的时间。

② 瓦斯解吸量测定：煤样装入密封罐后，先将穿刺针头插入罐盖上的胶垫圈，再拧紧罐盖，并通过针头将密封罐与解吸仪连接，开始测量煤样解吸瓦斯量随时间的变化。测量 2 h 后，得出累计瓦斯解吸体积 V_1，然后取出针头，将密封罐送至实验室，进行脱气和气体分析。

③ 损失瓦斯量推算：煤样在最初暴露的一段时间内，累计解吸瓦斯量与煤样解吸时间的平方根成正比，即：$Q_损=k\sqrt{t}$

④ 残存瓦斯量实验室测定：经解吸测定的煤样，在密封状态下加热（95℃）真空脱气，确定 V_3，再粉碎后脱气，确定 V_4，气体组分分析煤样称重并进行工业分析。

地勘解吸法操作示意图及测定装备如图 2-10 所示。

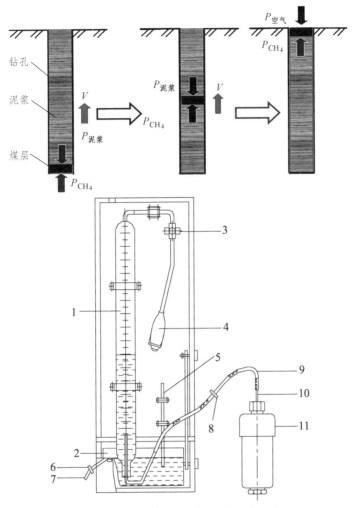

图 2-10　我国地勘瓦斯含量测定装备

1—量管；2—水槽；3—螺旋夹；4—吸气球；5—温度计；6、8—弹簧夹；7、9—排水管；
10—穿刺针头；11—密封罐

地勘瓦斯含量可靠性评价：

① 煤样灰分含量不得超过 40%；

② 煤样现场瓦斯解吸测定后，必须密封装罐，脱气前不漏气；

③ 煤样重量不得少于 250 g；

④ 瓦斯带测定煤样甲烷成分不低于 80%；

⑤ 同一钻孔同一煤层有两个或两个以上的瓦斯含量测值，且均满足条件① ~ ④时，按最大值确定煤层瓦斯含量。

（2）钻屑解吸法。

钻屑解吸法操作示意图及测定装备如图 2-11、图 2-12、图 2-13 所示。

要求：钻屑采自原始煤体，孔深超过 10 m。

测定步骤：

① 采样：孔口取样，粒度为 1 ~ 3 mm，煤样 100 ~ 200 g；

② 煤样瓦斯解吸量测定；

③ 取样过程中的瓦斯解吸量推算；

④ 煤样残存瓦斯量测定；

⑤ 瓦斯含量计算、

原理：与地勘解吸法类似。

与地勘解吸法的区别：损失瓦斯量推算方法不同。

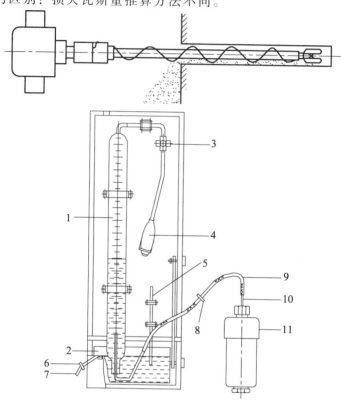

图 2-11　钻屑采集方法与器具

1—量管；2—水槽；3—螺旋夹；4—吸气球；5—温度计；6、8—弹簧夹；7、9—排水管；
10—穿刺针头；11—密封罐

取样损失量推算公式：

$$Q_2 = -\frac{r_0}{k}\left[\mathrm{e}^{-kt_1} - 1\right]$$

缺点：无法定点取样；要推算取样损失量、测定残存瓦斯量，测定周期长。

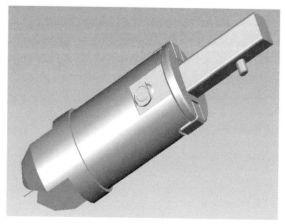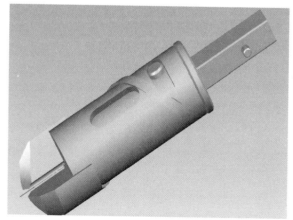

图 2-12　Ⅰ型定点取样器Ⅱ型定点取样器

图 2-13　Ⅲ 型定点取样器

（3）间接法。

间接法主要采用朗格缪尔方法，需对瓦斯压力、吸附常数以及工业分析和孔隙率进行测定，如图 2-14 所示，公式计算如下：

$$X = \frac{abP}{1+bP} \cdot \frac{100 - A_d - M_{ad}}{100} \cdot \frac{1}{1+0.31M_{ad}} + \frac{10KP}{\gamma}$$

缺点：需测参数多，周期长。

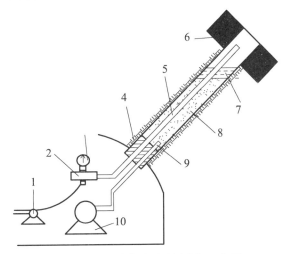

图 2-14　朗格缪尔方法测定示意图

1、10—注液泵；2—三通；3—压力表；4—木楔；5—测压管；6—煤层；7—黏液；8—水泥；9—注浆管

2.2.2.2　瓦斯压力测定

煤层原始瓦斯压力：当煤层未受采动影响而处于原始赋存状态时，煤中平衡瓦斯压力称之为煤层原始瓦斯压力，单位为 MPa（兆帕）。

煤层残存瓦斯压力：当煤层受采动影响涌出一部分瓦斯后，煤层中残留瓦斯的压力大小称之为煤层残存瓦斯压力，单位为 MPa。瓦斯压力测定如图 2-15 所示。

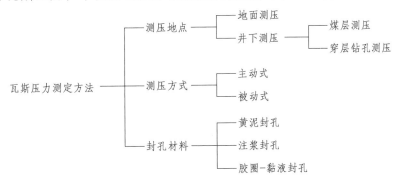

图 2-15　瓦斯压力测定方法分解图

（1）测压地点选择。

同一地点应打两个测压钻孔，钻孔口距离应在其相互影响范围外，其见煤点的距离除石门测压外应不小于 20 m；除在煤巷中测定本煤层瓦斯压力外，测定地点应选择在石门或岩巷中；钻孔应避开地质构造裂隙带、巷道的卸压圈和采动影响范围；测定煤层原始瓦斯压力的见煤点应避开地质构造裂隙带、巷道、采动及抽放等的影响范围。

选择瓦斯压力测定地点应保证有足够的封孔深度；瓦斯压力测定地点宜选择在进风系统，行人少且便于安设保护栅栏的地方。

（2）测定方法的选择。

测压处岩石坚硬、少裂隙，可采用黄泥、水泥封孔测压法。

在松软岩层及煤巷中测定煤层的瓦斯压力时，钻孔长度≤15 m 时应采用胶囊-密封黏液封孔测压法；钻孔长度>15 m 时应采用注浆封孔测压法。

竖井揭煤可采用注浆封孔测压法。测定邻近煤层的瓦斯压力或煤层群分层测压应采用注浆封孔测压法。测压时间充足时，宜采用被动测压法。测压时间紧迫时，应采用主动测压法。

（3）封孔深度。

① 封孔深度应超过钻孔施工地点巷道的影响范围，并满足以下要求：黄泥、水泥封孔测压法的封孔深度应不小于 5 m；胶囊-黏液封孔测定本煤层瓦斯压力的封孔深度应不小于 10 m；注浆封孔测压法的封孔深度不小于 12 m，煤层群分层测压时则应封堵至被测煤层在钻孔侧的顶板或底板。

② 应尽可能加长测压钻孔的封孔深度。

③ 本煤层测压孔封孔应保证其测压气室长不小于 1.5 m，穿层测压孔的封孔不宜超过被测煤层在钻孔侧的顶板或底板。

（4）井下钻孔测压封孔方式。

黄泥（石膏）封孔：适用条件为封孔长度不能太长，一般 10 m，测压处岩石坚硬、少裂隙；穿层钻孔测压。具体如图 2-16 所示。

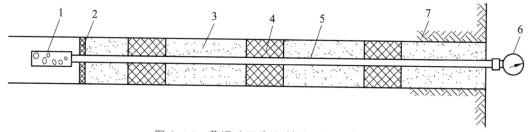

图 2-16　黄泥（石膏）封孔测压示意图

注浆封孔法适用条件：松软岩层或煤巷测压；煤层群分层测压；穿层钻孔测压；用于煤层孔测压时，煤层倾角应该大于 10°；钻孔长度≥15 m，如图 2-17 所示。

胶圈黏液封孔测压法适用条件，松软岩层穿层钻孔测压或煤巷测压；钻孔长度≤15 m。

（5）钻孔测压测压操作程序。

① 当钻孔即将见煤时应停止钻进，通知测压人员，待其到达现场后，恢复钻进，穿透煤层，并清洗钻孔，排除孔中积水和岩屑。

② 测压人员要及时组装测压器，尽快封闭测压孔。封孔器的安装长度视深度而定，一般应尽可能靠近煤层。前端胶圈距煤层 1~1.5 m 为宜。装配时在所有胶圈处的内管外壁上抹上黄油，以减少胶圈移动时的摩擦力，为了保证内外管不漏气，在其接口处要缠上适量的生料带。

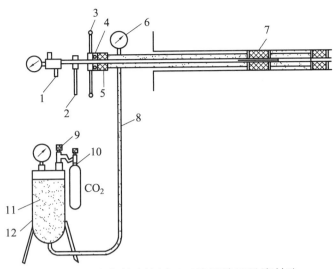

图 2-17　注浆封孔法测压示意图胶圈黏液封孔

1、10—注液泵；2—三通；3—压力表；4—木楔；5—测压管；6—煤层；7—黏液；8—水泥；9—注浆管

③ 当封孔器的封孔段送到预定位置时，转动加压手轮，使两组胶圈受压膨胀，当感到胶圈膨胀与孔壁接触紧密后停止加压。

④ 在孔口打上防滑楔，以策安全。

⑤ 连接注液罐，并将预先准备好的黏液倒入罐中，封闭罐口，检查系统无误后，打开黏液罐上的注气阀门，加以 1.0 MPa 的压力，将黏液压入钻孔封孔段。然后关闭阀门，再次向罐中补充黏液，补液后打开阀门加压，并使注液罐中的压力在整个测压过程中始终略高于预计的煤层压力。

⑥ 安装压力表。安装时要仔细检查压力表密封垫圈是否合格，为可靠起见，最好也缠绕适量的生料带。

⑦ 为缩短测压时间，可向测压室内注入适量的气体（CO_2 或 N_2），注气压力大致控制在预计的瓦斯压力值左右。

⑧ 封孔完毕后要用肥皂水检查整个系统接口处有无渗漏现象，若有渗漏要及时处理。

⑨ 测压孔为下向孔时，封孔完毕后要将孔口盖住，以防掉入孔内杂物，造成测压器回收困难。

⑩ 在整个测压过程中，每天要观察记录各压力表的数据，并根据情况向测压室补气，若发现有异常情况要及时处理。

⑪ 如果瓦斯压力连续三天无变化，则可认为这个稳定压力就是煤层瓦斯压力值。

近几年来，中国矿业大学又研制成功并生产胶囊黏液封孔器，所不同的是用胶囊代替了胶圈。由于胶囊的弹性大，与孔壁可以全面紧密接触，密封黏液的性能要优于胶圈，不仅适应于封岩石钻孔，而且也能封较硬煤层中的煤孔，这两种封孔器都可以回收复用，但复用前，一定要在井上进行耐压检漏试验。

2.2.2.3　确定区域防突措施效果

（1）预抽瓦斯效果检验验收条件。

根据煤矿瓦斯抽采达标规定，预抽瓦斯效果检验需满足以下两个标准：

31

① 预抽煤层瓦斯的抽采钻孔施工完毕后，应当对预抽钻孔在有效控制范围内均匀程度进行评价，预抽钻孔间距不得大于设计间距。

② 用穿层钻孔预抽石门（含立、斜井等）揭煤区域煤层瓦斯时，至少布置 4 个测定点，分别位于要求预抽区域内的上部、中部和两侧，并且至少有 1 个测定点位于要求预抽区域内距边缘不大于 2 m 的范围。

（2）预抽瓦斯效果达标标准。

① 对瓦斯涌出量主要来自于开采层的采煤工作面，评价范围内煤的可解吸瓦斯量满足表 2-4，判定采煤工作面评价范围瓦斯抽采效果达标。

表 2-4　采煤工作面回采前煤的可解吸瓦斯量应达到的指标

工作面日产量（t）	可解吸瓦斯量 W_j（m³/t）	备 注
≤1 000	≤8	
1 001～2 500	≤7	
2 501～4 000	≤6	
4 001～6 000	≤5.5	
6 001～8 000	≤5	
8 001～10 000	≤4.5	
>10 000	≤4	

② 对于突出煤层，当评价范围内所有测点测定的煤层残余瓦斯压力或残余瓦斯含量都小于预期的防突效果达标瓦斯压力或瓦斯含量，且施工测定钻孔时没有喷孔、顶钻或其他动力现象时，则评判为突出煤层评价范围预抽瓦斯防突效果达标；否则，判定以超标点为圆心、半径 100 m 范围未达标。预期的防突效果达标瓦斯压力或瓦斯含量按煤层始突深度处的瓦斯压力或瓦斯含量取值；没有考察出煤层始突深度处的煤层瓦斯压力或含量时，分别按照 0.74 MPa、8 m³/t 取值。

③ 对于瓦斯涌出量主要来自于突出煤层的采煤工作面，只有当瓦斯预抽防突效果和煤的可解吸瓦斯量指标都满足达标要求时，方可判定该工作面瓦斯预抽效果达标。

2.2.3　天坪隧道区域消突措施及效果检验

煤层瓦斯消突措施有地表钻孔抽采、井下钻孔自然排放和预抽排三种方式，为达到根治瓦斯突出危险，变高瓦斯突出危险煤层为低瓦斯无突出危险煤层，同时考虑天坪隧道横洞工区煤系地层处于关键线路上，工期紧、任务重，经综合比选并借鉴煤矿防突治理措施采取了瓦斯预抽采的区域防突措施。

2.2.3.1　瓦斯抽采率计算

根据前期两轮地质超前探孔及瓦斯抽排孔的施工，按照专家组要求，在设计院、河南理工大学等单位配合下，施工单位于 9 月 2 日至 9 月 10 日，在目前掌子面（PDK127＋810）补打地质钻孔，全程取芯，对地质进行补充探测，并根据钻探成果，对瓦斯抽排施工相关参数进行修正完善。相关参数详见图 2-18、表 2-5。

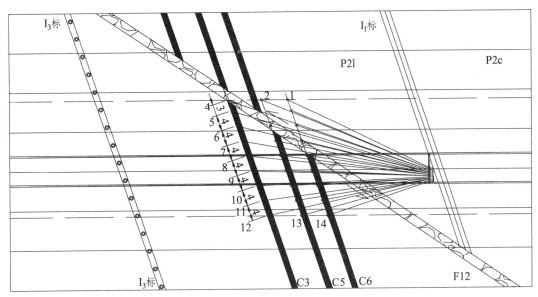

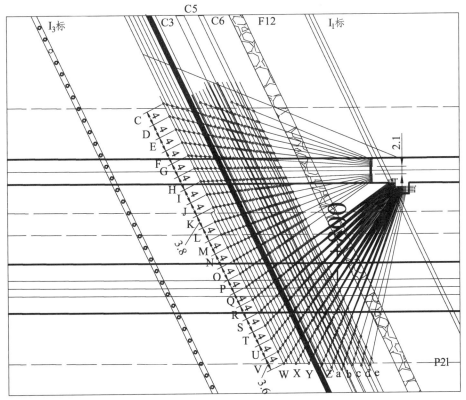

图 2-18　天坪隧道煤系地层及抽排孔示意图

钻探结果基本验证前两次钻探成果的准确性，因地质钻孔揭示断层范围较小，仅个别孔出现地质及煤层厚度异常，若用次生褶曲也能解释，考虑原成果对 F_{12} 断层推断不够充分，可简化为次生褶曲导致煤层急剧变化。

按照《防治煤与瓦斯突出规定》标准，判定天坪隧道横洞工区揭煤区域各煤层均为突出煤层，该揭煤区域为突出危险区。（区域预测一般根据煤层瓦斯参数，并结合瓦斯地质分析的方法进行。若瓦斯压力（P）≥ 0.74 MPa，或瓦斯含量（W）≥ 8 m³/t，预测为有突出危险。见表 2-6。）

33

表 2-5 各煤层基本情况表

序号	项目		C3 煤层		C5 煤层		C6 煤层	
			设计	钻探	设计	钻探	设计	钻探
1	与隧道交角（°）		54.00	64.00	54.00	64.00	54.00	64.00
2	线路中线相交位置		PDK127+755.6	PDK127+765.8	PDK127+777.5	PDK127+775.1	PDK127+787.3	PDK127+780.7
3	煤层厚度（m）	真厚	2.60	2.09	2.45	2.42	1.33	0.97
4		穿煤厚度	2.77	2.19	2.61	2.53	1.42	1.01
5	煤质		焦煤		焦煤		焦煤	
6	煤层间距（m）	垂直间距	8.03				6.12	
7		穿煤间距	8.40				6.40	
8	煤层产状	煤层倾角	70.00	73.00	70.00	73.00	70.00	73.00
9		煤层走向	N42-E	N50-E	N42-E	N50-E	N42-E	N50-E
10	煤层顶板		灰岩	泥岩	灰岩	泥岩	灰岩	泥岩
11	煤层底板		泥岩	砂质泥岩	泥岩	泥岩	泥岩	泥岩
12	煤层瓦斯含量		13.913 1 m³/t		9.872 4 m³/t		11.474 4 m³/t	
13	煤层瓦斯压力（MPa）		1.342		1.112		1.036	

表 2-6 天坪隧道揭煤区瓦斯参数

序号	煤样	煤层瓦斯含量（m³/t）	煤层瓦斯压力（MPa）	备注
1	C6 煤样	11.474 4	1.036	
2	C5 煤样	9.872 4	1.112	
3	C3 煤样	13.913 1	1.342	

2.2.3.2 煤层储量计算

根据《煤炭储量计算标准》《煤泥炭地质勘探规范》对该段煤层煤储量进行计算。

按照实际钻孔竣工图，根据各煤层体量并按抽放钻孔实际控制范围及需要补钻范围计算煤层储量，揭煤区总煤炭储量为 74 023.58 t，详见表 2-7。

表 2-7 揭煤区域煤层储量计算表

序号	煤层	计算块段	立面积（m²）		倾角（°）	斜面积（m²）		煤厚（m）	容重（t/m³）	储量（t）		合计
			平导	正洞		平导	正洞			平导	正洞	
1	C6	1	1 279.64	1 314.99	73	3 920.66	4 028.97	0.97	1.47	5 590.47	5 744.90	11 335.37
2		2	30.81		73	94.40		0.97	1.47	134.60		134.60
3		3	31.09		73	95.26		0.97	1.47	135.83		135.83
4	小计		1 341.54							5 860.90	5 744.90	11 605.80
5	C5	1	1 405.04	1 194.80	73	4 304.87	3 660.72	2.42	1.87	19 481.26	16 566.22	36 047.48
6		2	44.67		73	136.86		2.42	1.87	619.36		619.36
7		3	29.80		73	91.30		2.42	1.87	413.18		413.18
8	小计		1 479.51							20 513.80	16 566.22	37 080.03
9	C3	1	1 668.46	1 004.22	73	5 111.96	3 076.81	2.09	1.42	15 171.26	9 131.35	24 302.61
10		2	64.62		73	197.99		2.09	1.42	587.59		587.59
11		3	49.22		73	150.80		2.09	1.42	447.56		447.56
12	小计		1 782.30							16 206.41	9 131.35	25 337.75
	合计									42 581.11	31 442.47	74 023.58

2.2.3.3　揭煤区域瓦斯总量测算

平导瓦斯抽采范围为平导揭煤区域防突措施孔控制范围，各煤层瓦斯含量为实测资料，C6、C5、C3 煤层的原始瓦斯含量分别为 11.474 4 m³/t、9.872 4 m³/t、13.913 1 m³/t。

原始瓦斯储量 $W_k = W_1 + W_2 + W_3 = 1\ 176\ 197.52$ m³，其计算如下，

式中：W_k——矿井瓦斯储量，m³。

W_1——可采煤层的瓦斯储量总和，m³。

$$W_1 = \sum_{i=1}^{n} A_{1i} \times X_{1i}$$

A_{1i}——矿井每一个可采煤层的煤炭储量，平导揭煤区域煤层储量估算为：

$$A_{1i} = S \div \sin\alpha \times d \times h$$

S——隧道揭煤区域防突范围立面图面积；

d——比重；

h——煤层厚度；

α——煤层倾角；

n——矿井可采煤层数，即 C6、C5、C3。

X_{1i}——每一个可采煤层的瓦斯含量。

W_2——可采煤层采动影响范围内的不可采邻近煤层的瓦斯储量总和，m³。

$$W_2 = \sum_{i=1}^{n} A_{2i} \times X_{2i} = 43\ 970.822\ 3 \text{ m}^3$$

A_{2i}——可采煤层采动影响范围内每一个不可采煤层的煤炭储量。

X_{2i}——可采煤层采动影响范围内的不可采煤层的瓦斯含量，m³/t；

n——矿井可采煤层采动影响范围内的不可采煤层数；

W_3——围岩瓦斯储量，按下式计算。

$$W_3 = K\ (W_1 + W_2)$$

K——围岩瓦斯储量系数，取 $K = 0.1$。

带入相关数据计算，结果见表 2-8。

表 2-8　瓦斯储量计算表

序号	煤层	煤炭储量（t）		瓦斯含量（m³/t）	瓦斯储量（m³）		
		平导	正洞		平导	正洞	合计
W_1 计算表	C6	5 860.90	5 744.90	11.47	67 250.26	65 919.33	133 169.60
	C5	20 513.80	16 566.22	9.87	202 520.47	163 548.38	366 068.85
	C3	16 206.41	9 131.35	13.91	225 481.36	127 045.33	352 526.69
	小计	42 581.11	31 442.47		495 252.10	356 513.04	851 765.14
W_2 计算		10 645.28	7 860.62	11.75	125 117.13	92 388.21	217 505.33
W_3					62 036.92	44 890.12	106 927.05
合计					682 406.15	493 791.37	1 176 197.52

该区域瓦斯储量为 1 176 197.52 m³。

2.2.3.4 瓦斯抽采量确定

按照将煤层瓦斯含量降到 8 m³/t 以下作为控制指标，进行测算。C6、C5、C3 煤层原煤瓦斯含量分别为 11.474 4 m³/t、9.872 4 m³/t、13.913 1 m³/t。为将瓦斯含量降到 8 m³/t 以下进行计算。

抽采量＝达标所需降低瓦斯含量×抽采区域煤储量

计算见表 2-9。

表 2-9　瓦斯抽采量计算表

煤层	煤炭储量（t）		瓦斯含量（m³/t）	达标含量（m³/t）	抽出量（m³/t）	抽采总量（m³）			抽采率（%）
	平导	正洞				平导	正洞	合计	
C6	5 860.90	5 744.90	11.474 4	8	3.474 4	20 363.10	19 960.10	40 323.19	
C5	20 513.80	16 566.22	9.872 4	8	1.872 4	38 410.05	31 018.60	69 428.64	
C3	16 206.41	9 131.35	13.913 1	8	5.913 1	95 830.11	53 994.56	149 824.67	
合计	42 581.11	31 442.47				154 603.25	104 973.25	259 576.5	222.07

该区域共需抽采 259 576.5 m³，才能消除突出危险。

2.2.3.5 瓦斯抽排相关参数设定

（1）揭煤区域煤炭储量。

按照《防突规定》和揭煤方案及实际钻孔，编制完成 C6、C5、C3 煤层储量图，按平导抽放钻孔控制范围及补钻范围计算，揭煤区总煤炭储量为 74 023.58 t。

（2）瓦斯储量。

根据揭煤区总煤炭储量及各煤层瓦斯含量，推算该区域瓦斯储量为 1 176 197.52 m³，其中平导部分为 682 406.15 m³，正洞部分为 493 791.37 m³。

（3）瓦斯抽排率。

按照将煤层瓦斯含量降到 8 m³/t 以下作为控制指标，进行测算。C6、C5、C3 煤层原煤瓦斯含量分别为 11.474 4 m³/t、9.872 4 m³/t、13.913 1 m³/t。为将瓦斯含量降到 8 m³/t 以下进行计算。该区域共需抽采 259 576.5 m³，抽采率 30.48%。其中平导部分需抽排 154 603.25 m³ 才能消除突出危险。

（4）钻孔瓦斯流量衰减系数。

钻孔瓦斯流量随着时间延续呈衰减变化关系的系数，可作为评估开采层预抽瓦斯难易程度的一个指标（表 2-10）。

测算方法：选择具有代表性的地区打钻孔，先测其初始瓦斯流量 q_0，经过时间 t 后。再测其瓦斯流量 q_t，然后以下式计算之：

$$q_t = q_0 \cdot e^{-a}$$

式中：a——钻孔瓦斯流量衰减系数，a^{-1}；

　　　q_0——钻孔初始瓦斯流量，m³/min；

　　　q_t——经 t 时间后的钻孔瓦斯流量，m³/min；

　　　t——时间，d。

　　　　$q_t = 0.31/214 = 0.003\ 283\ (m³/min)$

　　　　$q_0 = 0.71/214 = 0.003\ 310\ (m³/min)$

$$a=-(\ln 0.003\ 283-\ln 0.003\ 310)=-(-5.718\ 99+5.710\ 80)=0.008\ 19$$

表 2-10　煤层瓦斯抽放难易程度表

类别	钻孔流量衰减系数（d^{-1}）	煤层透气性系数（$m^2/MPa^2\cdot d$）
容易抽数	<0.003	>10
可以抽放	0.003～0.05	10～0.1
较难抽放	>0.05	<0.1

本区域属于可以抽采煤层。

（5）瓦斯实际抽采量统计。

瓦斯实际抽采量：平导进行防突措施效果检验前，人工监测瓦斯抽采量为 152 411 m^3，完成设计抽采量的 98.6%；自动计量系统监测瓦斯抽采量为 171 637 m^3，完成设计抽采量的 111%。

2.2.4　瓦斯抽采施工

2.2.4.1　瓦斯抽排钻孔设计方案

抽排范围：开挖顶面以上部分为轮廓线外 16 m，底板面以下 8 m。

排放孔直径：79 mm。

终孔间距：小于 4 m。

钻孔数量：平导部分 214 个孔，正洞部分 257 个孔，合计钻孔 470 个。

钻孔布置见图 2-19。

钻孔设备：1250 液压钻机 3 台。

施工人员：管理人员 3 人，安全员 3 人，技术员 3 人，煤矿钻工 16 人。施工现场抽放瓦斯设备投入情况见图 2-20、图 2-21。

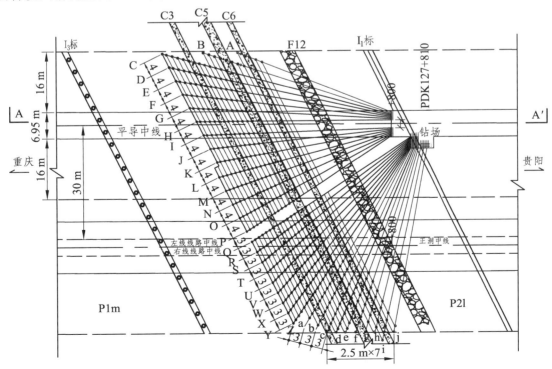

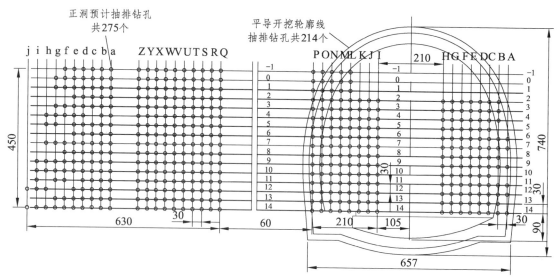

平导抽排钻孔总体布置示意图

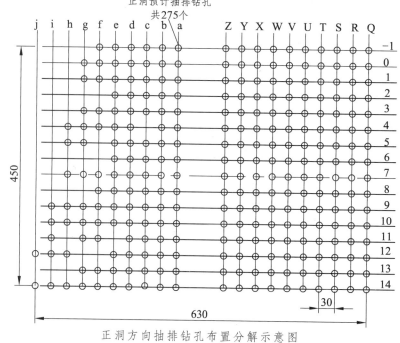

正洞方向抽排钻孔布置分解示意图

图 2-19　抽排孔布置示意图

图 2-20　瓦斯抽排钻孔现场布孔及钻孔（左为平导，右为正洞方向）

图 2-21　瓦斯抽放设备投入使用情况

2.2.4.2　抽排钻孔施工情况

天坪隧道平导瓦斯抽采钻孔于 2014 年 6 月根据审批的揭煤方案完成了瓦斯抽采的施工设计，2014 年 7 月 7 日正式开始瓦斯抽排钻孔的施工，8 月 17 日完工，共完成 214 个瓦斯抽采孔施工，总工程量 15 819 m。

天坪隧道平导抽采钻孔于 8 月 19 完成封孔及接抽管路、抽采设备检修等工作，然后进行试抽采，过程中经过调试 8 月 21 开始进入稳定抽采。抽采泵采用 2BEC-40、75 kW、2 台，1 台使用，1 台备用，抽放主管采用 ϕ150mm 无缝钢管、汇流管采用 ϕ80 mm、接抽软管采用 ϕ50 mm 双抗软管、封孔管采用 ϕ50mm 双抗硬管。

抽采负压：泵房 55 kPa、井口 50 kPa、汇流管 31 kPa、孔口负压 25 kPa。瓦斯抽采量截止 11 月 1 日，抽采 73 d，瓦斯抽采总量 152 411 m³。

2.2.5　消突效果评价

2.2.5.1　消突效果评价原则

（1）根据《防突规定》，对预抽煤层瓦斯区域防突措施进行检验时，均应首先分析、检查预抽区域内钻孔的分布等是否符合设计要求，不符合设计要求的，不予检验。

（2）根据瓦斯预抽的抽采指标，瓦斯抽采总量达到原煤瓦斯含量的 22.07%。

上述 2 项工作符合要求后，实施效果检验，检验地点为区域性防突措施的实施地点，即平导 PDK127+800 处掌子面，然后及布置钻场。

2.2.5.2　消突效果评价分析

自动监控瓦斯抽采量：采用自动监控系统统计，截止 11 月 1 日，瓦斯抽采总量 17 193 m³

（数据有误），平导部分总量 15 万立方米，占总量 121.3%。

人工检测瓦斯抽采量：采用人工检测计算统计，截止 11 月 1 日，瓦斯抽采总量 114 363 m³（总量 15 万立方米），占总量的 98.6%。

瓦斯抽采情况见图 2-22 及表 2-11。

图 2-22　主管路瓦斯测量支管路瓦斯测量

表 2-11　瓦斯抽排记录表（人工检测）

时间		主管 1	主管 2	主管 3	支管合计	平均
月	日					
8	22	1 275.2	1 277.8	1 197.56	1 180.78	1 233
8	27	8 984.784	9 344.401	9 391.545	9 624.467	9 336
8	30	23 939.81	2 5281.45	25 078.97	26 461.5	25 190
9	4	34 143.21	36 694.2	35 882.32	36 736.4	35 864
9	8	43 824.1	46 315.38	46 032.86	46 733.54	45 726
9	11	48 344.94	50 382.04	50 675.09	49 514.27	49 729
9	13	52 316.96	55 144.29	55 847.82	56 242.41	54 888
9	16	59 895	62 660.92	66 720.43	66 927.3	64 051
9	19	64 884.96	71 350.5	72 292.86	71 127.15	69 914
9	22	77 480.12	84 060.72	84 780.58	85 103.02	82 856
9	25	82 424.48	89 080.06	88 638.91	92 127.15	88 068
9	28	86 844.72	92 470.38	89 815.53	94 502.38	90 908
10	1	90 273.69	95 508.75	92 243.13	97 261.06	93 822
10	4	93 270.21	98 233.93	94 675.22	99 455.33	96 409
10	7	97 323.62	101 801.9	95 347.7	99 233.88	98 427
10	10	103 616.6	107 226.9	99 637.65	104 244.3	103 681
10	13	107 217	110 277.8	102 630.5	104 942.6	106 267
10	17	115 975.1	119 141.7	110 772.9	111 562.2	114 363
10	22	140 196.3	141 843.9	131 415.5	129 044.5	135 625
10	25	147 183.1	147 277.2	135 642.7	132 052.5	140 539
10	27	151 996.2	151 018.0	138 640.8	134 247.1	143 976
10	29	156 348.4	154 675.1	141 581.9	136 457.5	147 266
11	1	162 775.6	159 800.4	145 902.6	139 774.1	152 063

人工检测通过管内浓度和流量的测量计算出抽排量，与自动监控系统相互验证。为了确保施工安全，以测量数据小的为准。

随着瓦斯抽采量的不断增加，为验证抽采效果，于 10 月 10 日至 10 月 17 日，在河南理工大学的见证下，在平导线路中线靠左侧位置打设取芯钻孔取煤样进行预验证，本次检测 C6、C5、C3 煤层瓦斯含量试验结果分别为：5.511 5 m³/t、5.730 5 m³/t、4.439 8 m³/t。已低于标准要求的 8 m³/t 的判定值，检测数据见图 2-23。

图 2-23　预验证试验报告

由于取样部位和频次的原因，该次预验证不能作为已消突的依据，但也说明抽采已经取得一定的效果，好于预期。

2.2.5.3　检测钻孔布置位置及数量

（1）区域防突措施效果检验孔布置。

效果检验钻孔分别位于平导和正洞的防突措施预抽范围上部、中部和两侧，并且至少有 1 个检验测试点位于要求预抽区域内距边缘不大于 2 m 的范围；各检验测试点应布置于所在部位钻孔密度较小、孔间距较大、预抽时间较短的位置，并尽可能远离测试点周围的各预抽钻孔或尽可能与周围预抽钻孔保持等距离。根据超前钻孔和抽采钻孔施工揭露情况，在地质构造复杂区域适当增加检验测试点。钻孔位置应根据探明的地质构造情况调整施工参数或增加钻孔。

为此，平导和正洞区域防突措施效果检验孔在防突预抽范围内分别在 C3 煤层布置 15 个检验孔（该检验孔穿过 C5、C6 煤层）；C5 煤层盲区部位增补 6 个孔，共计 21 个孔（该检验孔穿过 C6 煤层）；C6 煤层盲区部位增补 3 个孔，共计钻孔 24 个。钻孔工程量根据煤层的实际位置确定，开孔直径 ϕ 86 mm，终孔直径 ϕ 75 mm。

钻孔布置详见图 2-24。

对每个孔均穿过的突出煤层，分别取煤样，取样方法与区域预测相同，并测定各突出煤层残余瓦斯含量。

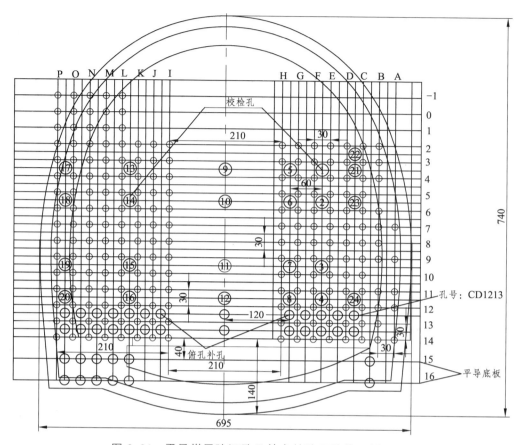

图 2-24 平导煤层验证孔及补充钻孔开孔位置展开图

（2）区域防突措施效果检验。

对于 24 个验证孔，其中 C6 煤层 24 个煤样、C5 煤层 21 个煤样、C3 煤层 15 个煤样，全部煤样的残余瓦斯含量均小于 8 m³/t，钻孔期间无瓦斯动力现象，则防突措施有效，判别各煤层预抽范围内无突出危险，可执行安全防护措施开挖掌子面。否则，补孔后继续抽采，直至达标为止。

判定为区域抽采有效后，隧道施工进入下一步揭煤作业，即在采取安全防护措施后，实行边探边掘，并按设计及时进行支护，直至达到距 C6 煤层法向距离 7 m 时，进行区域防突措施的验证。

2.2.6 平导揭煤瓦斯抽采实施及达标评判

根据施工方案，天坪隧道横洞工区平导自 2014 年 7 月 7 日开始瓦斯抽排钻孔施工，8 月 21 日开始抽排，至 11 月 1 日达到预设抽排量后对瓦斯抽排效果进行检验评判。

2.2.6.1 平导瓦斯抽采效果检验孔设计及施工

（1）检验孔设计。

平导瓦斯抽采防突措施效果检验为：平导底板面以上采用钻孔取煤芯，测定煤层瓦斯含量的方法进行，平导底板面以下采用密集钻孔排放考察。为此，平导底板面以上布置 5 个测试点，每个测试点布置 3 个钻孔，共计 24 个钻孔，分布在平导上、中及两侧，预计取出煤样 45 个。平导以下布置 38 个密集排放钻孔（轮廓线下 8 m 方位内，按终孔间距 2 m 布置），考察消突情况，详见图 2-25 和图 2-26。

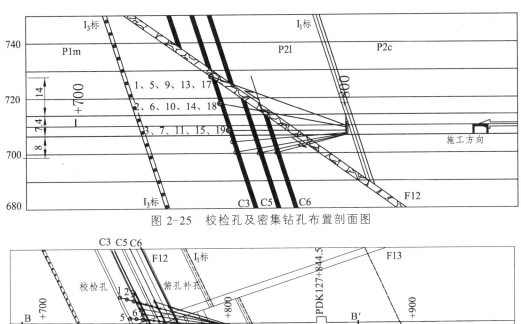

图 2-25　校检孔及密集钻孔布置剖面图

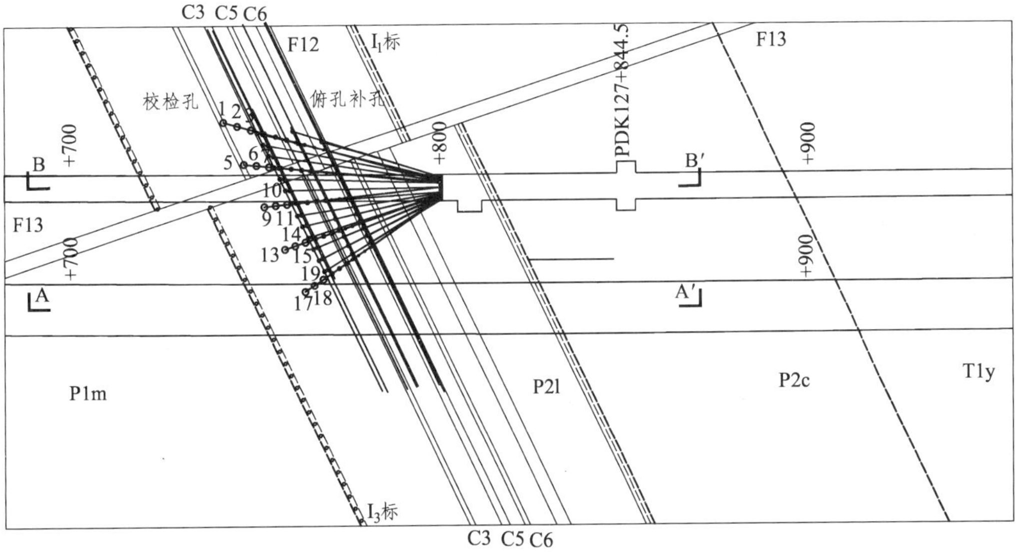

图 2-26　校检孔及密集钻孔布置平面图

（2）检验孔施工。

24个校检孔及38个密集钻孔排放考察钻孔于11月15日施工完毕，施工过程中未出现喷孔等异常现象，取出煤芯40个样，详见图 2-27、图 2-28、图 2-29。

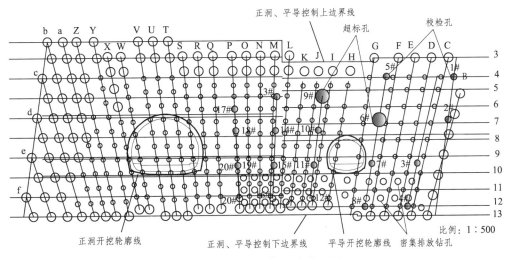

图 2-27　C6煤层检验孔施工图

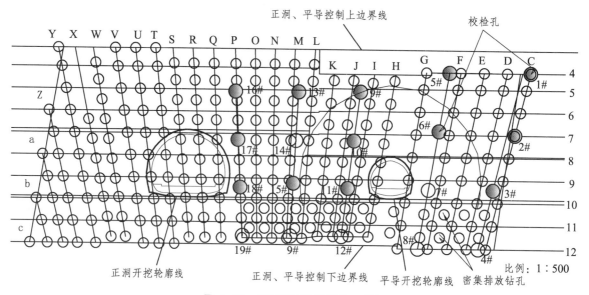

图 2-28 C5 煤层检验孔施工图

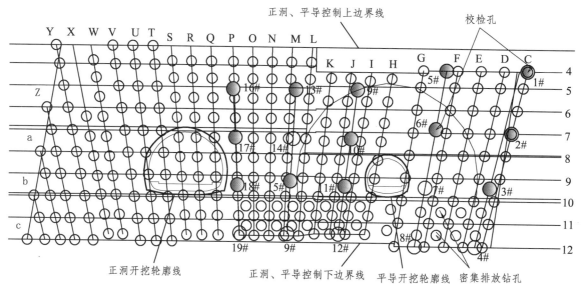

图 2-29 C3 煤层检验孔施工图

2.2.6.2 第一次平导瓦斯抽采达标评判

根据《煤矿瓦斯抽采达标暂行规定》及《防突规定》要求，对平导揭煤区域瓦斯抽采达标情况进行评判，具体内容如下：

（1）瓦斯抽采基础条件评判情况（表 2-12）。

（2）抽采钻孔有效控制范围界定情况

平导揭煤抽采钻孔防突专项设计最小控制范围：揭煤处巷道轮廓线外上、左、右各 14 m，下 8 m。

抽采钻孔实际有效控制范围：施工抽采钻孔实际参数揭煤处巷道轮廓线外上 14.1 m，左右 14.3 m，下 8.1 m，符合设计要求。

抽采钻孔布孔均匀程度评价情况：

施工开孔位置均匀，符合设计要求；

钻孔严格按设计参数施工，各煤层布孔满足设计要求。

表 2-12 瓦斯抽采基础条件评判情况

序号	规定项目	具体情况	是否达标
1	建立瓦斯抽采系统，且抽采系统正常、连续运行	地面安装 2 台 2BEC-40 型水环式真空泵，一台使用一台备用。抽采系统运行正常	达标
2	瓦斯抽采泵站能力和备用泵能力、抽采管网能力满足抽采达标的要求，预抽瓦斯钻孔的孔口负压不得小于 13 kPa	预抽瓦斯钻孔的孔口负压均大于 13 kPa，抽采能力满足要求	达标
3	抽采计量测点、计量器具符合计量标准和规范要求，无超期使用，计量准确	符合要求	达标
4	具有符合标准要求的抽采效果	相关指标测定由重庆煤科院及重庆科信煤矿安全技术公司完成	达标

（3）抽采瓦斯效果评判指标测定情况。

① 平导揭煤原始参数见表 2-13。

表 2-13 平导揭煤原始参数一览表

项 目	临界值指标	实测值			备注
		C6	C5	C3	
煤层倾角（°）		73	73	73	设计勘察阶段地表地质钻孔检测数值
煤层厚度（m）		0.97	2.42	2.09	
瓦斯压力（MPa）	0.74	3.67			
瓦斯含量（m³/t）	8	11.474 4	9.872 4	13.913 1	重庆科信，施工取芯检测值
煤的坚固性系数 f	≤0.5	0.25	0.25	0.17	河南理工大，工作面取芯检测值
瓦斯放散初速度 Δp	≥10	13.8	13.5	18.7	
煤的吸附常数 a（m³/t）		34.767 3	45.304 7	35.188 5	重庆煤科院，工作面取芯检测值
煤的吸附常数 b（mPa⁻¹）		1.039	1.366 4	1.060 7	

② 预抽时间差异系数计算。

抽采钻孔开始抽采时间：2014 年 8 月 19 日。

抽采完工施工时间：2014 年 11 月 1 日。

抽采钻孔效果评判时间：2014 年 11 月 20 日。

预抽时间差异系数为：

$$\eta = \frac{T_{max} - T_{min}}{T_{max}} \times 100\% = (69-69)/69 = 0\% < 30\%$$

式中：η——预抽时间差异系数，%；

T_{max}——预抽时间最长的钻孔抽采天数，d；

T_{min}——预抽时间最短的钻孔抽采天数，d。

本次抽采钻孔可以作为一个评价单元。

③ 瓦斯抽排率计算。

煤的储量：74 023.58 t；

瓦斯储量：1 176 197.52 m³；

瓦斯抽采量：154 603.25 m³；

瓦斯风排量：21 600 m³；

瓦斯抽排率：31.58%，大于设计预计抽排率 30.48%。

④ 区域措施效检结果。

24 个校检孔施工过程中未出现喷孔等异常现象,取出煤芯 40 个样,有 3 个煤样指标超标,超标率 7.5%。其中 C6 煤层 1 个样超标、C5 煤层 2 个样超标、C3 煤层无超标。24 个效检孔、40 个煤样由重庆业安公司现场采样、重庆科信公司进行实验室检测,各检验孔各煤样残余瓦斯含量参数见表 2-14。

表 2-14　检验孔各煤样残余瓦斯含量参数

| 序号 | 孔号 | 施工班次 | 含量（m³/t） | | | 终孔深度（m） |
			C6	C5	C3	
1	9#	11.2 早	2.330 8	8.477	3.097 7	53.1
2	10#	11.2 夜	未取到	2.738 5	2.823 6	61.46
3	11#	11.3 夜	3.153 4	2.714 5	3.959 9	36.88
5	13#	22.4 早	8.881 4	1.844 2	未取到	62.28
6	14#	11.4 中	未取到	2.137 1	未取到	38.9
7	15#	11.4 夜	2.074 1	1.948 3	7.384 6	35.88
9	17#	11.7 早	7.531 8	7.111 7	3.045 9	41.82
10	18#	11.6 夜	2.458 2	2.581 2	4.511 5	36.6
11	19#	11.6 早	2.071 9	1.923 3	2.693 5	33.6
17	1#	11.12 中	2.062	2.003 8	7.063 5	68.58
18	2#	11.13 夜	7.346 2	7.054 5	7.495 6	57.16
19	3#	11.10 夜	2.867 4	2.064 6	2.924 8	46.0
21	5#	11.8 中	未取到	2.550 8	3.111 5	53.56
22	6#	11.9 中	2.537 8	10.846 3	2.897 7	56.72
23	7#	11.9 夜	2.508	2.741 2	未取到	48.74

38 个底板密集排放考察钻孔已全部施工完毕,施工过程中有无明显动力现象。

（4）平导瓦斯抽采达标评判结论。

平导揭煤工程,所实施的区域综合防突措施符合《防治煤与瓦斯突出规定》《煤矿瓦斯抽采达标暂行规定》,所有检验过程合规并真实有效。

本次效检结果显示总体消突较好,但个别点位超标,平导底板以下俯孔虽无明显动力现象,但由于底板取芯效果差,加之瓦斯抽采评估局部不符合达标要求,需要对超标区域增补措施,对底板孔持续观察,实现所有检验部位达标,所有检验孔施工无异常现象后再次进行评判。

2.2.6.3　下一步计划及增补防突措施

按照施工方案,补打密集钻孔排放,根据检验超标对超标的实际情况,在每一超标孔附近 2 m 范围内补打 4 个排放孔,并自然排放 7 d 后进行第二次效果检验。

超标部位通过补孔并自然排放 7 d 后，在平导里程 PDK127+790（距 C6 煤层 7 m）处进行第二次效果检验。

2.2.6.4　平导瓦斯抽采达标评判结论

（1）达标评判结论。

天坪隧道平导揭煤区域防突措施效果检验，C6/C5 两个作为一组进行区域效果检验，经采用钻屑瓦斯解吸指标法和综合指标法两种方法检验，符合《防突规定》区域防突措施效果检验孔布孔要求，各项指标均在临界指标以下，在实施检验孔施工过程中无异常现象，评判结论为抽采达标、防突措施有效。

C3 煤层由于钻屑指标法出现超标，判定为不达标。

（2）下一步计划。

C3 煤层因有 1 个测定 K_1 值超标，单独作为一组下一次区域措施效果检验，应立即对超标点补打 4 个排放钻孔（不达标点左边 2 m 范围）。

由于 C3 距离 C6、C5 相对较远（8 m），为合理安排施工，加快进度，把 C6\C5 和 C3 作为两个区域，利用 C6\C5 揭煤时间进行 C3 超标部位自然排放，以确保掌子面开挖至距 C3 煤层 7 m 前区域措施效果检验达标。

（3）平导掌子面施工至距 C6 煤层 5 m、2 m 时，进行 5 m、2 m 时的区域防突验证，验证达标后方可进入下一步工序。

2.3　局部防突措施

2.3.1　工作面突出危险性预测

天坪隧道区域预测、区域防突措施、区域效果检验均采取平导、正洞一并进行。在区域验证阶段，则分平导、正洞及各煤层分别进行。隧道施工（平导、正洞）设计采用"渐进式"揭煤技术，分步验证，每揭完一层煤，需进行四次验证。

2.3.1.1　工作面突出危险性预测方法

（1）第一次验证。

① 实施位置：平导（正洞）掌子面距 C6、C3 煤层垂距 7 m 时实施。

由于 C6、C5 煤层间距 6.44 m 且与隧道 54°相交，隧道开挖时揭开 C6 煤层后，C5 煤层距掌子面距离小于施工设计规定的最小法向距离 7 m。因此，在平导或正洞开挖至距 C6 煤层最小法向距离 7 m 时，对 C6 和 C5 煤层同时实施突出危险性验证。根据隧道实际情况将其他近距离煤层（煤厚大于 0.3 m）同时进行突出危险性验证，并根据后续煤层检测过程、煤层、断层实际情况，制定揭煤补充验证措施。

② 验证孔布置。

验证钻孔控制隧道见煤点或轮廓线外倾斜上方 5 m，下方 3 m，左右各 5 m。

施工区域验证孔 9 个，在平导（正洞）见煤点或轮廓线外控制范围的上、中、下及两侧布置，孔径 75 mm，详见图 2-30。

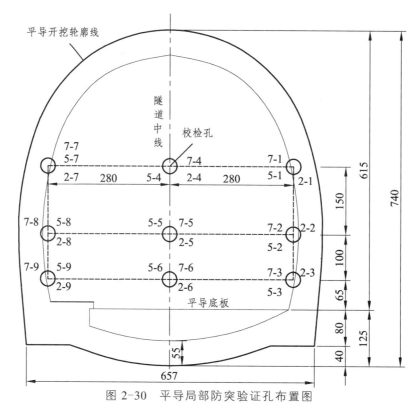

图 2-30 平导局部防突验证孔布置图

（2）第二次验证。

① 实施位置：平导（正洞）掌子面距 C6、C3 煤层垂距 5 m 时实施。

② 验证孔布置：验证钻孔布置同第一次验证。

（3）第三次区域验证。

① 实施位置：平导（正洞）掌子面距 C6、C5、C3 煤层 2 m 垂距验证。

② 验证孔布置：验证钻孔布置同第一次验证。

（4）第四次区域验证。

① 实施位置。

平导（正洞）掌子面揭开 C6、C5、C3 煤层及过煤门的过程中，根据施工设计平导超前正洞开挖，针对隧道与煤层走向呈 54°角斜交且开挖断面大，不能一次性全断面揭完煤层的现象，采用对每一层煤逐层进行连续验证，直至隧道过完全部煤层。

② 验证孔布置。

采用电煤钻沿煤层施作 3 个钻孔，孔径 φ42mm，孔深 8～10 m，钻孔应布置在软分层中，一个为水平平行煤层走向，另二个顺煤层斜向上和向下，终孔位置为隧道轮廓线外 2～4 m 处。

采用钻屑瓦斯解吸指标法进行突出危险性检验，如有突出危险，采取补打顺层孔等半煤巷瓦斯排放措施并经再次检验确认无突出危险后才能继续施工，并保留 5 m 超前距。

2.3.1.2 验证方法及其临界指标

（1）工作面区域验证方法采用钻机，孔径 75 mm，采用钻屑指标法验证。临界指标值为：$K_1 = 0.40$ mL/g·min$^{1/2}$（湿样）或 0.50 mL/g·min$^{1/2}$（干样）、$S = 14$ kg/m（$\phi 75$ mm 孔径）；喷孔、卡钻等异常现象视为超标。

（2）过煤门顺层验证钻孔采用煤电钻施工 42 钻孔，采用钻屑指标法验证。临界指标值见表 2-15。

表 2-15　钻屑指标法预测煤巷开挖工作面突出危险性的参考临界值

钻屑瓦斯解吸指标 Δh_2（Pa）	钻屑瓦斯解吸指标 K_1（mL/g·min$^{\frac{1}{2}}$）	钻屑量 S	
		kg/m	L/m
200	0.5	6	5.4

（3）采用塑料桶测定钻屑量 S 值，采用 WTC 瓦斯突出参数预测仪测定 K_1 值，钻孔每钻进 1 m 测定该 1 m 段的全部钻屑量 S 值，每钻进 1 m 测定一次钻屑瓦斯解吸指标 K_1 值。

2.3.1.3　验证结果判断

（1）采用钻屑指标法验证，每钻进 1 m 测定该 1 m 段的全部钻屑量 S，每钻进 2 m 至少测定一次钻屑瓦斯解吸指标 K_1 或 Δh_2 值。

（2）如果实测得到的 S、K_1 或 Δh_2 的所有测定值均小于临界值，并且未发现其他异常情况，则该工作面预测为无突出危险工作面。

（3）区域验证不超标，上报审批后浅掘浅进至下一控制岩柱再进行验证；若验证超标，必须采取局部综合防突技术措施，直至局部效果检验不超标后上报审批后浅掘浅进至下一控制岩柱后进行下一次验证。

（4）每次验证有一次临界值超标或有煤与瓦斯突出动力现象，则区域防突措施无效，停止作业、制定专项施工措施，执行局部防突措施。

2.3.2　工作面防突预测方法实施研究

2.3.2.1　工作面预测

工作面预测与区域验证，为同一防突控制程序，在隧道施工的验证过程中，只要有一个检测点验证有突出危险或超前钻孔等发现了突出预兆，则执行预抽瓦斯或排放钻孔局部综合防突措施。

2.3.2.2　工作面防突措施

（1）采用排放或抽采钻孔作为局部防突措施。

① 局部防突措施孔控制范围。

石门揭煤工作面钻孔的控制范围：石门两侧和上部轮廓线外至少 5 m，下部至少 3 m。

② 钻孔布置。

a. 在隧道揭煤工作面采用穿层钻孔排放、预抽瓦斯防突措施时，钻孔直径采用 75 mm，中孔间距 2 m，在原区域性预抽钻孔的基础上进行补孔。

b. 揭开煤层后半煤巷的局部防突措施，采用沿煤层施作钻孔进行，使用电煤钻打孔径 $\phi 60$ mm，长 10~30 m 的钻孔，开孔间距不大于 300 mm，终孔间距不大于 2 m，呈扇形分布整个隧道揭煤区域。

c. 排放钻孔实施排放 7 d 后进行局部防突措施的效果检验，若还超标，实施钻孔预抽防突措施，立即封孔接抽瓦斯。

（2）金属骨架及煤层固化措施。

平导和正洞过 C6、C5、C3 煤层段设置金属骨架，φ75 管棚配合钢拱架使用。采用 ZDY-2300 型钻机施工超前金属导管，导管采用 φ75 热轧无缝钢管，壁厚 6 mm，导管单根长度 20 m，拱部环间距 30 cm，边墙环间距 60 cm，纵向间距 15 m，倾角 1°～3°。注水泥浆固化，注浆压力为 1～2 MPa，具体设置如图 2-31 所示。

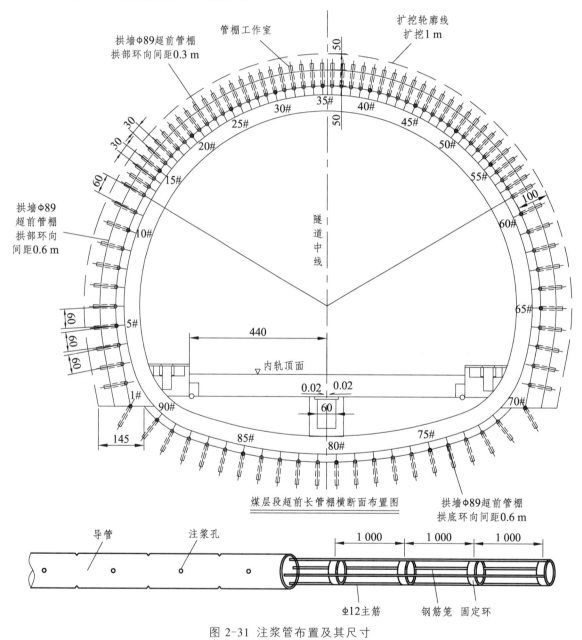

图 2-31　注浆管布置及其尺寸

2.3.3　工作面防突措施效果检验

（1）校检孔布置：局部防突措施效果检验孔的布置与区域验证孔布置相同（不少于 5 个孔，分布于隧道上、中、下）。

延隧道开挖线施工至少 5 个钻孔，控制隧道开挖轮廓线外上部和两侧各 5 m，下部 3 m 范围，钻孔终孔位置分别位于正洞的中部、上下和两侧，钻孔直径 94 mm。采用钻屑指标法测定煤层 K_1 值，同时。如果所有实测的指标值均小于临界值，并且未发现其他异常情况，判定为无突出危险工作面，进入下一程序。否则，判定为突出危险工作面，则停止正洞工作面掘进，采取钻孔排放瓦斯等工作面防突措施。

（2）校检指标：同区域验证指标。

（3）经排放或预抽 7 d 后，经校检，不超临界指标，钻孔期间无突出征兆，则执行本方案的安全防护措施进行施工，采取浅挖浅进至下一预测岩柱（或揭开煤层）。

（4）若检验超标或钻孔期间有突出征兆，则延长排放或抽采时间，或研究补充消突等可靠措施后，再检验。

2.3.4 石门揭煤总体施工流程

瓦斯突出隧道揭煤总体施工流程见图 2-32。

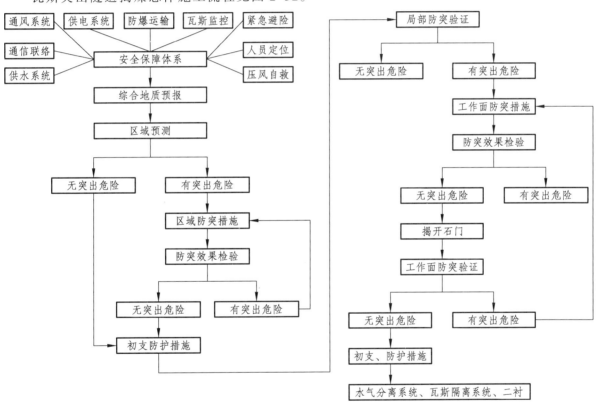

图 2-32 总体施工流程图

2.3.4.1 平导揭煤突出危险性验证

（1）距 C6 煤层 7 m 煤层突出危险性验证。

验证孔布置：验证钻孔控制隧道见煤点或轮廓线外倾斜上方 5 m，下方 3 m，左右各 5 m。施工区域验证孔 9 个，在平导见煤点或轮廓线外控制范围的上、中、下及两侧布置。若无突出危险，开挖至距离 C6 煤层 5 m。

（2）距 C6 煤层 5 m 煤层突出危险性验证。

验证孔布置：验证钻孔控制隧道见煤点或轮廓线外倾斜上方 5 m，下方 3 m，左右各 5 m。

施工区域验证孔 5 个，在平导见煤点或轮廓线外控制范围的上、中、下及两侧布置，开挖至距离 C6 煤层 2 m。

（3）距 C6 煤层 2 m 煤层突出危险性验证。

验证孔布置：验证钻孔控制隧道见煤点或轮廓线外倾斜上方 5 m，下方 3 m，左右各 5 m。施工区域验证孔 4 个，在平导见煤点或轮廓线外控制范围的上、下及两侧布置。

若无突出危险，可进行金属骨架及煤体注浆固化施工，完成后采用台阶法进行 C6 煤层揭煤开挖。

（4）对 C5、C3 煤层突出危险性验证。

C5、C3 煤层突出危险性验证参照 C6 煤层进行，根据煤层分布，在距离 C6 煤层 7 m 时对 C6、C5 及 C3 煤层同时进行验证，在 C6 煤层 5 m 时对 C6、C5 层煤同时进行验证，距离 2 m 时 C6、C5 分别验证；C3 层煤仅进行 5 m 和 2 m 验证，具体见图 2-33。

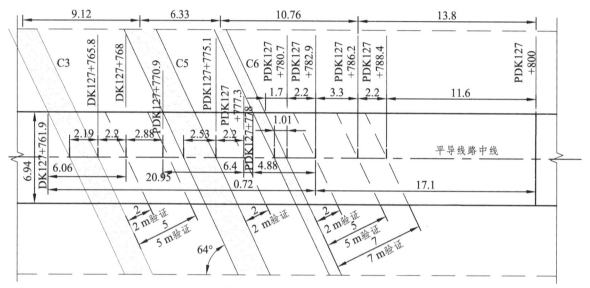

图 2-33　煤层突出危险性验证位置进程分布图

2.3.4.2　验证方法及其临界指标

（1）预测突出危险性方法。

预测突出危险性的方法有钻孔瓦斯涌出初速度法、综合指标法、R 值指标法、钻屑指标法。针对以上几种方法，施工较常用的方法为掘进钻屑指标法，具体指标详见表 2-15。

（2）钻屑指标法预测突出危险性方法及步骤。

在石门揭煤工作面打钻时，每打 1 m 煤钻孔应采煤钻屑样 1 个。在钻孔进入预定采样深度时，启动秒表开始计时，当钻屑排出孔时，用筛子在孔口收集煤钻屑。经筛分后，取粒度 1~3 mm（1 mm 筛上品，3 mm 筛下品）煤样装入煤样瓶中。煤样应装至煤样瓶标志线位置（相当于煤样重量 10 g）。

2.3.4.3　验证注意事项

（1）采用钻屑指标法验证，每钻进 1 m 测定该 1 m 段的全部钻屑量 S，每钻进 2 m 至少测定一次钻屑瓦斯解吸指标 K_1 或 Δh_2 值。

（2）如果实测得到的 S、K_1 或 Δh_2 的所有测定值均小于临界值，并且未发现其他异常情况，则该工作面预测为无突出危险工作面。

（3）区域验证不超标，浅掘浅进至下一控制岩柱再进行验证；若验证超标，采取钻孔排放等综合防突技术措施，直至局部效果检验不超标后，进行下一次验证。

（4）通过排放效果检验，煤层无突出危险性后，封堵排放钻孔，按设计采用大管棚对开挖轮廓外岩体进行超前注浆加固，完成后方可进行揭煤施工。

2.4 石门揭煤

平导在掌子面施工至 C6 煤层法向距离 7 m 执行第二次区域效果检验，5 m、2 m 执行工作面验证，突出危险消除后，施作全环超前管棚支护，平导上台阶先行揭开石门。

揭开石门前，平导过 C6 煤层段全环超前 ϕ89 管棚支护（管棚一方面能加强支护，另一方面是隔离和减弱瓦斯溢出压力），管棚配合钢拱架使用。采用 ZDY-1250 型钻机施工超前金属导管，导管采用 ϕ89 热轧无缝钢管，壁厚 6 mm，导管单根长度 30 m，拱部和底部环间距 30 cm，边墙环间距 60 cm，纵向间距 10 m，每环搭接不小于 3 m，外倾角 12°，注水泥浆固化，注浆压力为 1 ~ 2 MPa，见图 2-34。

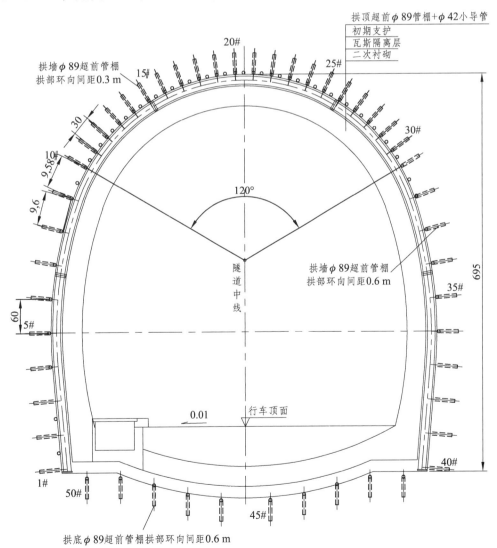

53

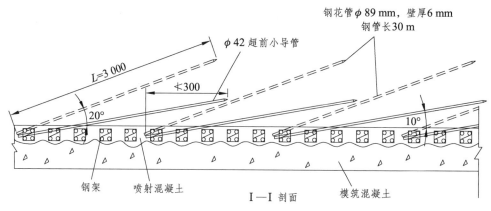

图 2-34　过煤段超前管棚支护示意图

2.4.1　平导揭煤距 C6 煤层 2 m 垂距验证

超前管棚施工完成后开挖至距离 C6 煤层 2 m 垂距时进行验证。

2.4.1.1　平导揭煤距 C6 煤层 2 m 垂距验证孔设计

平导揭煤距 C6 煤层 2 m 垂距区域防突措施效果验证孔设计，验证煤层为 C6、C5 煤层，验证孔控制范围为平导轮廓线外上、左、右各 5 m，下 3 m。共布置 9 个钻孔，终孔于 C5 煤层底板，详见图 2-35 和图 2-36。

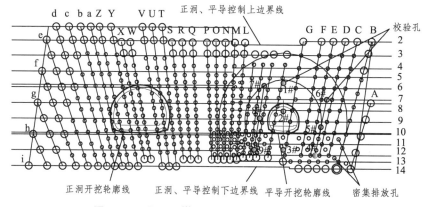

图 2-35　距 C6 煤层 2 m 验证孔设计层面图

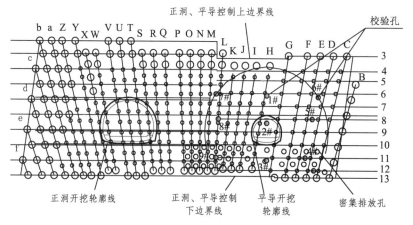

图 2-36　距 C5 煤层 2 m 验证孔设计层面图

2.4.1.2　平导揭煤距 C6 煤层 2 m 垂距验证结果

9 个校检孔于 12 月 11 日施工完毕，施工过程中未出现喷孔等异常现象，采集煤样 17 个，全部指标在临界值以下，实测指标见表 2-16。

表 2-16　验证孔钻屑实测指标

孔号	C6 煤层			C5 煤层			备注
	煤厚	K_1	Δh_2	煤厚	K_1	Δh_2	
2-1	0.4	0.06	20	2.9	0.22	40	
2-2	0.5	0.05	60	2.5	0.22	140	C6 为湿煤
2-3	0.5	0.01	40	2.4	0.12	100	
2-4	0.4	0.16	50	2.5	0.00	20	
2-5	煤线			2.8	0.12	40	
2-6	0.3	0.17	140	2.8	0.04	20	
2-7	0.5	0.03	70	2.6	0.09	130	
2-8	0.3	0.13	90	2.5	0.11	70	C5 为湿煤
2-9	0.4	0.13	60	2.6	0.17	70	

（1）综合指标 D、K 的计算公式为：

$$D = \left(\frac{0.007\,5H}{f} - 3 \right) \times (P - 0.74) \tag{2-1}$$

$$K = \frac{\Delta P}{f} \tag{2-2}$$

式中　H——煤层埋藏深度（m），本揭煤区域为 400 m；

　　　P——煤层瓦斯压力，采取区域防突措施后，检验时瓦斯压力 C6 为 0.042 MPa、C5 为 0.068 MPa；

　　　ΔP——软分层煤的瓦斯放散初速度，C6 为 3.5、C5 为 4.4；

　　　f——软分层煤的坚固性系数，C6 为 0.2、C5 为 0.25。

上述指标按公式计算 C6 煤层：

$$D = \left(\frac{0.007\,5H}{f} - 3 \right) \times (P - 0.74) = \left(\frac{0.007\,5 \times 400}{0.2} - 3 \right) \times (0.042 - 0.74) = -8.36$$

$$K = \Delta P / f \ 3.5/0.2 = 17.5$$

C5 煤层：

$$D = \left(\frac{0.007\,5H}{f} - 3 \right) \times (P - 0.74) = \left(\frac{0.007\,5 \times 400}{0.25} - 3 \right) \times (0.068 - 0.74) = -8.05$$

$$K = \Delta P / f = 4.4/0.25 = 17.6$$

（3）验证结果。

C6、C5 煤层综合指标 D、K 临界值均小于临界值，抽采达标、防突措施有效。平导揭煤距 C6 煤层 2 m（含距 C5 煤层 5 m）验证结论。

平导揭煤距 C6 煤层 2 m 验证孔施工过程中无异常现象，全部 K_1 值和 Δh_2 值均在突出临界值以下，区域防突措施有效；天坪隧道横洞工区平导揭煤工程可以进行下一步揭煤前局部

防突措施的施工和 C6 煤层的揭煤工作。

现场验证照片详见图 2-37 ~ 图 2-41。

图 2-37　煤层瓦斯突出危险性检测照片（检测 Δh 和 K_1 值）

图 2-38　现场取煤样照片　　　　　图 2-39　检测钻钻孔照片

图 2-40　监理工程师现场检查及旁站记录照片

图 2-41　总监办领导检查、指导施工照片

2.4.2　揭石门

平导揭煤距 C6 煤层 2 m 验证孔施工过程中无异常现象，全部 K_1 值和 Δh_2 值均在突出临界值以下，区域防突措施有效；天坪隧道横洞工区平导揭煤工程可以进行下一步揭煤前局部防突措施的施工和 C6 煤层的揭煤工作。揭开石门及过石门坎见图 2-42。

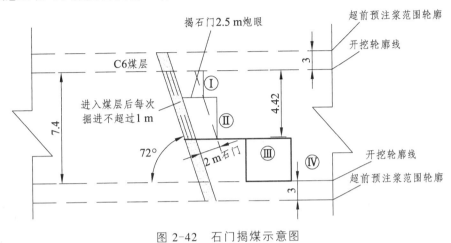

图 2-42　石门揭煤示意图

2.4.2.1　上台阶先行揭开石门

石门爆破的炮眼长度按 2 m 控制，一次揭开石门。顶板靠超前管棚及超前小导管双层支护，揭开石门进行锚喷支护后立即立拱架打设系统锚杆支护。

2.4.2.2　过煤门

按照隧道施工设计和《煤系地层专项施工方案》，正洞采用从距突出煤层最小法向距离 7 m 开始即进入揭煤作业。平导超前正洞开挖，针对隧道与煤层走向呈 54°角斜交且开挖断面大，单一煤层过煤里程长度达 18.6～21.95 m，不能一次性全断面揭完煤层情况，措施设计采用对每一层煤逐步进行"局部综合防突措施—揭煤—局部综合防突措施—揭煤"，直至隧道过完全部煤层。

揭开煤层后，沿煤层方向打设顺层钻孔，使用电煤钻打孔径 ϕ 60 mm，开孔间距不大于 600 mm，终孔间距不大于 2 m，钻孔数量不小于 3 个，钻孔长度平导平均 10 m/个，正洞平均 15 m/个，呈扇形分布于工作面前方 10 m 防突范围，做为半煤半岩巷道的局部综合防突措施，钻孔仍采用钻屑指标法进行防突验证，钻孔布置见图 2-43、图 2-44。

经预测如有突出危险，停工在掌子面煤壁向前方沿煤层施作钻孔进行排放；若无突出危险性，继续掘进距离 C5 煤层 2 m 垂距离，然后再检验，如此循环；每次爆破掘进 0.8～1.2 m，防止冒顶；采用三级煤矿许用含水炸药及 1～5 段煤矿许用电雷管爆破。在半煤半岩中掘进应在岩石炮眼中装药，其总药量为普通岩巷爆破药量的 1/3 或 1/2。

在实施局部综合防突措施的半煤工作面，若预测指标为无突出危险，则只有当上一循环的预测指标也是无突出危险时，可确定为无突出危险工作面，并在采取安全防护措施、保留足够的预测超前距的条件下进行下一步作业，否则，仍要执行工作面防突措施（瓦斯抽排），以消除瓦斯突出危险。

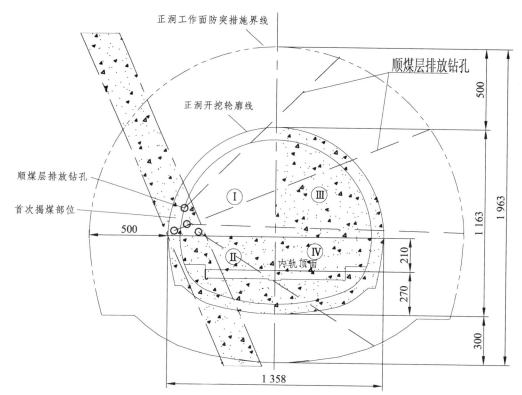

图 2-43　平导或正洞工作面首次揭煤后顺层排放钻孔布置图

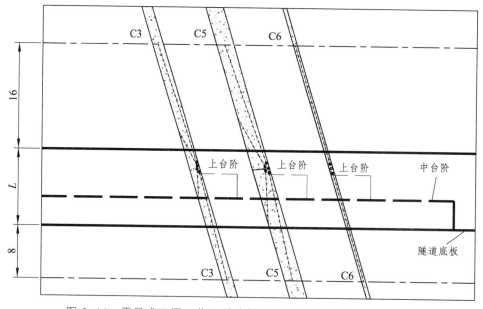

图 2-44　平导或正洞工作面首次揭煤后顺层排放孔立面布置图

2.4.2.3　揭煤方法

在煤层中掘进时，采用湿式钻孔，采用松动爆破。在软弱破碎岩层中或煤层中掘进时，采用超前支护及时注浆，防止坍塌。爆破后立即喷锚支护，及时封闭围岩。仰拱超前施工，保证拱、墙、仰拱衬砌形成闭合整体。煤系地层设防段的二次模筑衬砌应预留注浆孔，衬砌完成后及时压浆，充填空隙，封闭瓦斯。

参照以上程序，对平导揭煤距 C5 煤层 2 m、距 C3 煤层 5 m 外区域验证。

平导过煤系地层段 PDK127+850 至 PDK127+825（25 m）设计为Ⅲ级，PDK127+825 至 PDK127+710（115 m）设计为Ⅴ级，采用上下台阶法开挖施工，台阶长度 3～5 m。

正洞过煤系地层段 DK127+705 至 DK127+855 段设计为Ⅴ级，采用三台阶法施工。正洞揭煤参照平导进行。

2.4.3　石门揭煤爆破设计

2.4.3.1　平导揭煤爆破设计

爆破作业采用煤矿许用炸药、煤矿许用毫秒延期电雷管、电力起爆器，雷管选用 1～5 段毫秒延期电雷管，最后一段的延期时间不得大于 130 ms。周边炮孔间距取 50 cm，抵抗线取 70 cm。

平导采用上下台阶分部揭煤，根据煤层的倾向，掌子面进行刷斜面，保证石门岩柱厚度一致。周边炮眼爆破参数确定：由于围岩为Ⅴ级，主要为黏土岩、砂岩、硅质岩、灰岩，呈碎石角砾，稳定性一般，中硬到坚硬，按照规范要求保留 2 m 岩柱（垂直于煤层），实际开挖进尺为 2.7 m，采用震动爆破，炮眼直径为 45 mm（用 ϕ42 一字钻头）。上台阶爆破设计如下。

（1）炮眼总数计算。

光面爆破炮眼总数按以下经验公式计算：

$$N = 5.5\sqrt{S}\sqrt[3]{f^2}$$

式中：N——炮眼数量；

　　　S——掘进断面面积，m^2，S=18 m^2；

　　　f——岩石的坚固性系数，f=5。

可得　　　　　$N = 5.5\sqrt{S}\sqrt[3]{f^2}$=5.5$\times$$\sqrt{18}$$\times$$\sqrt[3]{5^2}$=68

（2）单位装药量计算。

单位装药量：

$$q = 1.68K_m f^{1.2} S^{-0.75}$$

式中：q——单位装药量，kg/m^3；

　　　f——岩石的坚固性系数，取 f=5；

　　　S——掘进断面面积，m^2；S=18 m^2；

　　　K_m——煤层厚度影响系数，K_m=0.9；

可得　　　　　$q = 1.68K_m f^{1.2} S^{-0.75}$=1.68$\times$0.9$\times$$5^{1.2}$$\times$$18^{-0.75}$=1.2 kg/m^3

（3）总装药量计算。

一次爆破总装药量 Q=qSL_{cp}

式中：L_{cp}——一次爆破的炮眼平均深度。

取 q=1.2 kg/m^3，S=18 m^2，L_{cp}=2.7 m

可得 Q=qSL_{cp}=1.2$\times$18$\times$2.7=58 kg。

（4）平导揭煤爆破炮眼结构布置，见图 2-45、图 2-46。

（5）爆破参数表，平导部分见表 2-17。

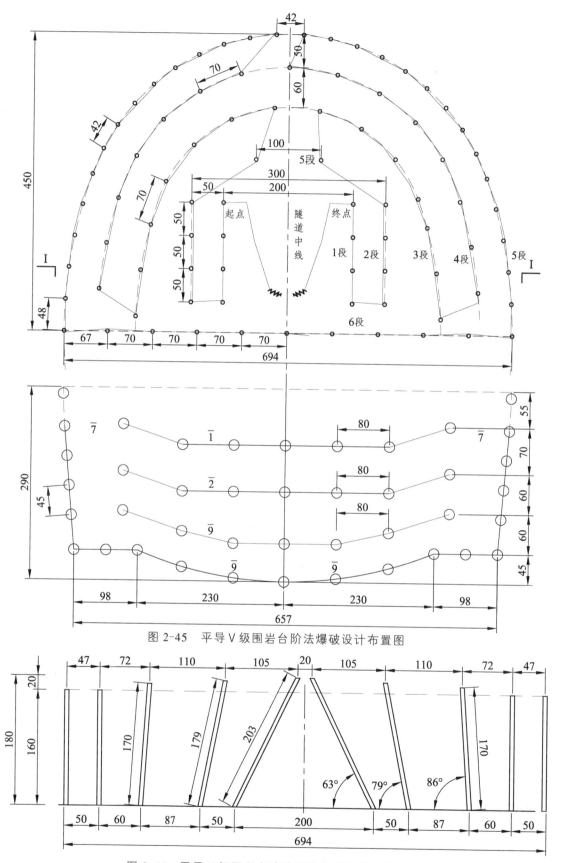

图 2-45　平导 V 级围岩台阶法爆破设计布置图

图 2-46　平导 V 级围岩台阶法爆破掏槽区炮眼剖面图

表 2-17　平导揭煤分部开挖爆破参数表

序号	炮眼名称	炮眼数目	炮眼深度（m）	角度（°）	装药量 单孔（只）	装药量 质量（kg）	装药量 合计（kg）	雷管 段位	雷管 单孔（个）	雷管 小计（个）	装药顺序	部位
1	1 级排掏槽眼	8	2	63	5	0.75	6.00	1	1	8	正向	上台阶
2	2 级排掏槽眼	8	1.8	79	4	0.60	4.80	2	1	8	正向	
3	扩槽眼	16	1.7	86	4	0.60	9.60	3	1	16	正向	
4	辅助眼	15	1.6	0	3	0.45	6.75	4	1	15	正向	
5	周边眼	30	1.6	0	2.5	0.375	11.25	5	1	30	正向	
6	底板眼	11	1.6	0	6	0.90	9.90	6	1	11	正向	
7	小计	88					48.3			88		上台阶
8	1 级掘进眼	7	1.8	0	4	0.60	4.20	1	1	7	正向	下台阶
9	2 级掘进眼	7	1.8	0	4	0.60	4.20	2	1	7	正向	
10	3 级掘进眼	7	1.8	0	4	0.60	4.20	3	1	7	正向	
11	周边眼	12	1.8	0	3	0.450	5.40	4	1	12	正向	
12	底板眼	9	1.8	0	4	0.60	5.40	5	1	9	正向	
13	小计	42					23.4			42		下台阶
14	合计	130					71.7			130		总计

2.4.3.2　正洞揭煤爆破设计

正洞揭煤爆破作业同样采用煤矿许用炸药、煤矿许用毫秒延期电雷管、电力起爆器，雷管选用 1 ~ 5 段毫秒延期电雷管，最后一段的延期时间不得大于 130 ms。周边炮孔间距取 45 cm，抵抗线取 70 cm。

正洞采用三台阶分部开挖，分部揭开。爆破参数：正洞揭煤段围岩为 V 级，主要为黏土岩、砂岩、硅质岩、灰岩，呈碎石角砾，稳定性一般，中硬到坚硬，揭煤前进尺为 0.8 ~ 1.2 m，炮眼直径为 45 mm（用 ϕ42 一字钻头）。

爆破参数计算如下：

（1）炮眼总数计算。

上台阶爆破炮眼总数按以下经验公式计算：

$$N=5.5 \times S^{0.5} \times f^{0.67}$$

式中：N——炮眼数量；

　　　S——掘进断面面积，m^2；$S_{上}$=34.6 m^2；

　　　f——岩石的坚固性系数，f 取值范围为 4~6。

可得　　　　　　$N=5.5 \times S^{0.5} \times f^{0.67}=5.5 \times 34.6^{0.5} \times 6^{0.67}=107$

（2）单位装药量计算。

单位装药量：

$$q=1.68 \times K_m \times f^{1.2} \div S^{0.75}$$

式中：q——单位装药量，kg/m^3；

　　　f——岩石的坚固性系数；取 f=4~6；

　　　S——掘进断面面积，m^2，正洞上台阶分部开挖面积 S=34.6 m^2；

K_m——煤层厚度影响系数，$K_m=0.95$。

可得 $\qquad q=1.68×K_m×f^{1.2}×S^{0.75}=1.68×0.95×6^{1.2}÷34.6^{0.75}=0.96\ kg/m^3$

（3）总装药量计算。

一次爆破总装药量 $Q=q×S×Lcp$

式中：L_{cp}——一次爆破的炮眼平均深度

取 $q=0.96\ kg/m^3$，$S_{上台阶}=34.6\ m^2$，$L_{cp}=1.06\ m$

可得 $Q=q×S×L_{cp}=0.96×34.6×1.06=35.2\ kg$

其他部位参考上台阶计算。炮眼布置及装药方式见图2-47、图2-48、表2-18。

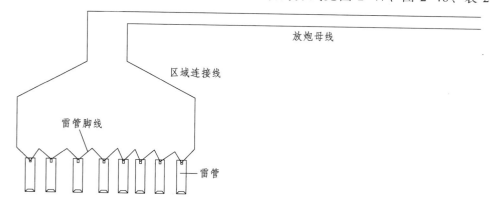

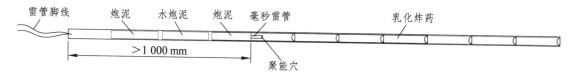

图 2-47 煤系地层炮眼装药及爆破网络连接示意图

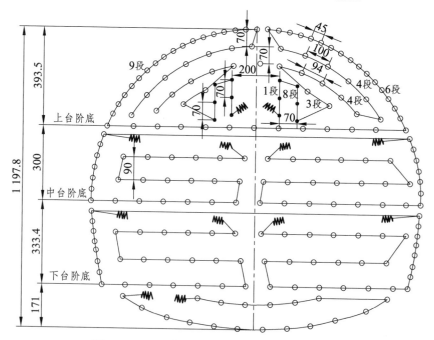

图 2-48 正洞揭煤分部爆破开挖炮孔布置图

爆破参数表：正洞揭煤分部开挖爆破参数见表2-18。

表 2-18　正洞揭煤分部开挖爆破参数表

序号	炮眼名称	炮眼数目	炮眼深度 (m)	角度 (°)	装药量 单孔 (卷)	装药量 质量 (kg)	装药量 合计 (kg)	雷管 超爆顺序	雷管 单孔 (个)	雷管 小计 (个)	装药顺序	部位
1	1 级排掏槽眼	6	1.5	53	7	1.4	8.4	1	1	6	正向	
2	2 级排掏槽眼	6	1.3	64	6	1.2	7.2	2	1	6	正向	
3	扩槽眼	4	1.2	80	4	0.8	3.2	3	1	4	正向	上台阶
4	辅助眼	24	1	0	2	0.4	9.6	3	1	24	正向	
5	周边眼	35	1	0	1	0.2	7.	4	1	35	正向	
6	底板眼	11	1	0	4	0.8	8.8	5	1	11	正向	
7	小计	86	开挖面积：34.6 m²				44.2	单耗	1.28	86		
8	1 级掘进眼	12	2	0	8	1.6	19.2	1	1	12	正向	
9	2 级掘进眼	13	2	0	8	1.6	20.8	2	1	13	正向	中台阶
11	周边眼	14	2	0	2	0.4	5.6	3	1	14	正向	
12	底板眼	13	2	0	9	1.8	23.4	4	1	13	正向	
13	小计	52	开挖面积：39.5 m²				69	单耗	0.87	52		
14	1 级掘进眼	13	2	0	8	1.6	20.8	1	1	13	正向	
15	2 级掘进眼	12	2	0	8	1.6	19.2	2	1	12	正向	下台阶
17	周边眼	16	2	0	2	0.4	6.4	3	1	16	正向	
18	底板眼	12	2	0	9	1.8	21.6	4	1	12	正向	
19	合计	53	开挖面积：44.1 m²				68	单耗	0.77	53		

2.5　二衬防护及运营期间瓦斯排放

2.5.1　瓦斯隧道初期支护

按设计采用初喷混凝土+钢拱架+钢筋网片+锚杆+临时仰拱+湿喷气密性混凝土的方式进行支护，支护紧跟掌子面。初期支护结束后，仍要加强瓦斯监测工作，加强人工巡视检测，作业区易积聚处增设瓦斯驱散器。

加强通风，确保风量和风速。经过仰拱施工段的风管采用薄铁皮进行防护，加强监控量测，对变形异常段加强瓦斯检查，防止瓦斯逸出事故。

2.5.1.1　加固圈 3 m 超前周边注浆封堵

天坪隧道煤系地层段设计采用加固圈超前预注浆堵水。揭煤前根据围岩及赋水情况采取超前预注浆的方式进行围岩加固和堵水施工，防止出现塌方及涌水等事故，同时经过周边注浆封堵，也可减弱瓦斯从围岩裂缝涌出，从而降低瓦斯突出风险（周边注浆需在瓦斯抽排并检验达标后进行）。

注浆封堵施工时配合超前管棚一起完成，每一循环注浆长度 18 m，开挖 15 m，注浆孔开孔直径不小于 110 mm，终孔直径不小于 91 mm，孔口管采用 φ108 mm、壁厚 6 mm 的热轧无缝钢管，管长 3 m，并固定牢固，每环数量见表 2-19。

表 2-19　加固圈 3 m 超前周边注浆封堵数量（一环）

项目	注浆砖孔				孔口管（ϕ108 钢管）		注浆量	备注
	ϕ110		ϕ91					
单位	孔	m	孔	m	根	m	m³	
数量	55	165	55	536.6	55	165	103.14	

（1）施工工艺。

加固圈 3 m 超前周边注浆封堵施工流程如图 2-49 所示。

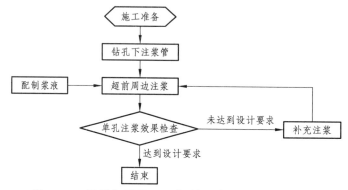

图 2-49　平导加固圈 3 m 超前周边注浆封堵流程图

（2）施工准备。

施工对施钻场地进行平整，并硬化处理以便钻机固定，根据设计在开挖面进行钻孔位置测量放样，准确确定钻孔高度、角度及司钻长度，施工人员安排 18 人，每班 6 人配合 3 台钻机施工，钻孔采用 ZDY-1250 型地质钻机，利用矿用单液泵注浆机注浆。

（3）施工方法。

利用开挖台架，采用钻机钻孔，钻孔顺序由外往内，先用 ϕ110 钻头施钻深度 3.0 m 的孔，然后退钻安装长度 1.0 m ϕ108 mm 孔口管；孔口管安装、锚固牢固后采用 ϕ90 钻头套孔至设计深度，退钻安装止浆阀和注浆便接头。钻孔布置见图 2-50、图 2-51。

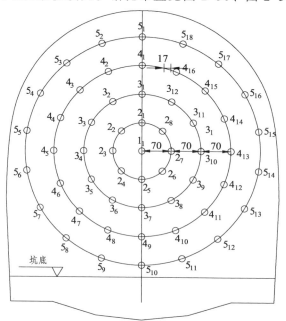

图 2-50　掌子面钻孔布置图

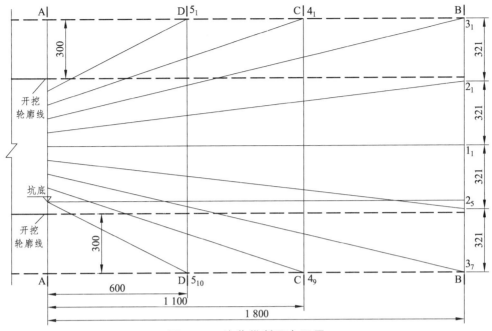

图 2-51　注浆纵断面布置图

2.5.1.2　超前大管棚支护

3 m 预注浆结束后，在开挖轮廓线外布置超前管棚支护，管棚支护纵向长 30 m。由于管棚过长，会造成尾部偏离隧道外轮廓过远，故本次施工采用 30 m，搭接 3 m 的方式进行大管棚施工，大管棚支护施工采取无工作室管棚施工技术，沿初支拱架中间安设导向管，环向间距拱部及仰拱 30 cm，边墙 60 cm，外插角不大于 12°。

大管棚采用外径 φ89 mm、壁厚 6 mm 热轧无缝钢管加工，每节长 4 m、6 m，沿管壁布设 4 排 φ6 mm 对称溢浆孔，梅花形布设，孔间距 15 cm，每根管棚末端 1.0 m 不布设溢浆孔，前端加工成锥形尖端并封闭。管棚安设完成后进行全孔一次性管棚注浆，注浆参数同超前加固注浆，管棚钢管间采用插管冷连接（即在 φ89 钢管内套 φ70 钢管）。

2.5.2　衬砌前瓦斯排放措施

天坪隧道 K127+710 至 K127+850 为瓦斯突出地段，两段各延伸 100 m 为瓦斯防护延长地段。在瓦斯突出及防护延长地段设置水气排放系统。

2.5.2.1　降压管

初期支护完成后，在平导靠正洞一侧侧沟向上 3 m 位置每处布置 3 根降压管，每处间距 10 m。降压管采用 φ70 mm PVC 管，每根长度 9 m，周边钻 5 mm 孔，间距 10 cm×10 cm，梅花形布置，管端连入 φ150 mm 纵向 PVC 管，经过水气分离室 φ200 mm 瓦斯排放镀锌钢管沿横洞排出洞外。具体见图 2-52。

2.5.2.2　平导及正洞盲管系统

采用全封闭复合衬砌封闭地层中的水和瓦斯，同时采用两套独立的排水和瓦斯排放系统，即洞内侧沟排水系统和衬砌外盲管排水、排瓦斯系统。正洞地下水排放路径：透水纵向盲管—

（不透水纵向盲管）—水气分离室—洞内侧沟；瓦斯等有害气体的排放路径：透水纵向盲管—（不透水纵向盲管）—水气分离室—瓦斯排放管排入大气；平导地下水排放路径：透水纵向盲管—不透水纵向盲管—水气分离室—洞内侧沟；平导瓦斯等有害气体排放路径：透水纵向盲管—不透水纵向盲管—水气分离室—瓦斯排放管排入大气。

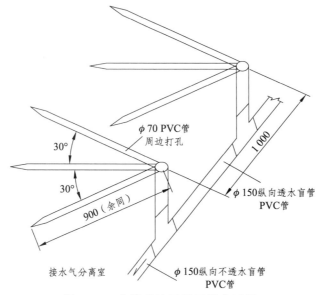

图 2-52　盲管系统及降压管布置图

2.5.2.3　水气分离室

隧道正洞内水气混合体经分离后，瓦斯气体经洞内布置的 $\phi200\,\mathrm{mm}$ 瓦斯排放镀锌钢管从横洞内引至地表集中排入大气。具体见图 2-53。

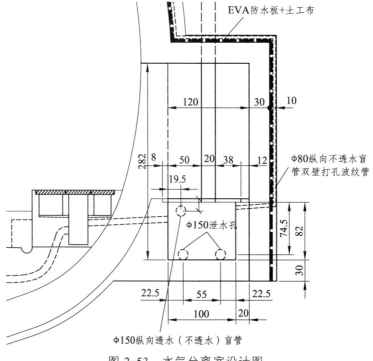

图 2-53　水气分离室设计图

2.5.3　二次衬砌

水气排放系统完成后全环设置瓦斯隔离板，所在范围内一切辅助洞室，均设置全环瓦斯隔离板，瓦斯隔离板采用防水板+闭孔 PE 泡沫垫层（厚度≥4 mm）。瓦斯隔离板接缝应与隧道"三缝"错开。二次衬砌采用气密性混凝土，集中混凝土搅拌站生产；防爆混凝土罐车运输混凝土；利用全液压衬砌模板台车、防爆混凝土输送泵浇筑；拆模后衬砌内表面骑缝涂刷专用材料，确保瓦斯封闭效果。

2.5.3.1　气密性混凝土的配合比设计指标

掺加硅灰、粉煤灰或复合掺和料；混凝土的水胶比不宜大于 0.45，胶凝材料用量不宜小于 330 kg/m；配制气密性混凝土砂率不宜小于 36%，在满足混凝土其他性能指标的条件下尽可能选择较大的砂率。混凝土拌和物的含气量不宜大于 2%；二次衬砌混凝土罐车运输，泵送混凝土坍落度宜为 180~220 mm。

2.5.3.2　气密性混凝土施工技术要求

投料顺序宜先将水泥、掺和料、细骨料干拌 1.5 min，至拌和均匀后加入粗骨料、水、外加剂，再搅拌 1.5~2 mm 至混凝土均匀一致为止。

采用机械振捣。采用插入式振捣器振捣时，应采用斜向振捣，不宜采用垂直振捣。浇筑完毕后应及时进行保温保湿养护，避免或尽量减少混凝土裂纹。连续养护时间不得少于 28 d，并应避免在 5℃以下施工。

当隧道内含瓦斯地段较长且初始瓦斯压力大于 0.74 MPa 时，宜在衬砌背后预埋通向大气的降压管；有平行导坑时，可从平行导坑向正洞施钻瓦斯降压孔，防止隧道建成后瓦斯压力回升。

2.6　主要结论及施工建议

（1）由于瓦斯比空气轻，而且有很强的扩散性，当隧道风速小到一定程度（通常认为风速不应小于 0.5 m/s）时，瓦斯将游离出来，在隧道顶层和死角处聚集，局部甚至超限达到爆炸浓度，因此，隧道作业面顶部及顶部超挖的空洞、盲巷、避车洞等需要日常重点检测，并严格执行，当作业面瓦斯浓度达到 0.5%时，禁止打眼装药、放炮；瓦斯浓度到 1%时，撤人、停电、加强通风。

（2）《细则》第 61 条规定，当预测为突出工作面时，必须采取防治突出措施，经效果检验有效后可用远距离放炮或震动放炮揭穿煤层；当预测为无突出危险时，可不采取防治突出措施，但必须采取震动放炮揭穿煤层。所谓"震动放炮"，是指通过多打眼（每平方米断面 4~5 个炮眼），多装药（炸药为正常掘进量的 1.5~2 倍），一次放大炮，使煤体及岩层造成强烈的震动，在人员撤到安全地点的条件下诱导突出，以保证作业的安全。震动放炮适合于煤矿揭煤：矿山井巷断面小，震动放炮不致引起塌方。但铁路隧道断面大，由于煤系地层岩性松软，震动放炮引起围岩强烈振动，极易造成隧道大面积坍塌。因此，瓦斯隧道在揭煤时，经预测无论煤层有无突出危险性，都不宜采取震动放炮，而应采取远距离放炮。为了保证既能一次揭开煤层，又不致因过度"震动"而引起围岩坍塌，应做好超前预支护，加强注浆加固，

并结合掘进在工作面进行爆破试验，不断调整爆破参数，使之达到最佳的爆破效果，尽可能减少对围岩的扰动。揭煤后应及时支护加固围岩，以防坍塌。

（3）由于现场使用的瓦斯隔离板较硬且光滑，采用黏胶连接时黏结不牢固，特别是衬砌混凝土浇筑过程中接缝处受混凝土冲击胀拉影响，易产生脱胶现象，后期易产生瓦斯泄漏及渗水病害，为保证瓦斯隔离板连接牢固，现场操作时需灵活对待，在加强瓦斯检测的情况下，当瓦斯浓度在0.5%以下时(严格执行动火审批)，可以采用热焊接的方式进行瓦斯隔离板连接。

（4）设计后期洞内瓦斯排放采用水气分离室进行排放，从理论上讲较为方便快捷，但根据地表勘察，横洞段煤系地层埋深达400 m左右，采用地表钻孔无施工便道，机械设备、材料运输困难，施工难度较大，且由地表钻排气孔至隧道内精度要求高，若从洞内向地表反打排放孔同样难度大、施工周期长，与隧道内施工干扰大。参照以往瓦斯隧道设计，并结合邻近凉风哑隧道设计，确定采用由洞外排放原则进行，即在横通道处设瓦斯水气分离室，水气分离后正洞瓦斯从横通道由管道引入平导，再从平导经横洞副井排出洞外。

第 3 章　瓦斯突出隧道施工通风、瓦斯检测

3.1　瓦斯隧道通风技术

隧道勘测与施工过程中，通过地质勘探或施工检测表明隧道内存在瓦斯，那么该隧道就应定为瓦斯隧道。随着瓦斯隧道建设数量的日益增多，隧道瓦斯灾害也时有发生，从中华人民共和国成立初期的滇黔线岩脚寨隧道 1959 年 2 月 1 日平行导洞发生瓦斯爆炸造成 99 人伤亡，到都汶高速董家山隧道 2005 年 12 月 22 日发生重大瓦斯事故造成 34 人死亡。煤矿井巷多沿煤层施工，断面小，独头短，煤层瓦斯地质资料比较详细；瓦斯隧道尽可能避开煤层或局部穿越煤层，瓦斯段相对集中，隧道断面大，独头长，开挖、装运、衬砌设备多，多工序平行作业，煤层瓦斯地质资料比较粗略：瓦斯隧道施工通风具有与煤矿通风不同的特点。另外，由于瓦斯具有易燃易爆的性质，这决定了瓦斯隧道施工通风又不同于一般的隧道通风。

3.1.1　瓦斯隧道施工通风方案设计

3.1.1.1　通风方式的选择

隧道施工通风分为机械通风和自然通风两大类，瓦斯隧道施工必须采用机械式通风的方法。机械式通风分为管道式、巷道式。

瓦斯隧道按瓦斯状况分为非瓦斯工区、低瓦斯工区、高瓦斯工区、瓦斯突出工区。当全工区的瓦斯涌出量小于 0.5 m³/min 时，为低瓦斯工区；全工区的瓦斯涌出量大于或等于 0.5 m³/min 时，为高瓦斯工区；瓦斯隧道只要一处有突出危险，该处所在的工区即为瓦斯突出工区。瓦斯隧道施工瓦斯工区的划分，使施工通风、施工机械、施工方法可以区别对待，低瓦斯工区采用加强通风和瓦斯监测后，可采用普通非防爆施工机械和电气设备，高瓦斯工区需要采用防爆设备，瓦斯突出工区采用防爆设备外，还要有防突措施和相应的装备。

瓦斯隧道施工通风的基本原则是尽量把通风设备和后部作业工序放到新风流中，各开挖工作面必须采用独立通风系统。瓦斯隧道施工通风方式主要取决于隧道整体施工方案和隧道瓦斯分布状况，按瓦斯工区划分通风方式为：

（1）非瓦斯工区。

非瓦斯工区施工与普通隧道的施工相同，没有特殊的瓦斯要求，一般的施工通风方式都可以采用。但非瓦斯工区与瓦斯工区贯通后，若有瓦斯涌入非瓦斯工区，那么通风方式就要按瓦斯工区考虑。

（2）低瓦斯工区。

低瓦斯工区的整个工区瓦斯涌出量小于 0.5 m³/min，采用普通的通风设备可以把瓦斯浓度降到 0.3% 以下，要把施工通风设备置于洞外新风中，施工通风方式需采用送风式，通风机设置在洞口。送风式通风的有效射程大，排出瓦斯效果好，利于开挖面瓦斯的稀释。如隧道有

平行双洞条件，施工通风方式也可以采用巷道式，通风设备设置于新风区。

（3）高瓦斯工区和瓦斯突出工区。

高瓦斯工区和瓦斯突出工区一般采用平行双洞的方式，以增大隧道施工的安全性。施工通风方式可以采用巷道式，巷道式通风有主扇巷道式和射流巷道式两种方式，可优先选用射流巷道式通风。采用巷道式通风，通风设备设置于新风区。如图 3-1 所示，长独头隧道施工，没有巷道式通风的条件，通风方式要选择送风式供风，通风设备置于洞外新风中。

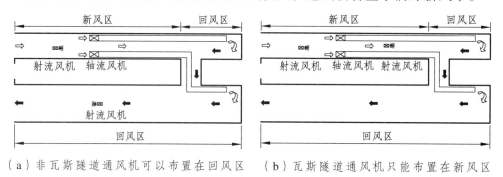

（a）非瓦斯隧道通风机可以布置在回风区　（b）瓦斯隧道通风机只能布置在新风区

图 3-1　瓦斯隧道与非瓦斯隧道通风机布置的区别

3.1.1.2　需风量的计算

瓦斯隧道需风量的计算，必须按照爆破排烟、洞内同时作业最多人数及瓦斯绝对涌出量分别计算，并按允许风速进行检验，采用其中的最大值作为瓦斯隧道需风量，确保风量和风速满足瓦斯防治要求。瓦斯隧道需风量的计算不同于一般普通的隧道，关于瓦斯隧道需风量计算要注意以下问题：

（1）不同通风方式的瓦斯允许浓度。

按瓦斯绝对涌出量计算风量时，低瓦斯工区多采用送风式通风，整个隧道都是回风流，考虑到洞内电气设备和工作面后部工序作业，应将洞内各处的瓦斯浓度稀释到 0.5% 以下。

高瓦斯工区和瓦斯突出工区多采用巷道式通风，作为巷道式通风的回风道中，瓦斯浓度应小于 0.75%；对于其长度较大的独头工作面，应将开挖工作面风流中的瓦斯浓度稀释到 0.5% 以下。

（2）独头隧道的绝对瓦斯涌出量计算。

对于独头开挖的隧道而言，瓦斯来源如图 3-2 所示，主要包括开挖工作面爆落煤块涌出的瓦斯、新暴露煤壁涌出的瓦斯和喷射混凝土隧道段洞壁涌出的瓦斯三部分。

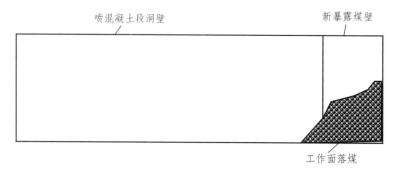

图 3-2　瓦斯隧道独头掘进瓦斯涌出点

独头开挖隧道的瓦斯涌出量 q 可按式（3-1）计算：

$$q = q_1 + q_2 + q_3 \tag{3-1}$$

式中：q_1——开挖工作面爆落煤块瓦斯涌出量，$\mathrm{m^3/min}$；

　　　q_2——新暴露煤壁瓦斯涌出量，$\mathrm{m^3/min}$；

　　　q_3——喷射混凝土地段洞壁瓦斯涌出量，$\mathrm{m^3/min}$。

开挖工作面爆落煤块的瓦斯涌出量 q_1 可按式（3-2）计算：

$$q_1 = V_a \rho W / 1\,440 \tag{3-2}$$

式中：V_a——每日开挖各循环爆落煤块总体积，$\mathrm{m^3}$；

　　　ρ——煤的密度，$1.2 \sim 1.4\ \mathrm{t/m^3}$；

　　　W——每吨煤块瓦斯逸出量，$\mathrm{m^3/t}$，$W = W_0 - W_0'$；

　　　W_0——每吨煤瓦斯含量，$\mathrm{m^3/t}$；

　　　W_0'——煤块中残存瓦斯量，$\mathrm{m^3/t}$。

W_0' 与煤的挥发分 V^r 有关，可按表 3-1 取值；$\overline{W_k'}$ 为可燃物的残存瓦斯量，考虑煤的水分、灰分即可换算为 W_0'。

表 3-1　煤块中残存瓦斯量计算参数表

V^r（%）	$2 \sim 8$	$8 \sim 12$	$12 \sim 18$	$18 \sim 26$	$26 \sim 35$	$35 \sim 42$	$42 \sim 50$
$\overline{W_k'}$（$\mathrm{m^3/t}$ 可燃物）	$12 \sim 8$	$8 \sim 7$	$7 \sim 6$	$6 \sim 5$	$5 \sim 4$	$4 \sim 3$	$3 \sim 2$

新暴露煤壁瓦斯涌出量 q_2 可按式（3-3）计算：

$$q_2 = A Q_0 f(t) \tag{3-3}$$

式中：A——每天新暴露未支护煤壁面积，$\mathrm{m^2}$，当洞壁上岩壁与煤壁有相同强度的瓦斯逸出时，$A = A_0 + U L_d$；

　　　A_0——巷道断面面积，$\mathrm{m^2}$；

　　　U——巷道断面周长，m；

　　　L_d——每日开挖进尺，m；

　　　Q_0——单位时间单位面积瓦斯逸出初始强度，$\mathrm{m^3/（m^2 \cdot min）}$，$Q_0$ 可按式（3-4）计算：

$$Q_0 = 0.026 W_0 \left[0.000\,4 \left(V^r \right)^2 + 0.16 \right] \tag{3-4}$$

式中：V^r——煤层挥发分，%；

　　　$f(t)$——时间衰减函数。

$$f(t) = \mathrm{e}^{-at} \tag{3-5}$$

式中：α——衰减系数，可实测，当不能实测时，可按下式计算：

　　　$\alpha = 0.004\,7\lambda + 0.002\,6 d^{-1}$

　　　λ——煤的透气性系数，$\mathrm{m^2/（MPa \cdot d）}$；

　　　t——煤壁暴露计算时间，d，因煤壁暴露总时间为 1 d，设为均匀衰减，可取 $t = 0.5\mathrm{d}$。

喷射混凝土隧道段洞壁瓦斯逸出量 q_3 可按式（3-6）计算：

$$q_3 = \frac{10^5 K U L_d}{2 P_2 \rho_a \Delta} \left[\frac{P_0^2 (\mathrm{e}^{-2\alpha_1} - \mathrm{e}^{-2\alpha_1(n+1)})}{1 - \mathrm{e}^{-2\alpha_1}} - n P_2^2 \right] \tag{3-6}$$

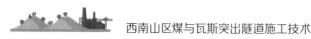

式中：K——喷射混凝土层的瓦斯渗透系数，气密性喷射混凝土取 $6×10^{-11}$ m/min，普通混凝土取 $6×10^{-10}$ m/min；

P_2——洞外气压，可取 0.1 MPa；

ρ_a——瓦斯气体密度，可取 0.716 kg/m³；

$\varDelta$——喷射混凝土支护厚度，m；

P_0——瓦斯初始压力，MPa；

α_1——喷射混凝土支护地段瓦斯压力衰减系数，可近似取 $\alpha_1=0.5\alpha$；

n——坑道内煤巷与半煤半岩巷长度 L 除以每日进尺 L_d，即：$n=L/L_d$。

（3）防止瓦斯积聚风速。

《铁路瓦斯隧道技术规范》中规定瓦斯隧道施工中防止瓦斯积聚的风速不宜小于 1 m/s，《煤矿安全规程》中规定在架线机车巷道容许最低风速为 1 m/s，采煤工作面、掘进中的煤巷和煤岩巷为 0.25 m/s，掘进中岩巷为 0.15 m/s。国外相关资料表明，风速 0.3 m/s 时，甲烷会从发生点反流形成甲烷带；当风速为 0.5 m/s 时，甲烷几乎不发生反流，但也会形成甲烷带；当风速大于 1 m/s 时，甲烷散乱，则不会形成甲烷带，不会在上部聚积。可见，《铁路瓦斯隧道技术规范》中确定的 1 m/s 风速，是防止瓦斯局部积聚的风速，不是整个回风流的风速。瓦斯易于积聚的局部地点风速采用瓦斯驱散器、气动风机等设备，通过局部通风的方法达到 1 m/s 的风速是可以实现。

3.1.1.3　通风设备

瓦斯隧道的通风设备除满足一般隧道的通风要求外，还要具有防爆功能等一些特殊要求：

（1）防爆通风机。

机电设备的电火花是引爆瓦斯的主要火源，我国煤矿系统 87 起重大瓦斯爆炸事故的原因调查表明，由电气火花引爆 49 起，占总量的 56.5%。因此防止机电设备正常或事故状态下工作产生电火花而引爆瓦斯是防止瓦斯爆炸的重要工作内容之一，这也是瓦斯隧道施工必须采用防隔爆机电设备的目的。机电设备防隔爆的基本方法为：保证机电设备在任何情况下的发热温度，都不足以点燃瓦斯；机电设备正常运转时不应产生电火花的部分，要确保它们不产生电火花；对机电设备在正常工作条件下产生电火花的部分，采取特殊的防爆结构，避免电火花直接点燃瓦斯。

瓦斯隧道的非瓦斯工区和低瓦斯工区的通风设备可按非瓦斯隧道处理，采用非防爆型。当非瓦斯工区和低瓦斯工区与高瓦斯工区或瓦斯突出工区开挖贯通后，若高瓦斯工区或瓦斯突出工区尚未完成瓦斯地段施工，采用封闭或设立风门等措施，可以防止大量瓦斯涌入非瓦斯工区和低瓦斯工区时，非瓦斯工区和低瓦斯工区的通风设备仍可采用非防爆型；如未采取措施防止大量瓦斯涌入非瓦斯工区和低瓦斯工区时，非瓦斯工区和低瓦斯工区的通风设备一开始就要采用防爆型。

（2）双回路电源。

为保证施工用电，特别是通风机的正常运转，瓦斯工区的通风机应设两路电源。当一路电源停止供电时，另一路应在 15 min 内接通，保证风机正常运转。

双回路电源指分别来自两个变电站或同一个公用变电站的不同母线段的两条电源线路，或者一条来自公用变电站和一条来自备用电站的两条电源线路。当一路电源发生故障停止供电时，另一回路仍能负担隧道施工用电的全部负荷。

（3）备用风机。

瓦斯工区必须有一套同等性能的备用通风机，并经常保持良好的使用状态，主通风机发生故障时，备用通风机必须能在 15 min 内开动。

（4）"三专""两闭锁"。

瓦斯突出隧道开挖工作面附近的通风机，需要实行"三专""两闭锁"措施，保证通风机的可靠运转。

"三专"指专用变压器、专用开关、专用线路，《煤矿安全规程》要求重要的机电设备，必须实行"三专"措施，以确保安全运转。瓦斯突出隧道通风设备是安全的重要保证，需严格执行"三专"规定。

"两闭锁"指"瓦电闭锁"与"风电闭锁"。

"瓦电闭锁"原理如图 3-3 所示。瓦斯隧道施工中因通风不良或其他原因，会在短时间内大量瓦斯积聚超限，此时如操作电气和机械设备，可能会因漏电、短路、操作电弧等原因产生火花，引燃、引爆瓦斯，因此，在区域供电主开关处设置瓦斯断电仪，将其探头设在有瓦斯突出或积聚的工作面适当位置。当瓦斯超限时，该探头能发出报警信号，同时经断电仪控制，迅速切断供电主开关。瓦斯浓度未降到要求标准时，断电仪能控制主开关不会合闸送电从而保证了施工和人身安全，也实现瓦斯超限时与供电主开关的闭锁功能。

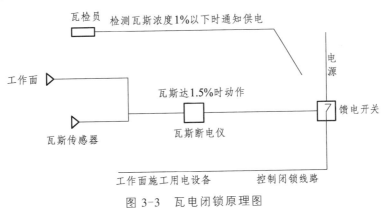

图 3-3　瓦电闭锁原理图

"风电闭锁"原理如图 3-4 所示。瓦斯隧道施工中，因停电、放炮等原因各通风机或其他机电设备要停止使用。这时可能某些部位瓦斯会聚积超限，当恢复供电后，如同时启动机电设备和通风机，或在启动通风机之前启动机电设备均可能会因机电设备、电缆线路的漏电、短路、操作产生火花电弧，引燃、引爆瓦斯。因此，必须是通风机先行启动通风，稀释瓦斯

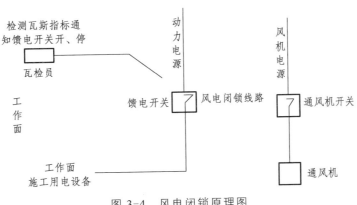

图 3-4　风电闭锁原理图

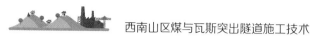

达到标准后，动力设备才能启动操作。在通风机和动力设备主开关间设立的电气闭锁线路，即"风电闭锁"。任何情况下，通风机停止工作，则动力设备立即停止工作，通风机启动时，其他动力设备不会同时启动以保证安全。

（5）双抗风管。

瓦斯隧道通风管必须采用抗静电、阻燃的双抗风管，风管百米漏风率不应大于2%。隧道内通风管由专人管理，通风管应悬挂平直、过渡平缓、接头严密不漏风、破口应及时黏补，保证隧道内有足够的风量来稀释各种有毒有害气体和保证隧道内有良好的作业环境。

软风管的阻燃性，要求软风管在使用中遇火时不助燃，据日本消防厅研究认定氧指数大于或等于26的材料属阻燃材料。软风管阻燃要求在布基上压PVC溶液时，均匀掺入溶液总量3%的二氧化锑，其氧指数可达27，布材的阻燃效果能够满足瓦斯隧道施工通风对风管的要求。

软风管的抗静电方法除减轻或防止摩擦以减少静电产生外，还有一种方法就是使已产生的静电尽快泄漏掉，从而防止静电大量聚积。目前，在高分子材料制作的通风管道上消除静电的做法通常是使用抗静电剂，抗静电剂主要是以表面活性剂为主。一般来说，其本身并不具有导电性，但是有吸水性，它能使通风管制品表面形成水膜层，通过水膜的导电性能来达到消除静电的目的。抗静电剂的使用方法主要有两种，即外涂法和内添法：外涂法是通过刷涂、喷涂或浸渍等方法，使抗静电剂附着在制品的全部表面，抗静电剂中的亲水基因增加了制品表面的吸湿性，在吸附了环境中的水分后形成了一个单分子导电层；这种方法见效快，适用面广，是目前比较普遍采用的方法。内添法是在塑料制品加工过程中，先将添加型抗静电剂与树脂混合在一起，让抗静电剂能比较均匀地分布在聚合物内，起到长期抗静电作用。由于抗静电剂是一种表面活性剂，所以它们在树脂中的分布不可能是很均匀的，表面浓度高，内部浓度低。添加型抗静电剂对树脂内部的导电性并不会有很大的改善，而抗静电作用仍然像外部抗静电剂一样，仅仅是依靠它们在树脂表面的单分子层，因此目前国内很少使用内添法来改善抗静电性能。

3.1.1.4 瓦斯监测

瓦斯监测是防止瓦斯事故的重要措施之一，监测方法主要有实验室分析和现场监测两种。实验室分析的方法就是从隧道中取出空气试样，送实验室用气体分析器、气相色谱仪进行成分分析，这种方法测定精度高，主要对隧道内存在的一些特殊气体进行鉴定。瓦斯隧道施工中运用得比较多的是现场监测，而现场监测又分为人工监测和自动监测。具体方法见第二节。

3.1.2 揭煤通风

瓦斯隧道施工中的揭煤，即石门从最小岩柱起，揭开煤层，煤门掘进，石门全断面进入顶（底）板岩石2 m止的整个过程，石门揭煤突出危险性比掘进工作面严重。经预测揭煤有突出危险时，揭煤前必须编制揭煤通风方案，揭煤时严格按通风方案实施，确保安全。

3.1.2.1 揭煤通风方案

揭煤通风方案是石门揭煤的加强通风措施，在相对较短的揭煤过程中实施，是揭煤的安全保障，需要进行专门的设计。

（1）独头隧道揭煤通风方案。

独头隧道施工通风多采用送风式通风方式，揭煤加强通风方案主要是通风量的保证，供风量必须满足或大于按瓦斯隧道有关各项通风量计算的最大值，确保揭煤时瓦斯集中涌出而浓度不超标。

瓦斯突出隧道揭煤时的通风机，需要采用"三专""两闭锁"措施，保证通风机的可靠运转。

（2）平行双洞揭煤通风方案。

左右线平行双洞施工的瓦斯隧道，多采用巷道式通风系统，除用作回风的横通道外，其他不用的横通道应及时封闭，留作运输用的横通道设两道风门防止风流短路。平行双洞隧道揭煤时，一条隧道揭煤施工，另一条隧道禁止施工。

揭煤通风系统除满足揭煤需风量外，还要在新风区局部通风机前设两道反向风门，隔断新风与回风的风流，如图 3-5 所示，反向风门的设置保证揭煤瓦斯大量涌出时，不会倒流入新风区，整个通风系统安全可靠，风门揭煤时关闭，正常施工中可以打开不影响交通运输。

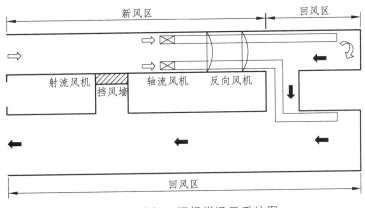

图 3-5　平行双洞揭煤通风系统图

瓦斯突出隧道揭煤时的通风机，需要采用"三专""两闭锁"措施，保证通风机的可靠运转。瓦斯风电闭锁应根据通风系统中风流流动特性，设置不同的断电范围。

3.1.2.2　揭煤通风注意事项

瓦斯隧道应建立专门机构进行通风、防突和瓦斯检测工作，高瓦斯工区和瓦斯突出工区应配备救护队。揭煤时，主通风机保持正常运转，实施连续供风，备用通风机及二路电源保持待启动状态。

（1）非瓦斯突出工区揭煤时的通风。

低瓦斯突出工区和高瓦斯工区揭煤时,爆破后开启通风机进行通风,通风作业 15 min 后,巡视爆破地点，检查通风、瓦斯等情况，遇有危险必须立即处理。当开挖工作面瓦斯浓度小于 1.0%，二氧化碳浓度小于 1.5% 时，工作人员才能进入开挖面作业。

（2）瓦斯突出工区揭煤时的通风。

瓦斯突出工区揭煤爆破时,洞内停电,停止一切作业,人员撤出洞外。揭煤爆破后 30 min,由救护队员佩戴自救设备到开挖面检查爆破效果和瓦斯情况，确认安全后由瓦检员检测开挖工作面、回风流瓦斯浓度，当开挖工作面瓦斯浓度小于 1.0%，二氧化碳浓度小于 1.5% 时，才能通知井下送电并让工地负责人允许施工人员进洞作业。

通风机停止运行或开挖工作面瓦斯浓度大于 1.0% 时，瓦斯风电闭锁装置自动闭锁，切断开挖面区域的所有非本安电源保证安全。开挖工作面瓦斯浓度大于 3.0% 时，瓦斯风电闭锁装置自动闭锁，切断通风机的电源，长独头超限瓦斯排放按本章 1.4 相关通风方案处理。

3.1.3 瓦斯隧道超限通风

3.1.3.1 开挖面局部瓦斯超限通风

（1）处理步骤。

瓦斯积聚是瓦斯事故发生的物质基础，要杜绝瓦斯事故的发生，最根本的办法是加强通风和瓦斯监测。当检查到隧道开挖面局部瓦斯积聚超限时，要制定专门的通风处理措施消除超限区的瓦斯，严格按要求排放，处理步骤如下：

① 停止瓦斯超限区的作业，切断超限区和回风区域的电源；

② 加强瓦斯检测，控制瓦斯超限范围；

③ 查明瓦斯超限原因，制订通风处理方案；

④ 采取排除瓦斯的措施，降低瓦斯浓度；

⑤ 加强通风措施，恢复正常施工。

（2）通风管距离不够造成瓦斯积聚的处理方案。

送风式通风方式的通风管一般布置在隧道的一侧，沿隧道侧壁形成贴附射流，如图 3-6 所示。风流从风管出口射出后，起始按自由射流规律发展，到达隧道开挖面后，形成迎头冲击贴附射流。由于受独头隧道空间的限制和风流的连续性影响，出现与射流方向相反的流动。独头巷道风管出口风流按结构分为贴壁射流区、冲击射流附壁区和回流区。射流区的气流一部分是从风管射出，同时卷吸一部分回流区的气流；冲击附壁区的气流是气流到迎头折返；回流区的气流一部分被射流卷吸，一部分沿掘进巷道排出。

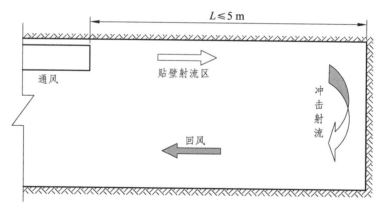

图 3-6 送风式开挖面风流图

在《铁路瓦斯隧道技术规范》中规定：风管口到开挖工作面的距离不能大于 5 m，而在实际施工中，由于隧道断面大小、风管出口风量、风管直径、放炮安全考虑等因素影响，该距离一般都大于 5 m。如果风管口距工作面太远，风流到达不了工作面或到达工作面风速很小，达不到稀释瓦斯要求，就会产生瓦斯积聚。应当及时接长通风管，以达到设计要求，通过加强风流流动消除瓦斯积聚，降低局部瓦斯浓度。

（3）通风管漏风造成瓦斯积聚的处理方案。

隧道施工要求通风管路的百米漏风率不大于 2%，若由于通风管漏风严重，引起开挖工作面供风量减少，造成开挖面局部瓦斯积聚，应当及时修补或更换破损的通风管，通过减少漏风增加出风口的风量，满足稀释瓦斯要求，降低局部积聚的瓦斯浓度。

（4）异常涌出造成瓦斯积聚的处理方案。

瓦斯隧道煤层突出危险性预测显示煤与瓦斯具有突出危险时，施工中会涌出大量瓦斯，可能出现原通风方案设计的稀释瓦斯通风量不足，可能造成开挖面局部瓦斯积聚超限，应当重新进行通风方案设计，增加供风能力，通过加大通风量，降低局部瓦斯浓度。

（5）局部超挖处瓦斯积聚的处理方案。

隧道的局部超挖，会在顶部形成空洞，由于瓦斯集中涌出，风流流动速度低，会造成局部瓦斯积聚超限。采用在顶部铺设一定厚度的木板，在木板上面喷满或灌满混凝土，充填可能积聚瓦斯之地（图 3-7），从而消除超挖处的瓦斯积聚。

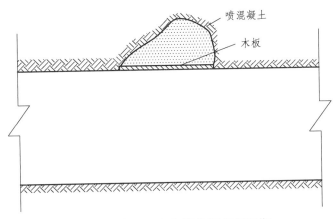

图 3-7　喷混凝土充填处理超挖瓦斯

（6）驱散瓦斯。

使用隧道瓦斯驱散器加快风流速度驱散瓦斯，是辅助通风措施中方便快捷的方法。隧道瓦斯驱散器为中铁隧道集团有限公司技术中心研发的专利产品，使用瓦斯驱散器消除瓦斯超限的方法如图 3-8 所示，根据瓦斯涌出情况随时调整瓦斯驱散器的出口方向，做到"哪高吹哪"，彻底消除瓦斯超限。

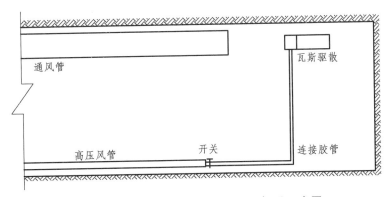

图 3-8　隧道瓦斯驱散器消除瓦斯超限示意图

瓦斯驱散器的工作过程如图 3-9 所示，将瓦斯驱散器环形腔的高压气体入口与高压风管相连接，高压气体通过入口进入环形腔，再通过喷孔进入混合室，抽动后方空气进入混合腔室，在混合腔室内两股气流混合后经扩射腔室喷出，带动前方空气急速流动形成一股强风，从而达到驱散瓦斯目的。

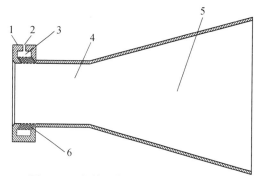

图 3-9　隧道瓦斯驱散器方案示意图

1—头部；2—高压气体入口；3—环形腔；4—混合腔室；5—扩射腔室；6—喷孔

3.1.3.2　长独头隧道瓦斯超限排放通风

瓦斯隧道在施工期间，应实施连续通风。因检修、停电等原因停风时，必须撤出人员，切断电源。恢复通风前，必须检查瓦斯浓度。瓦斯浓度超过 1.0%或二氧化碳浓度超过 1.5%，最高瓦斯浓度和二氧化碳浓度超过 2.0%时，必须采取安全措施，控制风流排放瓦斯。

（1）排放瓦斯方案。

① 计算排放瓦斯量，预计通风排放所需时间；

② 明确排出的瓦斯与全隧道内风流混合处的瓦斯浓度，拟定控制送风量的方法，严禁"一风吹"；

③ 明确排放瓦斯的流经路线，标明通风设备和电气设备的位置；

④ 明确瓦斯检查地点和断电范围、复电瓦斯浓度；

⑤ 明确排放瓦斯的负责人，指定警戒人员和断电、复电执行人员。

（2）排放瓦斯安全事项。

① 送风式通风机及其开关地点附近 10 m 以内风流中的瓦斯浓度均不超过 0.5%时，方可人工开动通风机，向排放点送入有限风量，逐步排放积聚的瓦斯，保证排出风流与回风流混合处瓦斯浓度不大于 1%。

② 回风流混合处设两个以上瓦斯检查点，以便控制瓦斯浓度，瓦斯浓度超过 1%时，减少送风量，确保排出风流与回风流混合处瓦斯不超限；

③ 排放瓦斯时，要检测风机处的瓦斯浓度，防止产生污风循环；

④ 排放后，经检查瓦斯浓度降到 1%以下，30 min 内没有变化后，才能恢复正常通风；

⑤ 恢复正常通风后，对断电区内的机电设备进行检查，证实完好后，方可恢复送电正常施工。

（3）控制进风量的方法。

① 隧道停风时间短，积聚瓦斯量不多，在排放瓦斯回风线路上瓦斯浓度不超限，可直接启动通风机进行排放；

② 采用变风量送风的方法可以把风管接头的拉链拉开，通过改变接合缝隙的大小调节送风量，还可以在风管上捆上绳子，通过收紧或放松绳子调节送风量；

③ 使用变频调速风机直接排放，在排放瓦斯流经的风流中设置甲烷传感器，将传感器与变频调速风机的调速装置连接，瓦斯浓度超限时，变频调速装置动作，减小风机转速而减少

进风。

（4）隧道通风管路故障及风机开停传感器。

瓦斯隧道施工中通风机连续供风，由于通风管路故障造成开挖面停风现象时有发生，不及时发现处理，就会形成瓦斯积聚，容易导致瓦斯事故。中铁隧道集团有限公司技术中心研发的隧道通风管路故障及风机开停传感器专利，基本状况如图 3-10 所示：当风机启动时，数显微压电接点压力表显示静压数据，数显微压电接点压力表信号端输出 4～20 mA 标准的电流信号并将标准信号传递给电流/频率信号隔离转换模块电流输入端，经电流/频率信号隔离转换模块转换成频率信号传递给安全监控系统分站相应的频率接受端口，并在主机上显示静压数据，静压数据随通风管道的增长而有规律地增加，当主机上的数据急剧下降或数据突变则说明通风系统出现故障或风机停转。同时，压力表显示的静压低于设置的下限压力值，压力表常开开关闭合，将声光报警器电源接通，报警器报警，工作人员可立即对通风系统进行检查进而及时地解除故障。

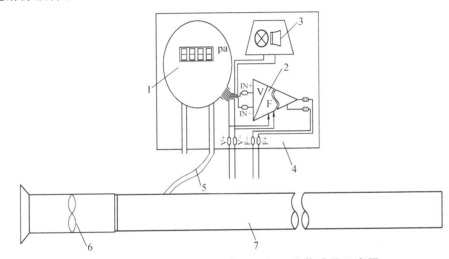

图 3-10　隧道通风管路故障及风机开停传感器示意图

1—压力表；2—电流/频率信号隔离转换模块；3—声光报警器；4—防爆外壳；
5—阻燃防静电软管；6—通风机；7—通风管

3.1.4　瓦斯与非瓦斯工区贯通通风

瓦斯隧道两工区贯通时，各工区独立的通风系统被破坏，形成统一的通风系统，由于自然风压、通风方式等条件影响，贯通后隧道内风流不稳定。为防止瓦斯对全隧道的影响，必须做好贯通的通风管理工作，制订隧道贯通通风调整方案，保证全隧施工安全。

（1）通风系统调整原则。

瓦斯隧道两工区贯通通风系统调整的原则是：风流由非瓦斯工区向瓦斯工区流动，瓦斯段未完成施工时，严禁风流由瓦斯工区流向非瓦斯工区。以单条隧道进出口独头施工为例，送风式通风系统贯通时风流调整方式如图 3-11 所示，平行双洞进出口施工的隧道，巷道式通风系统的两工区贯通，整体风流方向要保证非瓦斯工区流向瓦斯工区。

瓦斯段已施工完成、衬砌封闭、无瓦斯涌出的瓦斯工区，与非瓦斯工区贯通后，风流调整的方向可以按自然风流方向控制；瓦斯段施工没有完成、还存在瓦斯涌出的瓦斯工区，与非瓦斯工区贯通，需按风流由非瓦斯工区流向瓦斯工区的原则控制风流方向。也可以采用分

隔两工区的方式，各自采用原来的通风系统。

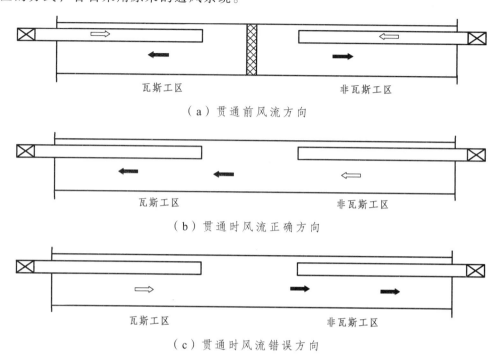

（a）贯通前风流方向

（b）贯通时风流正确方向

（c）贯通时风流错误方向

图 3-11 瓦斯隧道贯通时风流方向

（2）贯通通风系统调整。

贯通通风系统调整要现场统一指挥，确保施工安全。

贯通前只准一个工作面向前开挖，停止开挖的工作面还要保持正常通风，经常检查通风管是否严重漏风和停止作业面的瓦斯浓度是否超限，发生严重漏风或瓦斯超限必须立即处理。

开挖的工作面每次装药爆破前，检查两个工作面及回风流的瓦斯浓度，只有在两个工作面及回风流的瓦斯浓度都在1%以下时，才能进行装药爆破作业。

贯通后立即组织通风系统调整，并检查风速和瓦斯浓度，防止瓦斯超限，通风系统风流稳定后，才能够恢复正常施工。

3.1.5 天坪瓦斯突出隧道施工通风

天坪隧道位于贵州省北部，重庆与贵州省交界地段，赶水东至夜郎区间，行政区划属贵州省桐梓县。本隧道全长 13 978.252 m，隧道设置"平导+一座斜井+横洞（主副井）。其中，横洞工区负责承担 DK128+997～DK124+860 段 4 137 m 正洞、PDK128+240～PDK124+640 段 3 600 m 平导的施工任务。横洞（主、井）位于线路前进方向左侧，与正洞左线中线相交于 PDK128+234 里程处，平面交角为 78°39′53″，坡度-0.903%，横洞主井长 1 050 m，横洞（主井）与隧道采用斜交单联式，无轨运输单车道衬砌断面；横洞（主井）与平导中线相交 DK128+240 里程处，主要负责正洞的开挖。横洞（副井）位于线路前进方向左侧，与平导中线相交于 PDK128+210 里程处，平面交角为 78°41′59″，坡度-0.904%，横洞副井长 1 061 m，横洞与隧道采用斜交单联式，无轨运输单车道衬砌断面，横洞（副井）主要负责平导的开挖。隧道在 DK127+710～DK127+850 段穿越龙潭组煤系地层，隧道连续穿越 C6、C5、C3 煤层，层厚分别为 1.33 m、2.45 m、2.6 m，瓦斯含量高，压力大，施工风险极大。三分部施工组织任务图如图 3-12 所示。

图 3-12　天坪隧道三分部施工组织任务图

3.1.5.1　施工通风设计原则

（1）瓦斯隧道各开挖工作面采用独立通风，各开挖工作面之间不存在串联风流。

（2）除用作回风的横通道外，其他不用的横通道应及时封闭。留作运输用的横通道应设两道风门，防止风流短路。

（3）在隧道断面净空允许的情况下，尽可能采用大直径风管配大风量通风机，以减少能耗损失。

（4）采用防静电、阻燃的风管，防爆型通风机，通风机有一套同等性能的备用。

（5）风量计算时考虑瓦斯涌出不均衡系数。

3.1.5.2　施工通风设计

（1）通风方式的选择。

施工通风方式为压入式和巷道式，通风分为七个阶段进行，形成巷道式通风后方案调整较小，主要是射流风机的增减和风机位置的移动，因此侧重于揭煤前后通风方式和方案的调整。

第一阶段和第二阶段采用压入式通风；第三阶段和第七阶段采用巷道式通风，局部仍采用压入式通风。

（2）工作面需风量的计算。

隧道作业面所需通风量应根据洞内同时工作的最多人数所需要的风量、将一次起爆炸药量所产生的有害气体降低到允许浓度所需要的风量、将隧道内同时作业的内燃机械产生的有害气体稀释到允许浓度所需要的风量、稀释及排除最大瓦斯涌出量所需的风量，取其中的最大值作为隧道施工作业面的需风量，最后按排除瓦斯及排尘最低风速进行验算。

① 需风量计算参数。

根据隧道内施工组织方案确定了风量计算的参数，见表 3-2。

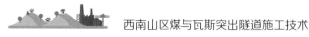

表 3-2　风量计算参数

项　目		数量	单位
正洞工作面同时工作最多人数		100	人
平导工作面同时工作最多人数		30	
正洞开挖面一次爆破炸药用量		300	kg
平导开挖面一次爆破炸药用量		105	
正洞隧道开挖断面面积		130	m²
平导开挖断面面积		35	
通风换气长度		250	m
风管平均百米漏风率		2.0	%
风管摩擦阻力系数		0.02	—
正洞绝对瓦斯涌出量		5.66	m³/min
平导绝对瓦斯涌出量		2.94	
机械设备功率	装载机	162	kW
	出渣汽车	215	
	挖机	180	
爆破通风时间		30	min
隧道内最低允许风速		0.25	m/s
人员配风标准		3	m³/（人·min）
内燃机械设备配风标准		3	m³/（kW·min）
隧道内瓦斯允许浓度		0.5%	—

② 风量计算结果。

按洞内同时作业最多人数计算，正洞需风量 300 m³/min，平导需风量 90 m³/min。

按开挖面爆破排烟计算需风量为：正洞需风量 1 773 m³/min，平导需风量 521 m³/min。

按稀释内燃机废气计算需风量为：正洞需风量 2 262 m³/min，平导需风量 1 131 m³/min。

按瓦斯涌出量计算需风量为：正洞煤层段施工需风量 2 264 m³/min，平导煤层段施工需风量 1 176 m³/min。

按最低风速计算需风量为：正洞需风量 1 950 m³/min，平导需风量 525 m³/min。

根据以上计算结果：煤系地层施工段，以瓦斯涌出量需风量作为控制风量，正洞需风量为 2 264 m³/min，平导需风量 1 176 m³/min；非煤系地层施工段，以内燃机械作业需风量为控制风量，正洞需风量为 2 262 m³/min，平导需风量 1 131 m³/min。工作面需风量计算结果见表 3-3。

表 3-3　开挖面需风量计算结果表

煤系地层段		非煤系地层段	
正洞	平导	正洞	平导
2 264 m³/min	1 176 m³/min	2 262 m³/min	1 131 m³/min

（3）局部风机所需提供的风量计算。

根据青函隧道理论公式，由工作面需风量反算局部风机需要提供的风量。

横洞最长风管长度约为 1 200 m，需要风机提供风量约为 1 499 m³/min；正洞最长风管长度约为 1 500 m，需要风机提供风量约为 3 063 m³/min；平导最长风管长度约为 1 600 m，需要风机提供风量约为 1 625 m³/min。

局部风机需要提供的风量见表 3-4。

表 3-4　局部风机所需提供风量

正洞工作面风机	平导工作面风机
3 063 m³/min	1 625 m³/min

（4）局部风机和风管的选型计算。

通风阻力因选择的风管直径和送风距离的不同会有很大差距，需要指出的是，如果选择的风管直径过小，会导致通风阻力过大，不能满足送风需要；如果选择的风管直径过大，又会造成浪费，且不利于施工组织。通风管路的阻力与风机风量的关系式如下，这也是通风管路的阻力曲线。

$$P = \frac{400\lambda\rho}{\pi^2 d^5} \times \frac{(1-\beta)^{\frac{2L}{100}-1}}{\ln(1-\beta)} \times Q_f^2$$

式中：P——风管阻力，Pa；

　　　λ——摩阻系数；

　　　ρ——空气密度，kg/m³；

　　　d——风管直径，m；

　　　β——风管平均百米漏风率；

　　　L——管路长度，m；

　　　Q_f——风机工作点风量，m³/s。

根据风机所需提供的风量和上述公式计算出的风机工况点的静压，初步确定通风机的型号，然后，再通过风机与风管匹配计算结果验证风机是否满足要求，匹配计算情况如下：

① 正洞工作面。

正洞工作面最远通风距离为 1 500 m，采用 SDF（B）-No16 型风机匹配 ϕ1.8 m 风管，风机叶片角度+6°、功率 2×110 kW，风管风阻 R=1.100 68 N·s²/m³，风管出口风量 2 519 m³/min>2 264 m³/min，风机风压 3 557 Pa，风机风量 3 411 m³/min>3 063 m³/min，满足通风要求，匹配结果如图 3-13 所示。

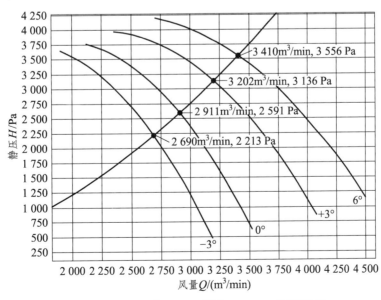

图 3-13　正洞工作面通风距离 1 500 m 匹配结果

② 平导工作面。

平导工作面最远通风距离为 1 600 m，采用 SDF$_{(C)}$-No11.5 型风机匹配 ϕ1.5 m 风管，风机叶片角度+3°、功率 2×75 kW，风管风阻 R=3.060 27 N·s^2/m^3，风管出口风量 1 600 m^3/min> 1 131 m^3/min，风机风压 3 529 Pa，风机风量 2 038 m^3/min>1 441 m^3/min，满足通风要求，匹配结果如图 3-14 所示。

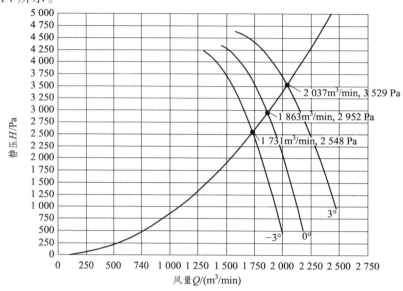

图 3-14　平导工作面通风距离 1 600 m 匹配结果

3.1.5.3　通风系统各阶段布置及解算结果

（1）第一阶段。

开挖横洞洞身时，只有主、副井两个开挖面，主井采用 2×110 kW 风机匹配 ϕ1.8 m 风管送风，副井采用 2×75 kW 风机匹配 ϕ1.5m 风管送风。主井最长通风距离 1 080 m，副井最长通风距离 1 091 m，通风布置见图 3-15。

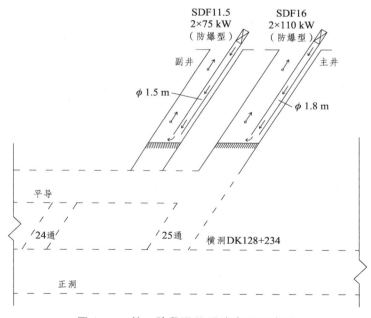

图 3-15　第一阶段通风系统布置示意图

（2）第二阶段（揭煤和过煤门掌子面实现独立通风）。

副井开挖至平导，主井开挖至正洞，只有平导和正洞两个开挖工作面。为了避免平导和正洞揭煤和排放瓦斯的相互干扰，带来安全隐患，主副井井底之间的平导暂时不贯通，仍采用压入式通风。主井采用 2×110 kW 风机匹配 ϕ1.8 m 风管送风，副井采用 2×75 kW 风机匹配 ϕ1.5 m 风管送风。平导最长通风距离 1 600 m，正洞最长通风距离 1 500 m，通风系统布置见图 3-16。主副井井口各安装了两台同等性能的通风机，主通风机和备用风机通过自动切换三通连接。主通风机和备用通风机的电源取自同时带电的不同母线段的相互独立的电源，保证主通风机故障时，备用通风机正常工作。该阶段平导进行排放瓦斯和揭煤施工，必须加强通风，容易产生瓦斯积聚的地方通过安装空气引射器或局部通风机来消除瓦斯积聚。

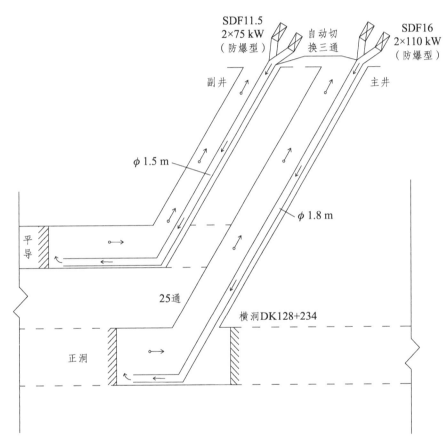

图 3-16　第二阶段通风系统布置示意图

（3）第三阶段。

横洞主井和出口之间的正洞贯通，且横洞平导工作面穿过煤层，通风系统布置如图 3-17所示。风机全部放在主井正洞出口方向，风机进风口距主井井底的距离大于 50 m，在主井正洞出口方向设两道风墙，两道风墙之间的间距大于运输车辆的长度。风墙上预留正反两道风门，以供车辆通行。风管和风墙相交处用同直径的铁皮风管代替，防止漏风。因正洞断面较大，考虑到爆破冲击波的影响，风墙和风门要有足够的强度和密封性，防止爆破冲击波的破坏。

正洞和平导之间的 25 号横通道贯通，横通道设置两道风墙，风墙上预留正反两道风门，以供人通行。风管和风墙相交处用同直径的铁皮风管代替，防止漏风。

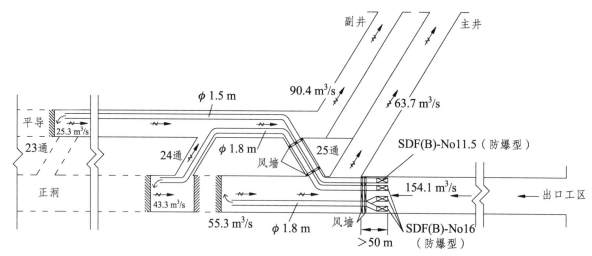

图 3-17　平导穿过煤层后的通风系统布置示意图

该阶段有两个正洞开挖面和一个平导开挖面，正洞开挖面采用 2×110 kW 风机匹配 φ1.8 m 风管送风，平导开挖面采用 2×75 kW 风机匹配 φ1.5 m 风管送风。主井正洞开挖面最长通风距离 700 m，24 通新开正洞开挖工作面最长通风距离 1 300 m，平导工作面最远通风距离为 1 500 m。通风网络图如图 3-18 所示。

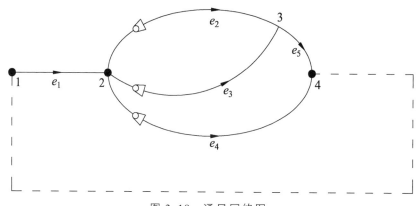

图 3-18　通风网络图

① 各段摩擦风阻和局部风阻计算。

风阻由摩擦风阻和局部风阻两部分组成。经计算：

1—2 段风阻：$R_{(1-2)}$ =0.000 312

2—4 段风阻：$R_{(2-4)}$ =0.727 178

2—3'段（平导）风阻：$R_{(2-3)}$ =2.893 121

2—3 段（24 通新开正洞）风阻：$R_{(2-3)}$ =1.074 039

3—4 段风阻：$R_{(3-4)}$ =0.004 86

② 通风网络解算。

根据以上通风系统和设备配置情况，采用通风网络解算软件对通风系统进行网络计算，解算结果如图 3-19 所示。

根据网络解算结果，平导工作面最远通风距离为 1 500 m 时，采用 SDF$_{(C)}$-No11.5 型风机匹配 φ1.5 m 风管，风机叶片角度+3°、功率 2×75 kW，风管出口风量 1 518 m³/min>

1 131 m³/min，满足通风要求。横洞主井正洞小里程工作面最远通风距离为 700 m，采用 SDF（B）-No16 型风机匹配 φ1.8 m 风管，风机叶片角度+6°、功率 2×110 kW，风管出口风量 3 318 m³/min>2 264 m³/min，满足通风要求。24 通正洞工作面最远通风距离为 1 300 m，采用 SDF（B）-No16 型风机匹配 φ1.8 m 风管，风机叶片角度+6°、功率 2×110 kW，风管出口风量 2 598 m³/min>2 264 m³/min，满足通风要求。

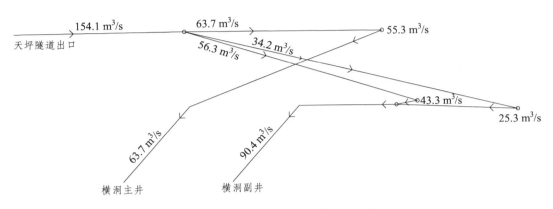

图 3-19　横洞工区通风网络解算结果

③ 正洞出口段允许运行车辆台数计算。

当平导或主井正洞小里程工作面出渣时，对出口正洞段运行的车辆进行管制，且正洞出口段运行车辆的台数不能超过计算数量。

a. 平导工作面出渣。

平导工作面非煤系地层段施工，内燃机械作业需风量为最大控制风量，需风量为 1 131 m³/min，风机实际送到工作面的风量为 1 518 m³/min，此时掌子面富裕的风量为 387 m³/min，富裕的风量可以稀释正洞的出渣车或罐车等内燃机械的废气，平导风机的需风量占正洞总进风量的 22.1%，即正洞可以稀释废气的风量为 1 759.1 m³/min。经计算，当平导出渣时，允许出口正洞段运行的内燃机械设备总功率为 586.4 kW[按每台内燃机械需要的风量为 3 m³/（min·kW）]，即允许运行的出渣车或罐车的台数为 2.7 辆。

b. 主井正洞小里程工作面出渣。

主井正洞小里程施工时，瓦斯涌出量需风量为最大控制风量，需风量为 2 264 m³/min，内燃机械作业需风量为 2 262 m³/min，风机实际送到工作面的风量为 3 318 m³/min，此时掌子面富裕的风量为 1 054 m³/min，富裕的风量可以稀释正洞的出渣车或罐车等内燃机械的废气，正洞小里程风机的需风量占正洞总进风量的 41.3%，即正洞可以稀释废气的风量为 2 552.1 m³/min。经计算，当主井正洞小里程出渣时，允许出口正洞段运行的内燃机械设备总功率为 850.9 kW[按每台内燃机械需要的风量为 3 m³/（min·kW）]，即允许运行的出渣车或罐车的台数约为 4 辆。

c. 24 通正洞工作面出渣。

24 通正洞工作面施工时，内燃机械作业需风量为 226 2 m³/min，风机实际送到工作面的风量为 2 598 m³/min，此时掌子面富裕的风量为 336 m³/min，富裕的风量可以稀释正洞的出渣车或罐车等内燃机械的废气，24 通正洞风机的需风量占正洞总进风量的 36.5%，即正洞可以稀释废气的风量为 920.5 m³/min。当 24 通正洞工作面出渣时，允许出口正洞段运行的内燃机械设备总功率为 306.8 kW[按每台内燃机械需要的风量为 3 m³/（min·kW）]，即允许运行的出渣车或罐车的台数为 1.4 辆。

本计算是在所有风机全功率运转的情况下进行的，如果实际通风过程中风机没有全功率运转，则出口正洞段运行的内燃机械台数比以上计算的允许运行车辆台数还要少。

（4）第四阶段。

23 通和 25 通之间的正洞贯通后，往平导方向供风的风机安装在平导大里程方向，距 23 通 50 m 的位置；往正洞供风的风机安装在 24 通内，且在 23 通和 24 通之间安装一台 55 kW 射流风机，副井进口位置安装一台 55 kW 射流风机作为备用风机，通风系统布置示意图如图 3-20 所示，通过网络解算，平导总进进风量为 6 480 m³/min，平导风机所能提供的风量为 2 094 m³/min，正洞风机所能提供的风量为 3 456 m³/min。

平导工作面最远通风距离按 1 200 m 考虑，风管出风口风量为 1 644 m³/min＞1 131 m³/min，满足通风要求。正洞工作面最远通风距离按 1 200 m 考虑，风管出风口风量为 2 712 m³/min＞2 264 m³/min，满足通风要求。

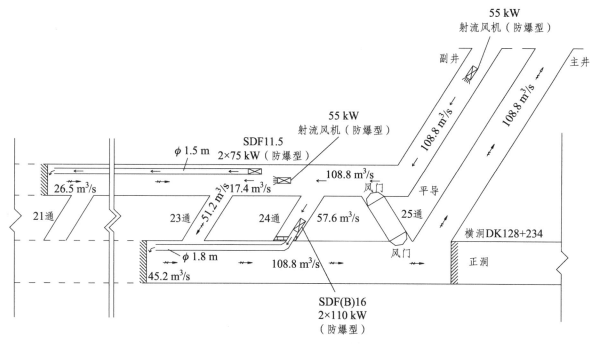

图 3-20　第四阶段通风系统布置示意图

（5）第五阶段。

新增加一台往 21 通新开正洞工作面供风的风机，安装在平导大里程方向，距 23 通 50 m 的位置，此阶段还应增加两台 55 kW 射流风机，分别安装在副井和平导内，通风系统布置如图 3-21 所示，通过网络解算，平导总进进风量为 10 314 m³/min，平导风机所能提供的风量为 2 022 m³/min，23 通正洞风机所能提供的风量为 3 456 m³/min，21 通新增正洞风机所能提供的风量为 3 444 m³/min。

平导工作面最远通风距离按 1 500 m 考虑，风管出风口风量为 1 494 m³/min＞1 131 m³/min，满足通风要求。23 通正洞工作面最远通风距离按 1200 m 考虑，风管出风口风量为 2 712 m³/min＞2 264 m³/min，满足通风要求。21 通新增正洞工作面最远通风距离按 1 200 m 考虑，风管出风口风量为 2 700 m³/min＞2 264 m³/min，满足通风要求。

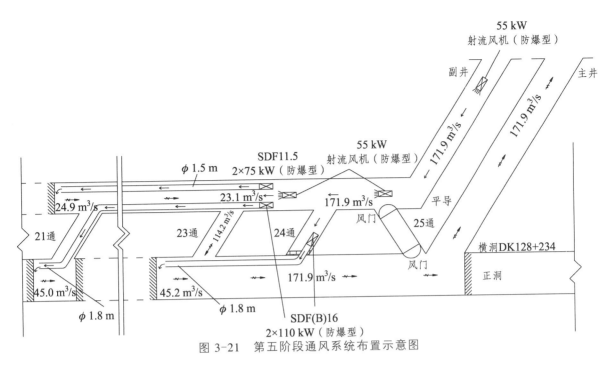

图 3-21　第五阶段通风系统布置示意图

（6）第六阶段。

24 通处的正洞风机、平导风机和射流风机移到 22 通平导大里程方向，距 22 通 50 m 的位置，22 通正洞作业面由 23 通处的正洞风机供风，通风系统布置如图 3-22 所示。

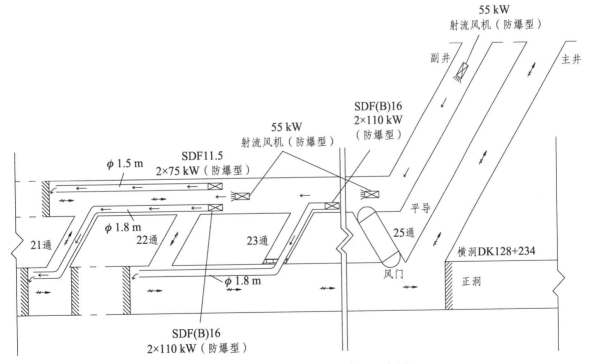

图 3-22　第六阶段通风系统布置示意图

（7）第七阶段。

仅有一个正洞作业面，正洞风机移到 20 通平导大里程方向，距 20 通 50 m 的位置，通风系统布置示意图如图 3-23 所示。

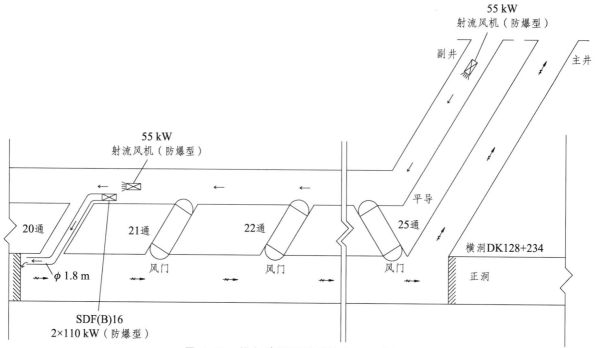

图 3-23　第七阶段通风系统布置示意图

3.1.5.4　风管布置对辅助坑道断面的要求

依据设计平导和横洞断面净空为 5.4 m×5.6 m（宽×高），该断面仅适用于有轨运输。目前，三分部横洞采用改装防爆型无轨出渣运输设备，为了保证车辆顺利通行，两路风管时，辅助坑道高度不应低于 6.2 m；单路 1.8 m 风管时，辅助坑道高度不应低于 6.0 m 否则风管破坏严重，无法保证正常通风效果。对辅助坑道断面高度的要求见图 3-24。

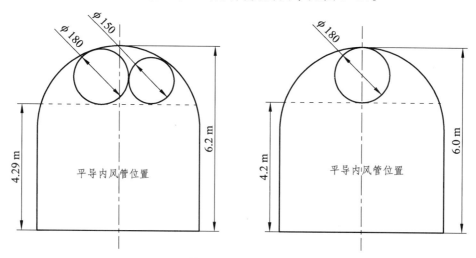

图 3-24　辅助坑道风管布置断面要求

3.1.5.5　通风设备配置

通风系统设备配置见表 3-5。

表 3-5　天坪隧道通风设备配置表

设备名称	规格型号	数量	备注
变频轴流风机	SDF-No16，2×110 kW	3 台	使用 2 台备用 1 台，防爆
	SDF-No11.5，2×75 kW	2 台	使用 1 台备用 1 台，防爆
射流风机	SSF-No16，55 kW，6p	4 台	使用 3 台备用 1 台，防爆
PVC 软风管	φ1.8m	6 000 m	用于正洞通风，双抗
	φ1.5m	4 500 m	用于平导通风，双抗

3.1.5.6　揭煤时通风效果检测

渝黔铁路土建 6 标三分部横洞工区为瓦斯突出工区，施工通风的风速不应小于 0.25 m/s，考虑到瓦斯涌出量，煤层地段施工期间正洞施工作业面最小需风量为 2 264 m³/min，正洞已成功揭开 C5 煤层，即将进入 C3 瓦斯揭煤阶段，有必要及时对通风情况进行检测，于 2015 年 4 月 15 日对通风系统和隧道风速进行了检测。

本次仅对正洞通风系统进行了检测，正洞所配风机型号为 SFD-Ⅲ-13（2×132 kW，非防爆型），风机厂家为山西巨龙，风管直径为 1 800 mm，通风距离约为 450 m。

（1）仪器、仪表。

本次测试所用的主要仪器仪表如下：

KIMOMP-200 多功能差压仪 1 台；

φ4×1 500 mm L 型毕托管 1 根。

仪器图片如图 3-25、图 3-26 所示。

图 3-25　KIMOMP-200 多功能差压仪

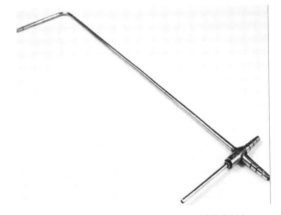

图 3-26　φ4×1 500 mm L 型毕托管

（2）检测方法

KIMOMP-200 多功能差压仪配合 φ4×1 500 mm L 型毕托管检测风管内的动压和全压，把直径 1 500 mm 的风管分成 4 个等面积的圆环，因毕托管长度小于风管直径，在沿着风管直径方向仅布置 8 个测点，每个测点测取 12 个数，然后对 96 个数据进行平均，得到风机或风管出风口的动压。测点的布置示意图如图 3-27 所示。

通过动压和风管断面面积可以计算出风机出风口风量和风管出风口风量，通过风机出风口和风管出风口的风量可以计算出风管百米漏风率，通过风管出风口的风量和平导开挖断面面积可以计算出回风风速。

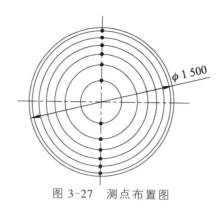

图 3-27　测点布置图

（3）检测数据的处理。

①风机出风口的动压。

风机出风口共测 8 个点，距离风机出风口 25 m，每个点 12 个数据，风机出风口测得动压见表 3-6。

表 3-6　风机出风口动压

点位	测点距管壁的距离（mm）	日期　　时间	动压（Pa）
1	212.6	2015-04-15　10：15	135.8
2	319.1	2015-04-15　10：16	147.6
3	450.0	2015-04-15　10：17	143.4
4	640.2	2015-04-15　10：18	158.7
5	1 159.8	2015-04-15　10：20	160.5
6	1 350.0	2015-04-15　10：21	152.3
7	1 480.9	2015-04-15　10：22	148.9
8	1 587.4	2015-04-15　10：23	
平均			149.6

②风管出风口的动压。

风管出风口共测 8 个点，距离出风口大约 25 m，每个点 12 个数据，风管出风口测得动压见表 3-7。

表 3-7　风管出风口动压

点位	测点距管壁的距离（mm）	日期　　时间	动压（Pa）
1	212.6	2015-04-15　10：32	105.3
2	319.1	2015-04-15　10：34	103.4
3	450.0	2015-04-15　10：35	108.9
4	640.2	2015-04-15　10：37	136.5
5	1 159.8	2015-04-15　10：38	149.6
6	1 350.0	2015-04-15　10：39	158.4
7	1 480.9	2015-04-15　10：40	103.2
8	1 587.4	2015-04-15　10：41	—
平均			123.6

92

③ 大气压。

2015 年 4 月 15 日，所测大气压力为 945 hPa。

④ 空气温湿度。

空气温湿度分别为 15.5℃和 78%。

⑤ 空气密度。

根据测得的大气压力、空气温湿度，计算出空气密度为 1.121 8 kg/m³。

（4）检测结果。

目前，天坪隧道横洞工区正洞通风距离约为 450 m，各项检测计算结果与设计对比见表 3-8。

表 3-8　天坪隧道横洞工区正洞通风系统检测结果与设计对比

测定参数 标准类型	风机出风口风量 （m³/min）	风管出风口风量 （m³/min）	风管百米漏风率 （%）	回风风速 （m/s）
设计值	3 063	2 264	2	0.25
实际值	2 481.4	2 255.6	2	0.31

经测试，风机出风口的风量为 2 481.4 m³/min<3 063 m³/min，风管出风口的风量为 2 255.6 m³/min<2 264 m³/min，百米漏风率为 2%，风管出风口的风量略小于设计风量，但掌子面回风风速满足了设计要求的风量，正洞马上将进行 C3 煤层的开挖，在放炮后应保证风机处于两级高速挡位，方可满足正常揭煤时通风的要求。

3.2　瓦斯隧道监控技术

瓦斯事故防治是瓦斯隧道施工中的一个极其重要的安全问题，一般采用加强通风、加强瓦斯监测、采用防爆机电设备、严格管理火源等措施来防止瓦斯爆炸。瓦斯监测是贯彻"安全第一，预防为主"安全生产措施的重要体现，在瓦斯隧道施工中，瓦斯监测是施工安全的基本保障。

3.2.1　瓦斯安全监测系统的布置与设计

3.2.1.1　瓦斯监测系统的选择

成立瓦斯通风监控、检测的组织机构，对隧道内的空气温度、瓦斯浓度、风速、一氧化碳浓度和风机开停状况进行实时监测。由于天坪隧道横洞工区为瓦斯突出工区，故选用人工检测和安全监测系统两种形式相结合的方式，两种监测结果相互印证，确保施工安全。瓦斯检测方法如下。

（1）人工检测。

配备专职的瓦斯检测员检查天坪隧道各工区瓦斯情况，瓦检员配备的检测仪器为便携式甲烷检测报警器和光干涉甲烷测定器，定期巡检选用的仪器设备为一氧化碳、二氧化氮、硫化氢、二氧化硫等气体检测仪。施工中如发现有以上气体，每班按照瓦斯的检测频次对该种气体进行检测。仪器性能见表 3-9。

表 3-9　人工瓦斯检测仪器性能表

仪器名称	型号	检测项目	测量范围	误差
甲烷检测报警器	AZJ-2000	CH_4	0 ～ 1.00%	±0.10%
			＞1.00%	真值的±10%
光干涉型甲烷测定器	CJG10	CH_4 CO_2	0 ～ 10.00%	±0.05%（0～1）
				±0.1%（＞1～4）
				±0.2%（＞4～7）
				±0.3%（＞7～10）
一氧化碳气体检测仪	T40	CO	0 ～ 0.2%	—
二氧化氮气体检测仪	GasBadgePlus-NO₂	NO_2	0 ～ 0.015%	—
硫化氢气体检测仪	T40	H_2S	0 ～ 0.1%	—
二氧化硫气体检测仪	GasBadgePlus-SO₂	SO_2	0 ～ 0.015%	—
二氧化碳气体检测仪	AQ100	CO_2	0 ～ 0.5%	—

（2）自动监测。

安全监测系统的功能：监测系统能集通风安全环境监测和生产监测监控于一体，既能监测 CH_4、CO、CO_2、O_2、H_2S、粉尘、温湿度、风速等环境参数，又能监测水仓水位、主扇、局扇、射流风机各种机电设备开停等生产参数和电压、电流、功率等电量参数，以及综合监控各种机电设备的运行情况，具有很好的联网扩展功能。

安全监测系统的原理：中心站主控计算机连续不断地轮流与各个分站进行通信，控制主机对每个分站询问后，该分站立即将接收到的各测点信号传给主控计算机，各个分站又不停地对收到的各传感器信号进行检测交换和处理，等待主控计算机的询问，以便把检测的参数送到地面。需要对隧道内的设备进行控制时，主控计算机将控制命令与分站巡检信号一起传给分站，再由分站输出信号使被控制设备动作。主控计算机将接收到的实时信息进行处理和存盘，并通过本机显示器、大屏幕等显示出来。也可通过打印机打印各种报表、绘制各种图表和曲线等。

在天坪隧道横洞工区选用 KJ70 自动监测系统，该系统是集国内外煤矿监控技术优势并针对我国煤矿现状而开发的一套软、硬件结合的全矿井安全生产综合监控系统，具有功能齐全、软件丰富、可靠性高、操作使用方便、配置灵活、经济实用等特点，可全面监控矿井上下各类安全、生产及电力参数，可汇接多个安全与生产环节子系统，适用于各类大、中、小型及地方煤矿使用。

KJ70 煤矿综合监测监控系统由四部分组成：监控计算机；计算机网络及监控软件；传输接口及传输通道；供电电源及分站；各种传感器及执行器，见图 3-28。

① 监控计算机：监控计算机安装 WindowsXP 操作系统和 KJ70 监控专用软件。监控计算机通过传输接口向分站发送配置、巡检、控制等命令，接收分站返回的传感器数据、控制结果，同时完成数据的更新处理、存储、报表打印等功能。网络的功能是将分站的数据在局域网上传输到其他部门，以最大限度地监测数据的作用。

② 传输接口：将计算机非本安的 232 口的信号转换成可与分站进行运算及通信的本安 485 或其他信号，主要起隔离、驱动的作用。

③ 分站：分站有时也叫控制主机或数据采集站，它的主要作用是采集传感器的信号，并进行运算处理，同时通过主传输电缆和传输接口与地面计算机交换数据。分站同时也根据采集的数据或地面计算机的指令完成各种控制功能。

④ 传感器：传感器是监测系统的感官，它将甲烷、风速、一氧化碳、温度、设备运行状态等物理量转换成标准的电信号（最常见的是 200~1 000 Hz 频率信号，1~5 mA 电流信号）供分站采集，传感器的工作电源通过分站提供，也可由电源直接提供。

⑤ 本安电源：本安电源是将井下 127 V、380 V、660 V 交流电转成本安直流电源输出，给分站及传感器提供电源。

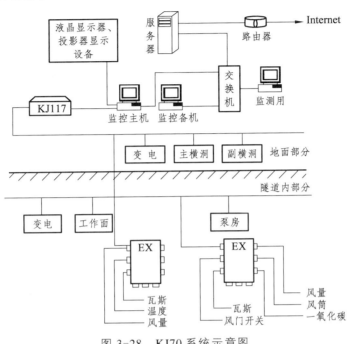

图 3-28　KJ70 系统示意图

3.2.1.2　监控系统的布置与设计

（1）信息传输系统的电缆选用与布置要求。

① 监测系统传输电缆要专用，不能与井下通信电缆合用，以提高可靠性。

② 监测系统中井下设备所使用的电缆应具有不延燃性能。

③ 监测系统中各设备之间的连接电缆需加长或分支连接时，被连接电缆的芯线应采用盒线或具有盒线功能的装置用螺钉压接或插头插座插接。不得采用电缆芯线导体的直接搭接或绕接的方式。

④ 具有屏蔽层的电缆,其屏蔽层不宜用作信号的有效通路。在用电缆加长或分支连接时，相应电缆之间的屏蔽层应具有良好的连接，而且在电器上连接在一起的屏蔽层一般只允许一个点与大地相连。

⑤ 所有传输系统直流电源和信号的电缆尽量与电力电缆沿巷道两侧敷设，若必须在同一侧平行敷设时，它们与电力电缆的距离不宜小于 0.5 m。

（2）传感器的布置安装要求。

① 传感器距顶板（顶梁）不得大于 300 mm，距巷道侧壁不得小于 200 mm。工作面甲烷传感器距工作面距离不大于 5 m。

② 传感器应布置在巷道的上方，并应不影响行人和行车，防止机械损伤，同时安装维护方便。

③ 开挖工作面甲烷传感器放炮时应移到安全防护地点，放炮后移回。

④ 传感器与系统电缆相互连接，须按出厂说明书执行。

（3）地面中心站的布置要求。

① 中心站必须具备交流稳压电源以确保设备正常稳定工作。

② 中心站必须具备 UPS 电源，以确保监控设备（如工控机、打印机、数据传输接口等）在停电之后能持续工作（不小于 6 h）。

③ 监控系统必须具备双机备份的功能，即一台主机、一台副机。当主机出现故障时，副机能够在 5 min 自动投入使用。

④ 中心站必须安装打印机，便于打印报表数据及其他数据。

⑤ 监控系统应安装宽带网络功能，便于项目部、局机关进行网络监控。

⑥ 中心站可根据客户需要，安装投影、大屏幕或模拟盘等显示设备或多屏显示系统。

⑦ 中心机房应有良好的接地和全面的避雷措施。

⑧ 监控系统应有局域网，在经理、总工、通风监测室等部门应安装计算机终端，共享监测主机的数据。

⑨ 根据实际情况需要，中心站内应安装空调、防静电地板等辅助设备。

⑩ 中心站能遥测和记录所有瓦斯传感器的数据。

⑪ 联网主机应装备防火墙等网络安全设备，必要时可修改电脑注册表、组策略、本地安全策略等，关闭电脑中一些不必要的服务或端口。

（4）天坪隧道横洞工区安全监测系统布置。

安全监测系统在天坪隧道横洞工区的布置分四个阶段，各阶段的布置均有风电闭锁及瓦斯电闭锁功能。

第一阶段：主副井同时开挖，主副井开挖到井底之前，系统布置如图 3-29 所示。

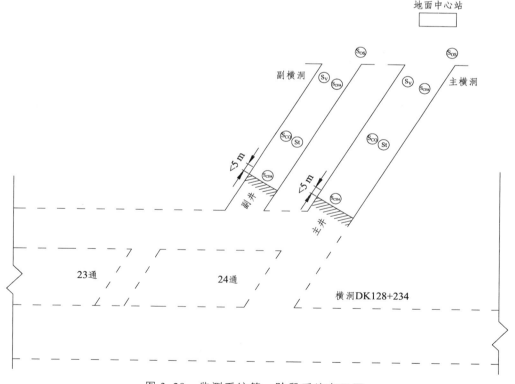

图 3-29　监测系统第一阶段系统布置图

　　第二阶段：开挖进入平导和正洞，直至正洞和平导过完煤层，系统布置如图 3-30 所示。副井与平导交叉口的上隅角安装一甲烷传感器。主井与正洞交叉口处，由于两断面突变，容易产生瓦斯积聚，此处安装一甲烷传感器。正洞模板台车处容易产生瓦斯积聚，在台车的迎风向装瓦斯、一氧化碳和温度传感器各一台，传感器随模板台车的前移而移动。同时，随着工作面开挖的推进，回风距离过长，回风段每隔 500～1 000 m 安装一甲烷传感器。同时，根据《煤矿安全规程》要求，突出煤层的掘进巷道长度及工作面走向长度超过 500 m 时，必须在距离工作面 500 m 范围内建设临时避难硐室，避难硐室内必须安装瓦斯传感器、温湿度传感器、氧气传感器、一氧化碳传感器、二氧化碳传感器、压力传感器。

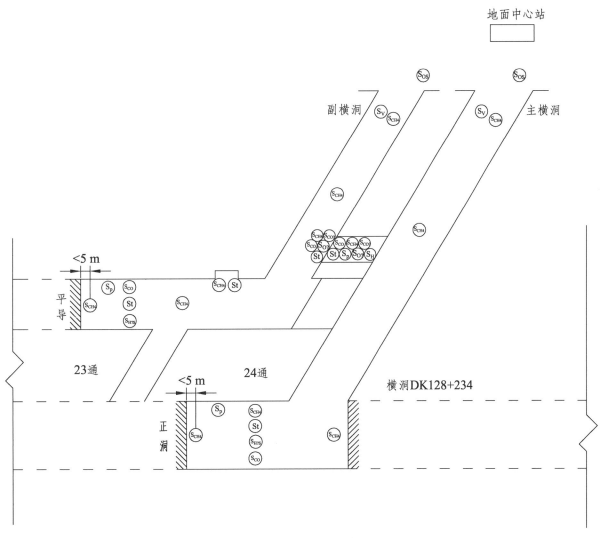

图 3-30　监测系统第二阶段系统布置图

　　第三阶段：当正洞和平导之间通过 23 横通道连通之后，系统布置如图 3-31 所示。平导和正洞回风区风流混合处设置甲烷传感器。局部通风机入风口处设置甲烷传感器一台，以保证风机入风口瓦斯浓度不高于 0.5%。

　　第四阶段：随着正洞的掘进，回风距离越来越长，此时，正洞和平导内每隔 500～1 000 m 装设一甲烷传感器。23 通处安装风门开关传感器。系统布置如图 3-32 所示。

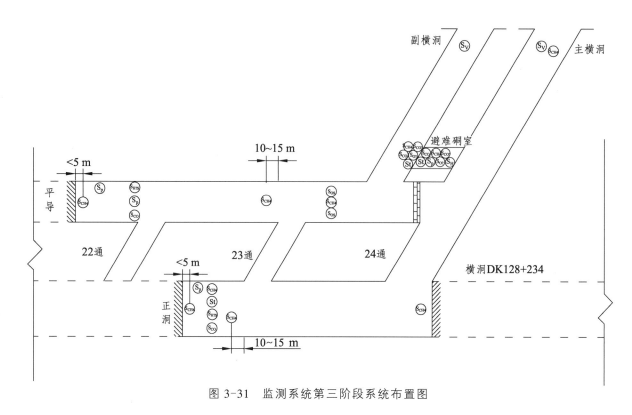

图 3-31   监测系统第三阶段系统布置图

图 3-32   监测系统第四阶段系统布置图

3.2.2   瓦斯检测的实施及处理

3.2.2.1   检测实施

瓦斯检测采用人工检测和安全监测系统两种手段。人工检测瓦斯时，报警点定为 0.5%；

安全监测系统监测时，报警点设为 0.5%，断电点设置为 0.8%（局部风机处设置为 0.5%）。

当瓦斯自动监测系统报警时，瓦检员通知通风人员将风机转速提高，加大风机供风量；同时瓦检员加强对报警点及附近 20 m 的瓦斯浓度检测，当瓦斯浓度继续增大且不大于 0.8% 时，瓦检员通知报警地点作业人员加强警戒；当瓦斯浓度上升较快并迅速超过 0.8% 时，安全监测系统断电装置断电，施工负责人安排该工作面工作人员立即撤出洞外（撤离示意图见图 3-33），恢复正常通风后，对断电区内的机电设备进行检查，证实完好后，方可人工复电正常施工。同时瓦检员加大对该工作面瓦斯浓度的检测频率，密切注意瓦斯浓度的变化。

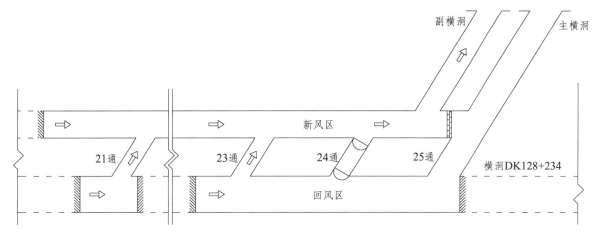

图 3-33　瓦斯超限人员撤离示意图

当瓦检员携带的便携式瓦斯检测仪报警，瓦斯浓度达到 0.8% 时，立即通知该工作面施工负责人，该处立即停工撤人，切断超限区域电源，并及时通知通风人员加强通风。若是局部瓦斯积聚的地点瓦斯检测仪报警，瓦斯浓度未达到 0.8%，瓦检员通知通风人员对该地点加强通风（采取空气引射器吹散等措施），并继续加强瓦斯检测，瓦检员通知报警地点作业人员加强警戒，同时应绝对避免火源的产生；当局部瓦斯积聚的地点瓦斯浓度大于 0.8% 时，瓦检员通知该工作面的施工负责人，该地点及附近 20 m 立即停工，并切断该处电源，撤出工作人员，同时通知通风人员加强通风措施，瓦检员加强瓦斯浓度的检测。

因特殊原因停工，工地复工时，瓦检员携带光干涉甲烷测定器和便携式甲烷报警仪由洞口往隧道工作面方向检测，保证瓦斯浓度在安全范围内的情况下，逐步开启洞口至局扇范围内的射流风机，然后开启局部通风机。通风足够时间后，瓦检员检测隧道内瓦斯浓度无危险的情况下，其他人员方可进洞施工。

当两台瓦斯检测仪对瓦斯浓度检测结果不一致时，以浓度显示值高的为准。瓦检员应在 8 h 内将瓦斯检测仪器送技术室校准。瓦检员应当加强对便携式瓦斯检测仪的充电与维护管理工作，使用前必须检查便携式瓦斯检测仪的零点是否漂移过大和电压欠压。零点漂移过大或电压欠压的瓦斯检测仪，不得使用。零点漂移过大的瓦斯检测仪需及时送技术室校准。

瓦检员做好人工瓦斯检测记录，对瓦斯检测结果及时上报，并在检测地点的瓦斯警示牌上公布。

3.2.2.2　监测分析处理

（1）瓦斯监测及检测汇报和处理流程。

瓦斯超限后报告执行人员为瓦检员和监控中心值班人员，每次超限做好相关记录。

① 瓦斯监测及检测汇报流程。

瓦斯超限的汇报流程包含两部分，一是瓦检员检测到瓦斯浓度超限，二是安全监测系统甲烷传感器监测到瓦斯浓度超限。瓦检员检测到瓦斯超限汇报流程如图 3-34 所示，甲烷传感器监测到瓦斯超限汇报流程图如图 3-35 所示。

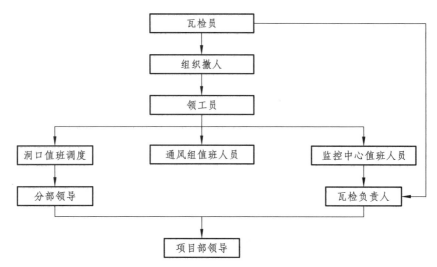

图 3-34　瓦检员检测到瓦斯超限汇报流程图

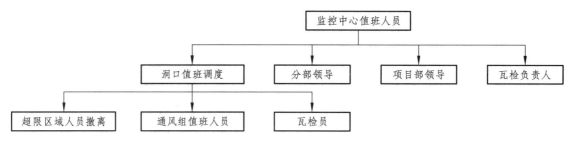

图 3-35　安全监测系统检测到瓦斯超限汇报流程图

瓦斯超限经过处理后，处理结果汇报流程如图 3-36 所示。

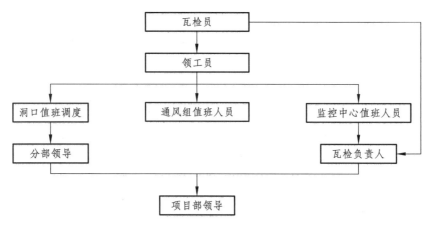

图 3-36　瓦斯超限处理结果汇报流程图

② 瓦斯超限处理流程。

瓦斯超限处理流程见图 3-37。

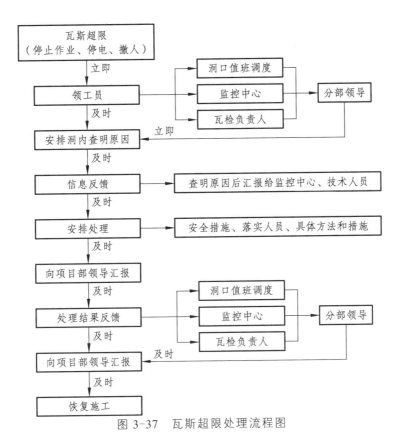

图 3-37　瓦斯超限处理流程图

（2）施工控制瓦斯限值及超限处理措施。

瓦斯监测系统是一个动态体系，包含监测、反馈和超限处理等工作，监测流程如图 3-38 所示。

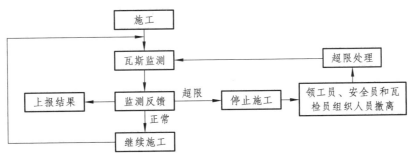

图 3-38　瓦斯检测流程图

隧道内瓦斯浓度的大小是危险程度的标志，施工中必须将瓦斯浓度控制在安全的限值以内。隧道施工控制瓦斯限值及超限处理措施见表 3-10。

以上为《铁路瓦斯隧道技术规范》控制标准，通过以往的施工和煤炭行业的管理经验，施工现场采用报警点 0.5%、断电点设置为 0.8% 的控制标准，局部通风机处仍采用 0.5% 停机、通风、处理的措施，增加安全系数。

隧道内其他气体浓度控制标准：一氧化碳最高允许浓度为 30 mg/m³（24 ppm），二氧化碳最高允许浓度为 0.5%，二氧化氮最高允许浓度为 5 mg/m³（2.5 ppm），二氧化硫最高允许浓度为 15 mg/m³（5 ppm），硫化氢最高允许浓度为 30 mg/m³（6.6 ppm）。气体浓度超标时，作业地点停止施工，防止人员缺氧窒息或有害气体中毒。同时，作业地点加强通风，进行处理，

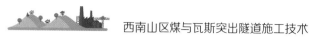

气体浓度达标后方可继续施工。

表 3-10   瓦斯浓度控制标准和瓦斯超限处理措施如表

序号	地　点	限值	超限处理措施
1	低瓦斯工区任意处	0.5%	超限处 20m 范围内立即停工，查明原因，加强通风监控
2	局部瓦斯积聚（体积大于 0.5m³）	2.0%	超限处附近 20m 停工、断电、撤人进行处理，加强通风
3	开挖工作面风流中	1.0%	停止电钻钻孔
		1.5%	超限处停工、撤人、断电、查明原因、加强通风等
4	工作面回风流中	1.0%	停工、撤人、处理
5	放炮地点附近 20 m 风流中	1.0%	严禁装药放炮
6	煤层放炮后工作面风流中	1.0%	继续通风不得进入
7	局扇及电气开关 10 m 范围内	0.5%	停机、通风、处理
8	电动机及开关附近 20 m 范围内	1.5%	停止运转、撤出人员、断电、进行处理
9	竣工后洞内任何处	0.5%	查明渗漏点，进行整治

（3）瓦斯积聚处理措施。

在施工过程中，当瓦检员检测到瓦斯超限或放炮后瓦斯浓度超过安全范围，自动瓦斯监测系统已自动切断超限区内电源，系统仍能正常工作，这时根据系统提供的数据，采取措施进行处理。

① 人员严禁进入超限区，采用变风量送风的方法控制进风量，逐步排出超限瓦斯，防止高浓度瓦斯压出。变风量送风的方法可以把风管接头的拉链拉开，通过改变接合缝隙的大小调节送风量，还可以在风管上捆上绳子，通过收紧或放松绳子调节送风量。

② 排放瓦斯时，瓦检员在回风风流中经常检查瓦斯浓度，当瓦斯浓度小于 0.5% 时，减少送风量，确保洞内排出的瓦斯不超标。

③ 排放瓦斯时，要检测风机处的瓦斯浓度，防止产生污风循环。

④ 恢复正常通风后，对断电区内的机电设备进行检查，证实完好后，方可人工复电正常施工。

3.2.3 仪器的校验与维护

3.2.3.1 便携式瓦斯检测报警仪

（1）仪器测定原理。

仪器应用载体热催化燃烧原理，当仪器所处位置存在甲烷气体时，由于甲烷在元件表面产生无烟燃烧，使检测元件的电阻发生变化，桥路失衡产生信号输出，从而实现检测与报警。

（2）外观及通电检查。

仪器外观名称、型号、编号、防爆标志应齐全，整机结构完整，无抖晃现象，各按钮可正常调节，机壳等部件外观不应有摔损痕迹，通电后显示部分应清晰。

（3）仪器电源电压测定。

在关机状态下，用万用表测定充电接触点两点间的电压值。在正常情况下仪器电源电压值不应小于 3.3 V。

（4）零点调节。

仪器开机预热 20 min 后，以清洁空气清洗仪器气路，准确调节仪器零点，反复两次。在温度恒定的情况下，当测定量为零时，仪器示值应不大于 0.03%甲烷的正值。

（5）仪器标定。

采用 1.0%～2.0%的甲烷标气，以 160 mL/min 流量通入被检仪器，40 s 后连续通气状态下，调校仪器示值，使其达到标气浓度值。清洁空气清洗仪器回零后再重复调校两次。

（6）仪器响应时间。

以清洁空气清洗，仪器回零，用 1.0%～2.0%的标气以 160 mL/min 的速度在通入仪器的同时启动电子表，待仪器示值达到定标值的 90%处止住秒表。所记时间为仪器响应时间。如此反复测定一次，取其平均时间为检测结果。

检测结果反映仪器对甲烷气体在一定浓度时的灵敏性能。仪器响应时间不应大于 30 s。

（7）仪器的示值误差应满足规范要求。便携式瓦斯检测报警仪每 10 天校验一次。

3.2.3.2　光干涉甲烷测定器

（1）仪器测定原理。

由仪器光源发出的光，经聚光、反射与折射形成两束光，分别通向仪器的空气室和甲烷室。当空气室和甲烷室同时充入空气时，两束光所经过的光程相同，干涉条纹便发生移动；当两室的温度、压力相等时，干涉条纹的移动量与甲烷浓度成正比。由此通过测定移动量来测定甲烷的浓度量。

（2）外观检查。

仪器外观良好，名称、型号、编号和防爆炸标志等应清晰。附件齐全，连接可靠。胶管不应老化，吸气球不应漏气，电池电压应充足并接触良好。药品（硅胶和钠石灰）要定期更换，确保不失效（硅胶由蓝色变成白色，钠石灰由粉红色颗粒变成白色粉末状）。

（3）通电检查。

① 干涉条纹检查。

转动调节手轮干涉条纹能全量程移动，并不得有急跳现象。亮度均匀充足，干涉条纹清晰，在目镜视野内不得有影响读数的干扰物。转动微调手轮应能使干涉条纹有微小移动。捏动吸气球可见到干涉条纹的移动。国产光学瓦斯检测器，将光谱第一条黑纹对在"0"上，则第五条条纹应在 7%数值上。

② 主刻度盘检查。

调节目镜可看到全中分度线和分度数字。

③ 微分度盘检查。

调节微分度盘微调手轮应能显示全部分度线和数字。

（4）气密性检查。

将待检仪器吸气球捏扁，用手捏紧胶管进气口，然后松开吸气球，如果吸气球长时间内保持扁平状态，说明气路气密性完好。否则，要分段检查，查出漏气位置，然后进行相

应处理。

（5）零点调节。

进洞之前先对仪器进行零点调节。具体操作步骤如下：

① 把调节微分度盘归零。

② 以清洁空气清洗仪器气路。

③ 观察主刻度盘，看主刻度盘上的读数是否归零。

④ 用主刻度盘调节旋钮进行调零。

由于光干涉甲烷测定器受外界温度气压的影响，有时会发生零点漂移现象。在隧道内使用时，当发现仪器异常时，仪器的零点调节工作应在隧道内有新鲜风的地方进行。如果检测有一个巷道到另一个巷道，应对光干涉甲烷测定器进行调零工作。

（6）仪器校验。

光干涉甲烷测定器比较精密，必须定期拿到相应的标定机构校验，一般一年一次，每次的校验合格证书应存档。

3.2.3.3 安全监测系统

（1）检修机构。

① 配备安全监测系统维护人员，负责对安全监控仪器进行调校、维护和简单的维修。不能维修、调校的仪器设备，送相关质量技术监督局安全仪表计量站进行维修。

② 安全测控仪器检修室应配备甲烷传感器、测定器检定装置、稳压电源、示波器、频率计、万用表、流量计、声级计、甲烷校准气体、标准气体等仪器装备。

（2）校准气体。

① 甲烷校准气体宜采用分压法原理配制，选用纯度不低于 99.9%的甲烷、氮气和氧气做原料气，对混合气瓶抽真空处理后，按配气要求的比例和程序，控制压力和流量，依次向混合气瓶充入甲烷、氮气和氧气原料气。配制好的甲烷校准气体应以标准气体为标准，用气相色谱仪或红外线分析仪分析定值，其不确定度应小于 5%。

② 甲烷校准气体配气装置应放在通风良好，符合国家有关防火、防爆、压力容器安全规定的独立建筑内。配气气瓶应分室存放，室内应使用隔爆型的照明灯具及电器设备。

③ 高压气瓶的使用管理应符合国家有关气瓶安全管理的规定。

（3）调校。

① 安全测控仪器设备必须定期调校。

② 安全测控仪器使用前和大修后，必须按产品使用说明书的要求测试、调校合格，并在地面试运行 24 ~ 48 h 方能在隧道中使用。

③ 采用催化燃烧原理的甲烷传感器，每隔 10 d 必须使用校准气体和空气样，按产品使用说明书的要求调校一次。调校时，应先在新鲜空气中或使用空气气样调校零点，使仪器显示值为零，再通入 CH_4 浓度为 1% ~ 2%的甲烷校准气体，调整仪器的显示值与校准气体浓度一致，气样流量应符合产品使用说明书的要求。

④ 除甲烷以外的其他气体测控仪器应每隔 10 d 采用空气样和标准气样进行调校。风速传感器选用经过标定的风速计调校。温度传感器选用经过标定的温度计调校。其他传感器和便携式检测仪器也应按使用说明书要求定期调校，使各项指标符合规定。

⑤ 安全测控仪器的调校包括零点、显示值、报警点、断电点、复电点、控制逻辑等。

⑥ 为保证甲烷超限断电和停风断电功能准确可靠，每隔 10 d 必须对甲烷超限断电闭锁和甲烷风电闭锁功能进行测试。

⑦ 安全测控仪器在井下连续运行 6～12 个月，必须拿出隧道检修。

（4）维护。

① 安全监测系统维护人员必须 24 h 值班，每天检查安全监控系统及电缆的运行情况。使用便携式甲烷检测报警仪与甲烷传感器进行对照，并将记录和检查结果报地面中心站值班员。当两者读数误差大于允许误差时，先以读数较大者为依据，采取安全措施，并必须在 8 h 内将两种仪器调准。

② 管理人员发现便携式甲烷检测报警仪与甲烷传感器读数误差大于允许误差时，应立即通知通风监测室进行处理。

③ 安装在扒渣机、电瓶车上的机（车）载断电仪，由司机负责监护，并应经常检查清扫，每天使用便携式甲烷检测报警仪与甲烷传感器进行对照，当两者读数误差大于允许误差时，先以读数最大者为依据，采取安全措施，并立即通知通风监测室，在 8 h 内将两种仪器调准。

④ 开挖工作面设置的甲烷传感器在放炮前应移动到安全位置，放炮后应及时恢复设置到正确位置。对需要经常移动的传感器、声光报警器、断电执行器及电缆等，由安全监测系统维护人员负责按规定移动，严禁擅自停用。

⑤ 隧道内安全使用的分站、传感器、声光报警器、断电控制器及电缆等由安全监测系统维护人员负责管理和使用。

⑥ 传感器经过调校检测误差仍超过规定值时，必须立即更换；安全测控仪器发生故障时，必须及时处理，在更换和故障处理期间必须采用人工检测等安全措施，并填写故障记录。

⑦ 低浓度甲烷传感器经大于 4% 的甲烷冲击后，应及时进行调校或更换。

⑧ 电网停电后，备用电源不能保证设备连续工作 1 h 时，应及时更换。

⑨ 使用中的传感器应经常擦拭，清除外表积尘，保持清洁。开挖工作面的传感器应每天除尘；传感器应保持干燥，避免散水淋湿；维护、移动传感器应避免摔打碰撞。

（5）报废。

安全测控仪器符合下列情况之一者，可以报废：设备老化、技术落后或超过规定使用年限的；通过修理，虽能恢复精度和性能，但一次修理费用超过原价 80% 以上，不如更新经济的；严重失爆不能修复的；遭受意外灾害，损坏严重，无法修复的；国家或有关部门规定应淘汰的。

（6）安全监控系统及联网信息处理。

① 地面中心站必须 24 h 有人值班。值班人员应认真监视监视器所显示的各种信息，详细记录系统各部分的运行状态，填写运行日志，打印安全监控日报表，报主要负责人和技术负责人审阅。

② 系统发出报警、断电、馈电异常信息时，中心站值班人员必须立即通知现场安全监测系统维护人员，查明原因，并按规定程序及时上报。处理结果应记录备案。

③ 安全监测系统维护人员接到报警、断电信息后，应立即向现场领工员汇报，同时按规定指挥现场人员停止工作，断电时撤出人员，处理过程应记录备案。

④ 当系统显示隧道内某一区域瓦斯超限并有可能波及其他区域时，中心站值班员应按瓦斯事故应急预案手动遥控切断瓦斯可能波及区域的电源。

3.2.4 瓦斯监测资源的配置

3.2.4.1 组织机构

为了更好地完成瓦斯监测工作，并根据我单位瓦斯监测工作的经验，特成立专职的瓦斯监测中心，监测中心由具有丰富检测经验、取得相关资质、分析能力强的技术人员担任组长，成员由经培训考核合格的人员组成，并配备先进的瓦斯检测及监测设备。瓦斯监测工作组织机构见图3-39。

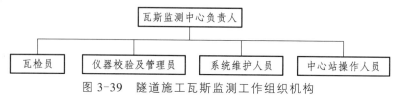

图 3-39　隧道施工瓦斯监测工作组织机构

3.2.4.2 人员配置

瓦斯监测中心负责人：2 人
仪器调校人员：2 人
系统维护人员：3 人
瓦检员：12 人
中心站操作人员：3 人
司机：1 人

3.2.4.3 岗位职责

（1）瓦斯监测中心负责人职责。

① 组织和督促本项目贯彻执行国家和行业、上级的有关安全生产、环境保护等法律法规、规章制度。

② 按项目合同要求，认识组织，严格按方案设计及相关规范实施瓦斯检测工作。

③ 组织成立"横向到边、竖向到底"的安全管理机构，主持制定执行项目（部）安全规章制度和细则等，对安全生产责任进行分工负责，组织制定安全生产责任制和考核奖罚制度；对安全责任制的履行进行集体评议并考核兑现，负责监督安全奖罚的落实。

④ 协调对外沟通、联系事宜。

⑤ 对天坪隧道瓦检工作负全面领导责任，负责制订和落实瓦斯检测技术方案、措施，定期对瓦检人员和系统维护、中心站管理人员和仪器校验人员的工作情况进行检查，及时提出工作中存在的问题和不足，并给予指导。

⑥ 每天了解瓦检情况，研究解决瓦检作业过程中遇到的安全问题，审批所属项目安全技术操作规程、安全管理制度，并督促执行。

⑦ 安全教育：参加项目以上和重点作业部位的安全技术交底，审批项目安全培训计划；对安全培训工作的开展进行奖罚。

⑧ 安全检查：至少每月一次组织对项目施工现场、安全管理过程资料和安全生产责任制的履行进行检查和隐患排查。定期或不定期地组织对重大危险源的辨识、评价、控制、检查。

⑨ 隐患整改：对于重大安全隐患和渝黔项目负责落实的安全隐患整改情况进行跟踪、督

促。负责签发重大安全隐患整改通知书。

⑩ 对现场明显的违规、违章行为，有提醒和制止的责任。

（2）瓦检员职责。

① 认真贯彻执行党和国家安全生产方针、劳动保护政策、法令、规章制度和上级的指示、决议，并检查执行情况。

② 负责各工区的瓦斯及其他有害气体的检测与汇报工作。

③ 负责及时发现和汇报分工区域内的瓦斯、煤尘、有毒气体、煤与瓦斯突出、自然发火等隐患，并采取有效措施进行处理。

④ 瓦斯突出工区瓦斯检查要做到 24 h 巡回检查，不准空班、漏检，各工作面的瓦斯检测数据要及时告知现场人员（并经当班负责人现场签字），及时填写工作面的瓦斯记录牌板。

⑤ 做好安全监测系统和瓦斯检测器的维护保养和校验工作，保证检测数据准确无误。

⑥ 积极完成领导布置的其他"一通三防"的临时性和紧急性工作。

⑦ 遵守有关安全法律、法规和创业规章制度，遵守劳动纪律，严格执行《煤矿安全规程》《工种操作规程》《作业规程》。

⑧ 制止一切违章作业行为。

（3）仪器校验及管理人员职责。

① 认真贯彻执行安全生产的各项法律、法规、制度、标准和条例。

② 负责便携式甲烷检测报警仪充电、收发及维护。定期对传感器、便携式瓦检仪进行校验，并做好校验记录。

③ 安设和使用各类传感器时，其安装位置、报警点、超限断电点复电点应符合《煤矿安全规程》《煤矿安全监控系统及检测仪器使用管理规范》《铁路瓦斯隧道技术规范》的规定。

④ 传感器经过调校检测误差仍超过规定值时，必须立即更换或报废。

⑤ 低浓度甲烷传感器经浓度大于 4.0% 的甲烷冲击后，应及时进行调校或更换。

⑥ 负责校验设备的维护管理工作。

（4）系统维护人员职责。

① 认真贯彻执行安全生产的各项法律、法规、制度、标准和条例。

② 做好风电闭锁和瓦电闭锁的测试工作，并做好测试记录。

③ 每天检查安全监控设备及电缆是否正常，并做好维护、保养和管理工作。

④ 每天使用便携式瓦斯检测报警仪与瓦斯传感器检测数值进行对照，当两者读数误差大于允许误差时，先以读数较大者为依据，采取安全措施，并必须在 8 h 内将两种仪器调准。

⑤ 安全监测系统发生故障时，必须及时处理，在更换和故障处理期间必须加强通风或人工检测等安全措施，并填写故障记录。

⑥ 使用中的传感器应经常擦拭，清除外表积尘，保持清洁。开挖工作面的传感器应每天除尘；传感器应保持干燥，避免散水淋湿；维护、移动传感器应避免摔打碰撞。

（5）中心站操作人员职责。

① 在工区瓦斯隧道检测小组的领导下开展工作，负责 24 h 连续不间断值班，值班其间不得擅自离岗。

② 坚守工作岗位，按时上下班，不迟到，不早退。接班人员必须提前 20 min 到岗，同交班人员办好交接班手续。未允许不得私自换班。交班人员必须在交班前做好一切交班准备工作，查清并交代本班的瓦斯监控系统运行情况，填写好交班记录。

③ 监控中心管理人员必须熟练掌握计算机操作技能，认真学习上级文件和《煤矿安全规程》中有关监测监控系统的基本知识，正确使用监控设备。

④ 值班人员及时与瓦检员联系，了解洞内非自动监控区域的瓦斯浓度，掌握洞内瓦斯变化情况，及时对人工检测结果与自动监控系统数据进行复核。

⑤ 监控中心管理人员发现自动监控系统记录瓦斯浓度超限时，严格按照要求及时上报。每天必须将瓦斯日报表、运行日报表送技术主管审阅。

⑥ 根据自动监控系统的监测记录及时通知通风班组调节风速，发现瓦斯浓度异常及时通知洞内当班瓦检员，并立即停止超标区域所有作业，组织人员撤离危险区，切断超限区域电源；根据洞内当班瓦检员通知及时通知通风班组调节风速。

⑦ 负责自动监控系统中心站的维护，保证系统的性能、技术指标达到要求；负责每周一次的人工检测数据与自动监控数据的同步校核，确定各类传感器的精度是否满足要求。

3.2.5　瓦斯监测数据

瓦斯监测采用 24 h 不间断监测，具体监测数据见表 3-11～表 3-14。

表 3-11　天坪隧道横洞瓦斯、二氧化碳检测记录（正洞）

日 期：2015 年 4 月 2 日

里　程	检测时间	工序	瓦斯浓度（%）		二氧化碳浓度（%）	检测人	备　注
			便携式	光干涉			
DK127+792	22：30	打钻	0.10	0.17	0.12	周××	A 单元拱底左侧
DK127+792	22：33	打钻	0.05	0.00		周××	A 单元拱腰左侧
DK127+792	22：35	打钻	0.05	0.00		周××	A 单元拱顶
DK127+792	22：37	打钻	0.05	0.00		周××	A 单元拱腰右侧
DK127+792	22：40	打钻	0.07	0.00	0.09	周××	A 单元拱底右侧
DK127+843	22：49		0.07	0.00	0.05	周××	综合洞室
DK127+880	23：00		0.06	0.00	0.10	周××	模板台车
DK128+095	23：06		0.07	0.00	0.06	周××	综合洞室
25#横通道	23：10		0.06	0.00	0.07	周××	25#横通道
DK128+230	23：15		0.06	0.00	0.05	周××	回风
DK128+260	23：19		0.06	0.00	0.05	周××	综合洞室
DK128+280	23：22		0.06	0.00	0.04	周××	风门
DK127+792	23：39	装药前	0.14	0.08	0.12	周××	A 单元拱底左侧
DK127+792	23：41	装药前	0.06	0.04		周××	A 单元拱腰左侧
DK127+792	23：43	装药前	0.06	0.00		周××	A 单元拱顶
DK127+792	23：45	装药前	0.05	0.00		周××	A 单元拱腰右侧
DK127+792	23：48	装药前	0.07	0.00	0.09	周××	A 单元拱底右侧
DK127+792	00：39	放炮前	0.13	0.07	0.08	周××	A 单元拱底左侧
DK127+792	00：41	放炮前	0.05	0.00		周××	A 单元拱腰左侧
DK127+792	00：43	放炮前	0.04	0.00		周××	A 单元拱顶

里　程	检测时间	工　序	瓦斯浓度（%）		二氧化碳浓度（%）	检测人	备　注
			便携式	光干涉			
DK127+792	00：45	放炮前	0.04	0.00		周××	A单元拱腰右侧
DK127+792	00：48	放炮前	0.06	0.00	0.08	周××	A单元拱底右侧
DK127+791.7	01：45	放炮后	3.14	2.96	1.86	周××	A单元拱底左侧
DK127+791.7	01：47	放炮后	3.20	3.06		周××	A单元拱底中间
DK127+791.7	01：50	放炮后	2.98	2.54	1.36	周××	A单元拱底右侧
DK127+802	00：11	装药前	0.06	0.00	0.05	周××	B单元左侧
DK127+802	00：52	放炮前	0.05	0.00	0.05	周××	B单元左侧
DK127+800.1	02：55	放炮后	0.06	0.00	0.05	周××	B单元左侧
DK127+812	00：16	装药前	0.06	0.00	0.05	周××	C单元右侧
DK127+812	00：58	放炮前	0.05	0.00	0.06	周××	C单元右侧
DK127+811.5	02：59	放炮后	0.06	0.00	0.05	周××	C单元右侧
DK127+791.7	03：10	扒渣	0.37	0.25	0.19	周××	A单元拱底左侧

填表人签字：＿＿＿＿＿＿＿　　　　接收人签字：＿＿＿＿＿＿＿　　　　监理签字：＿＿＿＿＿＿＿

表 3-12　天坪隧道横洞瓦斯、二氧化碳检测记录（正洞）

日期：2015 年 4 月 3 日

里　程	检测时间	工　序	瓦斯浓度（%）		二氧化碳浓度（%）	检测人	备　注
			便携式	光干涉			
DK127+791.7	03：12	扒渣	0.28	0.20		周××	A单元拱底中间
DK127+791.7	03：14	扒渣	0.30	0.22	0.25	周××	A单元拱底右侧
DK127+843	04：23		0.07	0.00	0.05	周××	综合洞室
DK127+880	04：31		0.07	0.00	0.05	周××	模板台车
DK128+095	04：35		0.07	0.00	0.06	周××	综合洞室
25#横通道	04：39		0.05	0.00	0.06	周××	25#横通道
DK128+230	04：45		0.06	0.00	0.05	周××	回风
DK128+260	04：49		0.06	0.00	0.06	周××	综合洞室
DK128+280	04：52		0.06	0.00	0.05	周××	风门
DK127+791.7	05：17	立拱	0.12	0.03	0.07	周××	A单元拱底左侧
DK127+791.7	05：20	立拱	0.12	0.04		周××	A单元拱腰左侧
DK127+791.7	05：22	立拱	0.10	0.04		周××	A单元拱顶
DK127+791.7	05：24	立拱	0.09	0.02		周××	A单元拱腰右侧
DK127+791.7	05：27	立拱	0.16	0.06	0.05	周××	A单元拱底右侧
DK127+791.7	06：56	立拱	0.08	0.03	0.07	晏××	A单元拱底左侧
DK127+791.7	06：58	立拱	0.07	0.03		晏××	A单元拱腰左侧
DK127+791.7	07：00	立拱	0.05	0.00		晏××	A单元拱顶
DK127+791.7	07：02	立拱	0.06	0.00		晏××	A单元拱腰右侧

续表

里　程	检测时间	工序	瓦斯浓度（%）		二氧化碳浓度（%）	检测人	备　注
			便携式	光干涉			
DK127+791.7	07：04	立拱	0.06	0.00	0.06	晏××	A单元拱底右侧
DK127+843	07：09		0.05	0.00	0.08	晏××	综合洞室
DK127+880	07：14		0.06	0.00	0.10	晏××	模板台车
DK128+095	07：20		0.05	0.00	0.08	晏××	综合洞室
25#横通道	07：23		0.04	0.00	0.06	晏××	25#横通道
DK128+230	07：27		0.04	0.00	0.06	晏××	回风
DK128+260	07：31		0.03	0.00	0.07	晏××	综合洞室
DK128+280	07：34		0.04	0.00	0.06	晏××	风门
DK127+791.7	09：00	打锚杆	0.08	0.05	0.06	晏××	A单元拱底左侧
DK127+791.7	09：02	打锚杆	0.08	0.05		晏××	A单元拱腰左侧
DK127+791.7	09：04	打锚杆	0.07	0.03		晏××	A单元拱顶
DK127+791.7	09：06	打锚杆	0.07	0.03		晏××	A单元拱腰右侧
DK127+791.7	09：08	打锚杆	0.07	0.03	0.06	晏××	A单元拱底右侧
DK127+791.7	11：04	打锚杆	0.10	0.06	0.12	晏××	A单元拱底左侧

填表人签字：_____　　　　接收人签字：_____　　　　监理签字：_____

表 3-13　天坪隧道横洞瓦斯、二氧化碳检测记录（正洞）

日期：2015 年 4 月 3 日

里　程	检测时间	工序	瓦斯浓度（%）		二氧化碳浓度（%）	检测人	备　注
			便携式	光干涉			
DK127+791.7	11：06	打锚杆	0.10	0.06		晏××	A单元拱腰左侧
DK127+791.7	11：08	打锚杆	0.10	0.06		晏××	A单元拱顶
DK127+791.7	11：10	打锚杆	0.12	0.07		晏××	A单元拱腰右侧
DK127+791.7	11：12	打锚杆	0.12	0.07	0.13	晏××	A单元拱底右侧
DK127+791.7	12：50	无作业	0.07	0.00	0.08	晏××	A单元拱底左侧
DK127+791.7	12：52	无作业	0.06	0.00		晏××	A单元拱底中间
DK127+791.7	12：54	无作业	0.08	0.03	0.08	晏××	A单元拱底右侧
DK127+843	13：00		0.05	0.00	0.07	晏××	综合洞室
DK127+880	13：05		0.05	0.00	0.06	晏××	模板台车
DK128+095	13：11		0.03	0.00	0.06	晏××	综合洞室
25#横通道	13：14		0.02	0.00	0.05	晏××	25#横通道
DK128+230	13：17		0.03	0.00	0.06	晏××	回风
DK128+260	13：21		0.03	0.00	0.06	晏××	综合洞室
DK128+280	13：24		0.03	0.00	0.05	晏××	风门
DK127+791.7	14：37	无作业	0.08	0.00	0.04	周××	A单元拱底左侧
DK127+791.7	14：39	无作业	0.07	0.00		周××	A单元拱底中间

里　程	检测时间	工　序	瓦斯浓度（%）		二氧化碳浓度（%）	检测人	备　注
			便携式	光干涉			
DK127+791.7	14：41	无作业	0.09	0.00	0.05	周××	A 单元拱底右侧
DK127+843	14：47		0.05	0.00	0.05	周××	综合洞室
DK127+880	14：54		0.05	0.00	0.07	周××	模板台车
DK128+095	15：01		0.04	0.00	0.05	周××	综合洞室
25#横通道	15：05		0.04	0.00	0.04	周××	25#横通道
DK128+230	15：09		0.04	0.00	0.05	周××	回风
DK128+260	15：13		0.03	0.00	0.04	周××	综合洞室
DK128+280	15：17		0.03	0.00	0.04	周××	风门
DK127+791.7	17：07	喷浆	0.08	0.00		周××	A 单元拱顶
DK127+791.7	17：09	喷浆	0.07	0.00		周××	A 单元拱腰左侧
DK127+791.7	17：11	喷浆	0.07	0.00		周××	A 单元拱腰右侧
DK127+791.7	17：14	喷浆	0.12	0.00	0.06	周××	A 单元拱底左侧
DK127+791.7	17：16	喷浆	0.09	0.00	0.06	周××	A 单元拱底右侧
DK127+791.7	19：10	喷浆	0.06	0.00		周××	A 单元拱顶
DK127+791.7	19：12	喷浆	0.08	0.00		周××	A 单元拱腰左侧
DK127+791.7	19：14	喷浆	0.08	0.00		周××	A 单元拱腰右侧

填表人签字：_____　　　接收人签字：_____　　　监理签字：_____

表 3-14　天坪隧道横洞瓦斯、二氧化碳检测记录（正洞）

日 期：2015 年 4 月 3 日

里　程	检测时间	工　序	瓦斯浓度（%）		二氧化碳浓度（%）	检测人	备　注
			便携式	光干涉			
DK127+791.7	19：17	喷浆	0.11	0.00	0.07	周××	A 单元拱底左侧
DK127+791.7	19：19	喷浆	0.12	0.00	0.08	周××	A 单元拱底右侧
DK127+843	20：01		0.05	0.00	0.04	周××	综合洞室
DK127+880	20：12		0.06	0.00	0.06	周××	模板台车
DK128+095	20：19		0.04	0.00	0.05	周××	综合洞室
25#横通道	20：23		0.04	0.00	0.05	周××	25#横通道
DK128+230	20：27		0.04	0.00	0.05	周××	回风
DK128+260	20：31		0.04	0.00	0.05	周××	综合洞室
DK128+280	20：35		0.04	0.00	0.04	周××	风门
DK127+791.7	21：28	无作业	0.08	0.00	0.07	周××	A 单元拱底左侧
DK127+791.7	21：30	无作业	0.06	0.00		周××	A 单元拱底中间
DK127+791.7	21：32	无作业	0.14	0.02	0.10	周××	A 单元拱底右侧

备注：炮后瓦斯和二氧化碳浓度超限，停工、撤人、断电，加强通风。

填表人签字：_____　　　接收人签字：_____　　　监理签字：_____

第4章 瓦斯突出隧道设备选型

4.1 瓦斯隧道运输方式现状

随着铁路、高速公路建设的快速发展，穿越煤系地层、遭遇瓦斯的隧道越来越多，如株六铁路复线的新岩脚寨隧道、南昆铁路的家竹箐隧道、内昆铁路的朱嘎隧道、水柏铁路的发耳隧道、宜万铁路的野三关隧道、合武铁路的红石岩隧道、广鋈高速的华蓥山隧道、都汶高速的紫坪铺隧道，如表4-1所示。在过去相当长一段时间内，由于受技术条件限制，运输方式一般采用有轨运输，但近5年来，随着技术进步、防爆运输设备的性能不断改善、瓦斯监测及隧道通风水平的提高，无轨运输技术在高瓦斯隧道中逐步得到广泛应用。

表4-1 国内部分高瓦斯隧道运输方式对比表

序号	隧道名	隧道长度（m）	线名	线别	瓦斯类型	运输方式	施工时间	施工单位
1	中梁山	3 167	成渝高速	双洞双车道	煤层瓦斯	高瓦斯段超前贯通中导洞有轨，其余无轨	1994—1995	中铁五局
2	家竹箐	4 990	南昆线	单线	煤层瓦斯	有轨	1995—1997	中铁五局
3	华蓥山	4 705	广邻高速	双洞双车道	煤层瓦斯、天然气	进口均是无轨、出口右洞无轨、左洞有轨	1996—1999	中铁十八、二十二局、隧道局
4	发耳	1 241	水柏线	单线	煤层瓦斯	无轨	1999—2000	中铁二十局
5	朱嘎	5 194	内昆线	单线	煤层瓦斯	有轨	2004—2006	中铁二十局
6	大巴山	10 658	襄渝线	单线	煤层瓦斯	有轨	2005—2009	中铁隧道局
7	天台寺	3 006	达成线	双线	天然气	有轨	2007—2008	中铁十二局
8	云顶	7 858	达成线	双线	天然气	有轨	2007—2009	中铁十二局
9	乌蒙山一号	6 451	六沾线	双线	煤层瓦斯	有轨	2007—2010	中铁二十二局
10	龙泉山二号	2 324	成简快速	双洞	天然气	无轨	2009—2010	中国水电七局
11	轩盘岭	5 986	兰渝高铁	单洞双线	天然气	无轨	2009—2012	中铁八局
12	熊洞湾	6 692	兰渝高铁	单洞双线	天然气、煤层瓦斯	无轨	2010—2013	中煤三建
13	图山寺	3 216	兰渝高铁	单洞单线	天然气	无轨	2010—2013	中铁一局
14	梅岭关	8 271	兰渝高铁	单洞双线	天然气	无轨	2010—2013	中铁十八局
15	肖家梁	5 215	兰渝高铁	单洞双线	天然气	无轨	2010—2013	中铁二局
16	大茶山	9 956	沪昆客专	双线	煤层瓦斯	无轨	2011—2013	中铁十三局
17	马家坡	3 950	宜巴高速	双车道	煤层瓦斯	无轨	2011—2013	中铁五局
18	坪子上	6 296	林织线	单车道	煤层瓦斯	无轨	2011—现在	中铁二局
19	新且午	3 878	六沾铁路	双车道	煤层瓦斯	无轨	2008—2012	中建二十三局

从表 4-1 可以看出，高瓦斯隧道现场施工中，有轨、无轨运输方式均有成功使用的实例。施工中通风良好、瓦斯不发生积聚，将瓦斯浓度控制在安全浓度范围以内，就不会出现瓦斯燃烧爆炸事故，两种运输方式均能满足高瓦斯隧道施工要求。

根据国内瓦斯隧道的施工经验，不论是无轨运输还是有轨运输，其施工技术都是成熟的，特别是近年来，瓦斯隧道采用无轨运输得到越来越广泛的应用。采用无轨运输方式是目前高瓦斯隧道运输方式的发展趋势，这是因为通过设备防爆改造的实施以及技术、管理的进步，无轨运输方式既能满足高瓦斯隧道机电设备防爆安全要求，还能较大地提高运输效率、降低运输成本，为隧道施工高效、高产提供强有力的运输保证。

4.2　有轨运输方式的缺陷

4.2.1　通风及防爆方面

4.2.1.1　无轨防爆设备运输

（1）采用防爆设备运输，洞内的污染源除爆破气体、瓦斯气体、粉尘外还有各种内燃车辆排放的废气，在放炮后 20～30 min 内，掌子面附近（约 500 m）的炮烟向洞口方向压出，要到出渣工序结束 2 h 后，洞内废气才能完全排出。经调研兰渝铁路 LYS-10 标段肖家梁隧道瓦斯浓度最大值出现在爆破后，最大浓度也只有 0.11%～0.12%，持续时间在 2 min 内。通风 30 min 后检测瓦斯浓度为 0.01%～0.06%。

（2）在瓦斯固定及移动设备改装方面，改装相对简单、灵活，在加强通风的条件下完全能保证施工安全。

4.2.1.2　有轨运输

（1）采用有轨运输模式施工中，洞内的污染源主要是爆破气体及瓦斯气体，放炮后只需要 20～30 min 即可开展工作，整个废气排除洞外需 1.5 h 左右。

（2）有轨运输设备线路长，机车车轮与轨道之间的摩擦火花不可避免，扒渣机作业过程中的碰撞火花也不可避免，存在安全风险概率较高。

4.2.2　可实施性方面

4.2.2.1　有轨运输

（1）轨道运输速度较慢，对轨道的依存度大，灵活性差，机车及梭式矿车易掉轨。

（2）扒渣有死角，仰拱及上台阶扒渣必须采用挖掘机和装载机，无法适应分部开挖需要。

（3）需要二次转载，对洞口场地要求较高，天坪隧道横洞洞口场地狭窄，难于形成转载系统。

4.2.2.2　防爆设备运输

防爆设备运输速度快，车辆及各种机械设备操作机动灵活。

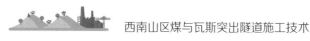

4.2.3 工序衔接与循环时间方面

4.2.3.1 防爆设备运输

（1）采用防爆设备运输，运输能力强，速度快，工序循环影响不大。出渣、混凝土衬砌、隧道仰拱施工、底板混凝土施工采用栈桥可以同步进行，各工序影响小，能及时封闭成环，有利于施工安全，并且做到均衡生产，保证各工序正常衔接，能大大提高施工生产进度。

（2）爆破通风后可及时出渣，断面尺寸足够时可以采用多台车辆出渣，提高出渣速度，同时减少作业循环时间，提高进度。

4.2.3.2 有轨运输

（1）受轨道及断面的影响，隧道出渣、衬砌、仰拱及铺底施工不可同步进行，不易均衡各工序间的有效衔接，工序间施工影响大。不能满足软岩施工的相关步距要求，不能及时封闭成环，安全风险大。

（2）出渣、混凝土浇筑、初支喷混凝土材料输送等对轨道依存度大，轨道出问题直接影响各个工序循环及施工进度。

（3）爆破后需要及时接长轨道等，并增加了作业工序，运输速度慢，灵活性差，施工循环时间长，各工序间相互制约，大大降低了施工进度。

（4）隧道内台阶法施工、仰拱施工无适用的有轨设备。

4.2.4 施工效率及工期方面

防爆设备运输模式施工的出渣效率要比有轨运输模式高。根据调研隧道局施工的山西云台山铁路隧道有轨防爆设备施工效率对比看，Ⅲ级围岩防爆设备运输最大月进尺 115.6 m 高于有轨运输 94 m，Ⅲ级围岩防爆设备运输最大月进尺 160 m，高于有轨运输 135 m，正常月平均进尺防爆设备运输较有轨运输多 20 m。

4.2.5 设备维修保养方面

（1）防爆设备运输。

机械维修保养方面防爆设备运输较有轨投入人力相对较少，设备维修对作业工序影响及进度影响相对较小，不会因为单个车辆维修而影响施工作业工序的正常进行。

（2）有轨运输。

有轨运输必须配备有足够的人专门负责铺轨整道，对机械和供电等进行维护和维修，这方面人力投资相对较大，轨道维修对出渣及其他各工序影响较大，直接影响工序衔接及施工进度。轨道出问题不能及时维修直接影响其他工序的正常施工，对轨道依存度大。

4.3 无轨运输在天坪隧道的应用

4.3.1 天坪隧道瓦斯突出工区运输方案确定

目前在《铁路瓦斯隧道技术规范》中对施工机械改装仅提出"隧道内高瓦斯工区和瓦斯

突出工区的作业机械必须使用防爆型"的原则性要求，并未提出具体的改装标准和要求，可操作性不强，难以对高瓦斯隧道建设管理起到有效的指导作用。因此，由于在隧道工程领域内没有机械车辆防爆改装的相关技术标准，当前对高速隧道施工机械车辆的防爆改装主要依据煤矿行业及电器行业的有关技术规范和标准执行。目前，施工机械车辆的防爆改装主要分为车辆的整车防爆改装和车辆的局部防爆改装两种方式。其中，整车防爆改装主要依据中国电器工业协会制定的《爆炸性环境用工业车辆防爆技术通则》（GB 19854—2005）和煤矿行业的《煤矿用防爆机无轨胶轮车通用技术条件》（MT/T 989—2006）执行。

瓦斯隧道施工中，为保证施工安全，运输方式一般采用有轨运输，而有轨运输对比无轨运输有适用条件高、投入机械设备多、组织难度大、运输成本高、不易管理的缺点。因此，大断面隧道施工中，运输方式首选无轨运输。瓦斯隧道施工若采用无轨运输，首要解决的就是机械设备的防爆问题，一般可以采用两种方案：一是直接购买防爆设备；二是对现有设备进行防爆改装。直接购买防爆设备投入巨大，对项目成本影响较大，而采用对设备防爆改装可以降低项目成本，是一种较好的解决途径。

4.3.1.2　方案分析

无轨运输采用行走设备、轮胎式工程车辆防爆改装后进行施工，如轮胎式装载机、自卸汽车、混凝土运输车辆等进行施工作业。

在施工机械上安装一套瓦斯监测系统，实时监测施工设备周围环境空气中的瓦斯浓度，当环境瓦斯浓度超过报警限值，系统发出声光报警，司机发现异常后立即将汽车熄火并关闭电瓶电源；如果司机未及时处理报警，当环境瓦斯浓度继续升高达到熄火控制浓度时，控制器自动发出控制信号，控制车辆电子熄火装置实现自动熄火，同时输出断电控制信号，控制车辆总电源继电器实现车辆断电。当报警解除后，汽车方可再次启动。本方案采用了主动防御的方式对危险源进行提前处理，与被动式防御措施相比安全性更高。同时对常规无轨设备进行防爆改装。

4.3.1.3　方案确定

不考虑前期设备投入和安装改装费用，防爆改装较有轨运输成本消耗低，可对普通的无轨设备进行防爆改装。经了解，对于挖装运隧道施工用设备，厂家可以进行防爆改装，改装费用较有轨运输投入的费用低，具体明细见表 4-2。

表 4-2　施工机械设备防爆改造费用表

序号	设备名称	型号	规格	单位	数量	改装单价（万元）	备注
1	挖掘机	PC220/110	0.8 m³/斗	台	2	16.08	
2	装载机	ZLC50C	2.5 m³/斗	台	2	16.08	
3	自卸汽车	25 t	25 t	台	5	16.08	
4	混凝土运输车	8 m³	8 m³	台	3	16.08	
5	混凝土输送泵	HBT60	75 kW	台	1	14.155	
6	农用车	5 t	5 t	台	2	16.08	
合计							

防爆改装设备采用汽车出渣和进料，相互之间干扰较小，可以不考虑运输工具之间相互

影响，在工期和进度指标要求高的情况下，可以加快平导和正洞的施工进度。

无轨运输防爆管理主要难点与重点在于通风管理、瓦斯检测与施工设备的防爆改造；对设备防爆改造，主要的难点在于要改造的施工设备的功率较大，如装载机功率为 162 kW、挖掘机的功率为 102 kW、25 t 自卸汽车的功率为 240 kW 左右，而大多厂家具有的改造柴油机的资质最大功率为 75 kW，尽管个别厂家承诺内燃设备改造后可以达到防爆的要求，但不能出具相关的证书。矿用防爆柴油机无轨胶轮车通用技术条件 MT/T 989—2006 3.2.4 规定，无轨胶轮车所配套的防爆柴油机，应符合 GB 3836.1~3836.4 的规定，并取得防爆合格证和煤矿矿用产品安全标志证。

经了解，如果仅是以现有的设备改造，实施周期较短，厂家先到工地进行实地测量，到工厂进行相关改造部件的设计加工，所有改造的零部件准备好后，来现场进行安装，改造一批次约需一个月的时间。防爆该转的对比分析见表 4-3。

表 4-3 防爆改装与有轨运输技术、经济、安全比较

项目	有轨运输	无轨改造运输	比较结果	备注
规范对行走设备要求	可	可	可行	
设计对行走设备要求	可		不可行	
防爆实现难以	易	难	难	
防爆设备合规性	整机合格证	部件合格证	不合规	
对通风要求	1 950 m³	3 922 m³	高	
安全性	安全	安全	可行	
施工进度	Ⅴ 级：58 m； Ⅳ 级：96 m； Ⅲ 级：126 m； Ⅱ 级：143 m	Ⅴ 级：70 m； Ⅳ 级：106 m； Ⅲ 级：185 m； Ⅱ 级：217 m	Ⅴ 级提高 20%； Ⅳ 级提高 10%； Ⅲ 级提高 46%； Ⅱ 级提高 51%	
人工	65 人	48 人	少 17 人	
设备投入	603 万元	240 万元	节省 363 万元	
每月装运	92.4 万元	57.9 万元	节省 34.5 万元	
轨料投入	1 100 万元		少投入 1 100 万元	
综合以上经济指标，预计可降低成本 2 000 万元				

（1）无轨运输设备改装技术上可行，并且经过现场调查，工地使用及运行基本满足施工需要，可以投入使用。

（2）必须充分满足方案中提及的瓦斯监控、通风、施工管理等边界条件才能实施。

（3）无轨运输设备改装存在隧道施工设计和合格证方面的不合规性，需要进行解决。

4.3.2 天坪隧道瓦斯突出工区设备选型

4.3.2.1 运输设备选型

结合天坪隧道实际施工安排，煤系地层段运输设备改装见表 4-4。

表 4-4　防爆改装设备统计表

序号	设备名称	规格型号	改装数量	计划完成日期	备注
1	挖掘机	PC110	1	2013.07.31	已完成
2	挖掘机	PC220	1	2013.12.31	已完成
3	装载机	ZLC50C	1	2013.07.31	已完成
4	出渣运输车	25 t	2	2013.07.31	已完成
6	混凝土运输罐车	10 m³	2	2014.03.31	已完成 1 台
7	输送泵	HBT60	1	2013.12.31	已完成
8	农用自卸车	8 t	1	2013.12.31	已完成
9	交通运输车	9 座	1	2014.04	
合计			10		

运输设备以自卸汽车为例，主要组成部分：转向系统、驾驶室、车厢、车架、制动举升及液压系统、传动系统、动力系统、监控系统与电气等，见图 4-1。

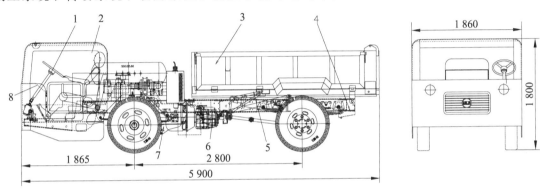

图 4-1　自卸汽车防爆改装系统

1—转向系统；2—驾驶室；3—车厢；4—车架；5—制动、举升及液压系统；
6—传动系统；7—动力系统；8—监控系统与电气

（1）运输车辆动力系统构成。

本车动力系统由防爆柴油机、废气处理系统、进气系统、柴油机冷却系统等组成，具体见图 4-2。

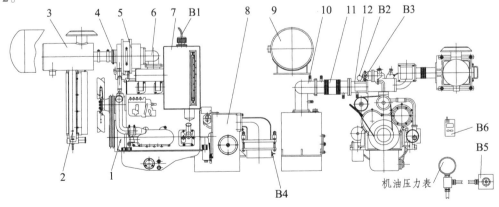

图 4-2　动力系统

1—NC 柴油机；2—散热器；3—滤清器；4—进气风门；5—进气箱；6—进气波纹管；7—补水箱；
8—废气处理箱；9—储气管；10—排气管 1；11—排气波纹管；12—排气管；B1—水位传感器；
B2—冷却水温传感器；B3—表面温度传感器；B4—排气温度传感器；B5—机油压力传感器；
B6—瓦斯报警仪

（2）废气处理系统改装。

废气处理系统由水夹层排气管、水夹层波纹管、废气处理箱及补水箱等组成。

水夹层排气管、水夹层波纹管将柴油机排出的废气引入废气处理箱，其水夹层可起到降低排气温度及保证排气管表面温度不超过150℃的作用，水夹层波纹管同时对废气处理箱的安装误差进行补偿。

废气处理箱采用层套式水冷却净化方式。柴油机排出的废气从进气口A进入废气处理箱，经过层套式水洗冷却后，从防爆栅栏由排气管排出。废气处理箱的作用是进一步冷却和洗涤废气，清除炭烟及溶解废气中的部分有害气体，并经防爆栅栏熄灭废气中的火焰，以保证废气排放应符合煤标及排气安全，如图4-3、图4-4所示。

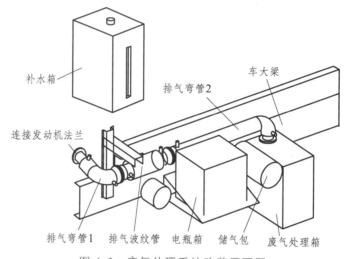

图4-3　废气处理系统改装原理图

图4-4　废气处理系统改装后效果图

（3）进气系统改装。

进气系统由进气波纹管、进气防爆栅栏及空气滤清器组成。进气防爆栅栏是为了防止柴油机气缸可能返回火焰直接通向大气，火焰经它熄灭，不致引燃工作环境中的可燃气。

（4）柴油机冷却系统改装。

柴油机冷却系统的作用是防止在汽缸中燃烧所产生的热量引起发动机各部温度过高。本车冷却系统采用的是封闭强制循环水冷式。

它主要由散热器、风扇、风扇导风罩、水泵、节温器、水温表、柴油机机体、汽缸盖内水套以及各连接水管等组成。

散热器是用来散发冷却水所吸收的柴油机热量的装置。

4.3.2.2 其他移动设备选型

其他移动设备主要针对一下系统进行改装：

（1）改装进气系统。

安装进气控制阀，阻止发动机回火，并控制发动机超速时关闭发动机。

（2）改装排气系统。

安装主冷却器、阻焰器、火花消除器，达到降低发动机排气温度、消除火焰、火花的目的。

（3）改装电气系统系统。

安装防爆发电机、防爆起动电机、防爆起动蓄电池、电器隔爆箱和控制开关等，控制发动机的运行和工作。

（4）仪表系统改装。

安装隔爆型电流表、水温表、机油压力表和油量表等控制仪表。

（5）改装控制系统。

安装发动机冷却水温检测阀和排气温度检测阀，一旦出现超温情况或其他影响发动机安全运行的情况，报警装置进行报警，并设有与进气控制阀相连的起动/紧急停机装置，可以在紧急情况下实现手动紧急停车。

防爆改装现场照片、合格证明及现场验收详见图4-5、图4-6、图4-7。

图 4-5　防爆改装现场

图 4-6　改装后检验合格证书

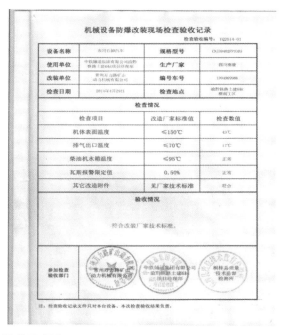

图 4-7　现场验收及报告

4.3.3　取得的成果、存在的问题及建议

4.3.3.1　取得的成果

项目部通过对 19 座隧道的走访和调研，如株六铁路复线的新岩脚寨隧道、南昆铁路的家竹箐隧道、内昆铁路的朱嘎隧道、水柏铁路的发耳隧道、宜万铁路的野三关隧道、合武铁路

的红石岩隧道、广螯高速的华蓥山隧道、都汶高速的紫坪铺隧道等，对其施工方法、运输组织及发生的安全事故进行分析总结，为天坪隧道最终采用无轨运输提供技术支持。

根据《铁路瓦斯隧道技术规范》的相关规定，结合实际，对瓦斯隧道内施工机械、设备选配一套适合于车载的瓦斯自动监测报警闭锁系统。该系统安装于内燃施工机械、设备上，实时监测其周围环境空气中的瓦斯浓度，当环境瓦斯浓度超过报警限值，系统发出声光报警；浓度继续上升，超过断电上限后，监控系统发出车辆自动断油断电信号，控制车辆上相关电子装置实现自动断电熄火功能。

当环境瓦斯浓度降到安全限值以下报警解除后，该内燃施工机械、设备方可再次启动，并在洞口安装了一套瓦斯自动监控设备，分别在横洞洞口、避险洞及平导距离掌子面 30 m 处安装探头随时监控洞内瓦斯浓度及有害气体含量，监控数据可联网外接工区及项目部调度室。同时，洞内施工用电电缆全部采用防爆电缆、照明全部采用矿灯，爆破采用矿用炸药。

4.3.3.2　存在的问题及建议

（1）防爆改装设备发生故障时，发电机和启动电机可能会产生火花向外传递。

（2）由于防爆改装，车辆工作动力大幅下降，降低至原设备的 80%左右；同时车辆经防爆改装后，工作中整机温度提高导致设备故障频繁、损坏严重，售后服务难度大。

（3）因没有明确的防爆改装技术规范和技术指标要求，建议铁路行业应明确撤人和停机指标要求，或经通、排风处置后，方能进入隧道重新作业。尽快出台有关改装技术标准，同时补充完善相关改装后的验收和维护标准或要求。

4.3.3.3　经验教训

防爆改装花费约为 16 万元/每台，是目前较保险的改装方案，但设备功率损失较大。个别单位仅安装了瓦车闭锁装置，费用仅为 4 万元左右，无设备功率损失。根据瓦斯隧道施工特点，理论上也是能满足施工需要的。采取何种改装方式可根据安全要求及实际情况确定，两种方式都将改动原设备系统，增加故障发生的概率，尤其是第一种。

目前，改装厂家仅能就改装的系统单独出具防爆合格证，而改装设备整机无法获得合格证。现在市场上也有原厂防爆型挖机、装载机、胶轮车等设备，具有整机防爆合格证，但价格略贵。

防爆改装设备必须采用更严格的管理，确保真正发挥其作用。

第5章 瓦斯突出隧道施工组织技术

本章主要介绍针对天坪隧道瓦斯突出区段，从施工初期至成功揭开煤层，并安全通过煤层过程中的施工程序、组织和主要注意事项等内容。

5.1 组织保障

5.1.1 成立瓦斯施工管理组织机构

成立天坪隧道横洞正洞瓦斯安全施工工作组，明确各岗位职责，负责瓦斯隧道揭煤期间的领导组织、实施与应急处理等工作，揭煤期间临时指挥所设在洞口调度室。

成立天坪隧道瓦斯安全施工工作组，明确各岗位职责，负责瓦斯隧道揭煤和施工期间的领导组织、实施与应急处理等所有工作，同时建立并完善瓦斯监测和报告、通风、防火及瓦斯隧道人员、设备、安全用电、瓦斯隧道施工安全奖惩等专项管理管制度（图 5-1）。

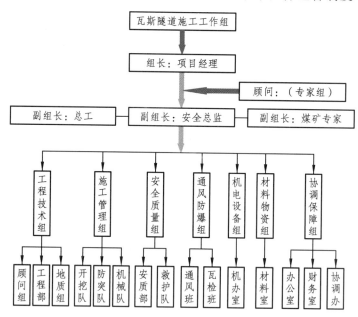

图 5-1 天坪隧道瓦斯施工管理组织机构图

组　　长：项目经理

顾　　问：专家组

副组长：总工、煤矿专家、安全总监

组　　员：项目各部门、工区及施工班组管理施工人员

工作组下设 7 个专业组：

工程技术组：组长总工，组员煤矿专家、设计及地质成员，下辖工程部、超前地质预报组、专家顾问组；

施工管理组：组长工区主任，下辖开挖队、防突揭煤队、机械队；

安全质量组：组长安全总监，下辖安质部、矿山救护队；

通风防爆组：组长通风负责人，下辖通风班、瓦检班；

机电设备组：组长机电总工，下辖机办室，负责机械队、通风班的设备技术管理；

材料物资组：组长材料主任，下辖材料室；

协调保障组：组长项目书记，下辖综合办公室、财务室、协调办。

组织结构如图 5-1 所示。

5.1.2　瓦斯施工管理组织机构职责分工

瓦斯隧道施工工作组负责领导天坪隧道范围内的瓦斯段施工、应急救援、科研等与瓦斯突出相关的所有工作。

（1）组长职责：在项目部的领导下，全面负责天坪隧道横洞的瓦斯防突与揭煤施工领导工作，协调组织各部门，通力协作；合理投入资源，确保工作组高效运行，最终安全顺利完成瓦斯突出段的各项施工任务。

（2）副组长职责：协助组长开展工作。

（3）工程技术组职责：负责施工方案的编制，根据实际情况进行优化调整；负责督导方案的现场落实情况，及时纠偏；负责各项保证措施、制度的编制；负责应急预案的编制以及在出现突发事件时提供技术指导。负责瓦斯隧道施工的科研工作；职责范围内的培训教育工作。

（4）施工管理组职责：严格按照施工方案和施工组织设计进行各项施工，严格遵守规范和各项规章制度；职责范围内的培训教育工作。

（5）安全质量组职责：严格按照施工方案、施工组织设计、相关规范和规章制度，进行日常检查及不定期的专项检查，确保施工生产安全，工程质量合格；职责范围内的培训教育工作。

（6）通风防爆组职责：严格按照施工方案进行通风施工及管理，确保通风质量；严格按照规范进行瓦斯等有害气体监控工作，及时发现隐患，确保施工安全；职责范围内的培训教育工作。

（7）机电设备组职责：负责所需机械、电气设备的采购、防爆改装、性能检验、日常使用、维护保养等管理工作。负责通风设备的使用和保养工作；职责范围内的培训教育工作。

（8）材料物资组职责：负责施工所需防爆材料的采购、验收、保管、发放等工作，并监督材料的使用情况；职责范围内的培训教育工作。

（9）协调保障组职责：负责组织员工的培训、宣传工作；负责对外（地方相关职能部门）联络；负责医疗、交通、通信、人员监控系统等保障工作；突发事件的应急、善后等工作。

各部门切实履行职责，加强沟通协调，凝智聚力，确保工程顺利推进。

各专业组在出现突发事件时，必须履行应急预案中规定的职责和任务。

除履行自身职责外，必须完成工作组交办的其他任务。

5.2　揭煤前准备工作

5.2.1　严格门禁系统管理（责任人：当班检身员）

检身员工作内容：首先进洞人员严格检身制度，检身后监督进洞人员执行登记和翻牌工

作（包括进洞车辆必须进行登记），进洞人员按规定佩戴安全防护用品，否则不予放行。必须准确动态掌握进洞人员、车辆信息。应急时封闭洞口。

5.2.2 供电、通风系统（责任人：通风组组长；洞外值班电工：当班电工）

揭煤时，确保主风机运转正常，备用主风机及二路电源应保持启动状态，值班电工及通风司机全程值班；主风机因一趟电源停电或出现故障停风，必须立即启动投入备用电源，并在 10 min 内启动备用风机。

5.2.3 六大系统检查（责任人：机电总工）

六大系统包括：压风自救系统、压水自救系统、人员定位系统、广播系统、通信系统、避险硐室。揭煤开挖前由孙××组织人员进行检查，确保六大系统运转正常。

5.2.4 成立应急救援领导小组

"应急救援领导小组"具体如下，见图 5-2。

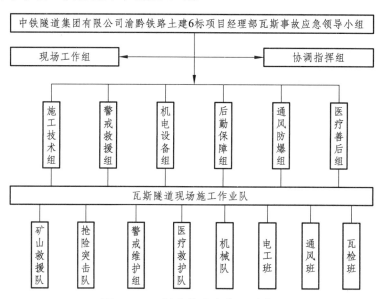

图 5-2 瓦斯事故应急领导小组

（1）应急领导小组组长。

应急领导小组组长为工区主任，副组长为生产经理，负责向当地政府部门、建设单位、集团公司应急领导小组报告，并及时向外界公布应急救援进展情况。

（2）施工技术组。

组长为工区总工，副组长为副总工，成员为工程部长，根据现场情况及应急领导小组指示，制订并指导抢险救援具体方案，制订事故后的技术处置方案。

（3）警戒救援组。

组长为安全总监，副组长为安质部长，成员为安全员，负责根据预案对事故现场划定警戒区域并进行封锁警戒，对无关人员的撤离疏散，维持现场秩序。参与制订抢险救援的具体方案，并负责具体救援行动的实施及事故的处理。

（4）机电设备组。

组长为机电总工，副组长为机电班长，成员为当班电工、机修工，负责救援行动所需电气设备、机械设备的抢修、维护，确保应急救援的需要。

（5）后勤保障组。

组长为项目书记，副组长为办公室主任，成员为总务主任、财务主管，联系准备和保证应急救援车辆、物资、资金、人员等所需应急资源的供应，并确保供应渠道畅通、便捷。

（6）通风防爆组。

组成为通风瓦检组组长，通风瓦检组副组长，负责：应急救援期间的瓦斯监控，为处置方案提供准确基础参数；加强通风，为应急救援提供基础保障。

（7）医疗善后组。

组长为医务主任，副组长为总务主任，任务是联系县、市人民医院，负责现场的医疗救护。

（8）矿山救护队。

组长为矿山救护队队长，发生灾害时，能迅速赶赴现场抢救人员和处理灾害。组长为第一责任人，主持本小组工作。组长因特殊原因不能到位时，小组的相关工作由副组长负责。

（9）应急物资设备。

组长为材料室主任，按照现场应急物资存放在相应的库房，设备在停车场随时待命。

5.3 技术保障

5.3.1 总体要求

针对瓦斯揭煤段施工可能出现的瓦斯燃烧、爆炸和隧道坍塌等危险源，聘请具有丰富煤矿施工经验的各方面专家驻现场进行技术指导，从煤矿聘请专业施工人员进行揭煤段现场施工，委托河南理工大学成立第三方技术监督组织，检查、指导、监督现场揭煤及瓦斯抽排施工，揭煤及瓦斯抽排施工时安排协议专业矿山救护队现场值班。

不断优化完善施工方案、技术交底，确保科学、安全、高效。

5.3.2 现场技术保障程序

（1）测量放样责任人：测量主管，首先进行测量放样，确定准确里程。

（2）施作加深炮孔责任人：开挖班班长、值班技术员，现场操作人员严格按照施工技术交底要求施作加深炮孔，技术、安检值班人员全过程旁站并准确记录。

（3）计算开挖进尺，单独形成交底，责任人为工区总工，现场值班技术员第一时间把加深炮孔数据反馈给施工技术组，由组长、副组长根据实际数据研究分析确定开挖进尺，并交现场技术员下发交底。

（4）交底下发和接收，责任人为现场技术员，技术员接到交底后，立即将交底下发给现场开挖作业队长，现场监督落实，发现异常情况及时反馈。

5.4 现场施工安排

（1）开挖作业队长王××接到交底后严格按照交底要求进行钻孔施工，钻孔严格按照钻爆

技术交底打眼、技术员现场指导。（责任人：开挖作业队长）

（2）装药前由瓦检周××检测瓦斯浓度，技术人员检测炮孔深度并记录。（责任人：当班瓦检员、技术员）

（3）炮工连线检测电雷管的导通性，开挖作业队长及现场管理人员协助。爆破工在检查连线工作无误后，将警戒牌交给当班工班长。（责任人：炮工）

（4）工班长接到警戒牌后，在检查爆破准备工作无误，达到爆破要求条件时，负责设置警戒，组织撤出人员、清点人数，然后工班长把瓦斯检测牌交给瓦检员。（责任人：工班长）

（5）瓦检员检查确认瓦斯浓度小于0.5%后，现场管理人员组织人员撤离至洞外，将自己携带的爆破命令牌交给炮工。（责任人：瓦检员）

（6）检身员清点进出洞人员人数，确保与进洞人员人数相符。

（7）值班调度接到指令后命令值班电工切断洞内施工电源，安全员组织全部人员撤离至安全地点（正洞口20 m外）。（责任人：安质部长）

（8）爆破工在接到安全员发出的人员全部撤离至安全地点的指令后，报告当班项目领导，经确认后起爆爆破网络，完成揭煤开挖程序。（责任人：爆破工）

5.5 揭煤效果评判及下一步工作安排

（1）通风30 min后且瓦斯传感器显示数据小于0.5%时，应由矿山救护队队员进洞排险检查，确认安全后，由瓦检人员由洞口至正洞掌子面检测回风道至开挖工作面的瓦斯浓度，当回风流中至开挖面瓦斯浓度均小于0.5%，电话通知领导小组进洞进行揭煤效果评判。

（2）根据小组评判结果，由领导小组组长下达进行下一步施工的命令。

第 6 章　施工安全防护措施及应急管理

隧道穿越煤层时主要需解决的问题为防突，尤其是穿越具有煤与瓦斯突出危险的煤层时，做好安全防护更是施工中的关键，具有煤与瓦斯突出的隧道需从设备、通风、个人防护等方面做好安全防护。天坪隧道通过借助煤矿成熟的安全防护技术，从供电、机械改装及通风等多方面落实安全防护措施，从源头出发，避免洞内产生火花，最大限度保证洞内作业人员安全。

6.1　供电保护措施

根据《铁路瓦斯隧道技术规范》要求，瓦斯隧道施工过程中，对洞内电缆、线路布置、电压等均有明确规定。为确保洞内施工和工点正常，须对洞内、外供电设置采取保护措施。

6.1.1　洞内供电设置"三大保护"

6.1.1.1　接地保护

电压在 36 V 以上和由于绝缘损坏可能带有危险电压的电气设备的金属外壳、构架，铠装电缆的钢带（或钢丝）、铅皮或屏蔽护套等必须有保护接地；接地网上任一保护接地点的接地电阻值不得超过 2 Ω。每一移动式和手持式电气设备至局部接地极之间的保护接地用的电缆芯线和接地连接导线的电阻值，不得超过 1 Ω。

地面 6 kV 变电所和洞内高压配电点的高压馈电线上，装设有选择性的单相接地保护装置；供移动变电站的高压馈电线上，装设有选择性的动作于跳闸的单相接地保护装置。

在下列地点装设局部接地极：① 洞内变电室（包括移动变电站和移动变压器）。② 装有电气设备的硐室和单独装设的高压电气设备。③ 低压配电点或装有 3 台以上电气设备的地点。④ 无低压配电点工作面的回风巷以及由变电所单独供电的工作面，至少应分别设置 1 个局部接地极。⑤ 连接高压动力电缆的金属连接装置。

6.1.1.2　漏电闭锁保护

洞内电力网的短路电流不得超过其控制用的断路器在洞内使用的开断能力；洞内动力变压器的高压控制设备，应具有短路、过负荷、接地和欠压释放保护。洞内由移动变电站或配电点引出的馈电线上，应装设短路、过负荷和漏电保护装置。低压电动机的控制设备，应具备短路、过负荷、单相断线、漏电闭锁保护装置及远程控制装置。

6.1.1.3　过流、短路保护装置

洞内配电网路（变压器馈出线路、电动机等）均应装设过流、短路保护装置；必须用该配电网路的最大三相短路电流校验开关设备的分断能力和动、热稳定性。必须正确选择熔断器的熔体。

必须用最小两相短路电流校验保护装置的可靠动作系数。保护装置必须保证配电网路中最大容量的电气设备或同时工作成组的电气设备能够起动。低压馈电线上，必须装设检漏保护装置或有选择性的漏电保护装置，保证自动切断漏电的馈电线路。

每天必须对低压检漏装置的运行情况进行 1 次跳闸试验。40 kW 及以上的电动机，均采用真空电磁起动器控制。

用最小两相短路电流校验保护装置的可靠动作系数满足要求。保护装置可保证配电网路中最大容量的电气设备或同时工作成组的电气设备能够起动。洞内高压电网，采取措施限制单相接地电容电流不超过 20 A。

直接向洞内供电的高压馈电线上，不装设自动重合闸。手动合闸时，事先同洞内联系。洞内低压馈电线上有可靠的漏电、短路检测闭锁装置时，可采用瞬间 1 次自动复电系统。

6.1.2 洞内、外装设防雷电装置

（1）由地面直接进洞的管路，在入洞处安装同管径的绝缘连接管，在洞口附近将金属体进行不少于 2 处的良好的接地。

（2）通信线路在进洞处装设熔断器和防雷电装置。

6.1.3 洞内电缆及设备安全管理

6.1.3.1 洞内电缆

电力电缆选用经过检验合格并取得煤矿矿用产品安全标志的阻燃铜芯电缆。且电缆主线芯的截面应满足供电线路负荷的要求。

电缆的敷设：

（1）电缆用吊钩悬挂；

（2）电缆用卡箍固定；

（3）悬挂的电缆有适当的驰度，悬挂高度高于行驶车辆高度；

（4）悬挂点间距为 3 m，电缆要在压风管、供水管等管子的上方，并保持 0.3 m 以上的距离。

6.1.3.2 电缆连接

（1）电缆与电缆连接，必须用与电气设备性能相符的接线盒；

（2）电缆线芯使用齿形压线板（卡爪）或线鼻子与电气设备进行连接；

（3）不同型电缆之间严禁直接连接，需采用符合要求的接线盒、连接器或母线盒进行连接；

（4）同型电缆之间直接连接时，橡套电缆的修补连接（包括绝缘、护套已损坏的橡套电缆的修补）采用阻燃材料进行硫化热补或与热补有同等效用的冷补，并经浸水耐压试验，合格后方可下井使用。

6.1.3.3 洞内电气设备

（1）电气设备防爆等级。

洞内各使用地点电气设备（包括电动机、配电设备、用电设备、照明灯具、通信及自动化装置和仪表、传感器等）防爆等级的选择，所选电气设备均满足"煤矿矿用产品安全标志"要求。

（2）电气设备的继电保护。

不同回路、设备所具备的各种保护、闭锁、控制功能，开关设备分断能力、动热稳定性及保护装置可靠系数校验，主要电气设备的实时监测监控。

6.1.4　照明、信号

6.1.4.1　洞内固定照明

在以下地点设置固定照明，并遵守以下规定：

（1）隧道内硐室、交叉点和转弯处等需加强照明。

（2）洞内照明电压不得超过 127 V，照明灯间距为 10 m。

（3）照明变压器选用矿用隔爆型照明、信号综合保护装置，具有短路、过载及漏电保护。

6.1.4.2　应急照明设施

洞外的通风机房、空压机房、变电所、调度室等必须设有应急照明设施。

6.1.4.3　矿　灯

为入洞方便，设计在洞口附近设矿灯房，矿灯选用双光源新型矿灯：

（1）完好的矿灯总数（150 个），比经常用灯的总人数多 50%。

（2）矿灯集中统一管理，经常使用矿灯的人员专人专灯。

（3）矿灯应保持完好，出现电池漏液、亮度不够、电线破损、灯锁失效、灯头密封不严、灯头圈松动、玻璃破裂等情况时，严禁发放。发出的矿灯，最低应能连续正常使用 11 h。

（4）严禁使用矿灯人员拆开、敲打、撞击矿灯。

（5）矿灯需装有可靠的短路保护装置。

6.1.5　具体防范措施

可能产生的电气事故有：异常停电和带电、电气火花、着火、短路、过负荷、断相、单相接地电容电流、电缆动热稳定性、触电、静电、失爆等。主要防范措施如下：

6.1.5.1　防止电火花事故

（1）洞内电气设备严禁失爆，电气设备进洞前严格检查其"产品合格证""防爆合格证""煤矿矿用产品安全标志"。

（2）每年必须对供电系统继电保护进行一次核算、调校和整定，并进行一次预防性试验。

（3）洞内主要移动防爆设备要定期进行出洞检修，检查合格并经过检测验收后方准进洞。

（4）洞内防爆电气设备变更额定值使用和技术改造时，必须具备资质的安全生产检测检验机构检验合格后，方可再投入使用。

（5）必须严格按照有关规定对供电系统保护、防雷接地装置、电缆等进行定期检验。

（6）洞内电缆必须是经检验合格并取得煤矿矿用产品安全标志的阻燃电缆，电缆的安设合格，并防止有硬件物品碰穿，以及注意电缆的受潮、老化等。

要消灭"鸡爪子""羊尾巴"、明接头，电缆要悬挂整齐。洞内防爆电气设备要及时检查

维修，保持完好。严禁使用明刀闸开关。普通型携带式电气测量仪表，只准在瓦斯浓度0.5%以下的地点使用。

（7）洞内严禁带电检修和带电搬移电气设备。检修或搬迁电气设备（包括电缆和电线）前，必须切断电源，并用防爆验电笔检验，无电后，检查瓦斯浓度，风流中瓦斯浓度在0.5%以下时，方可开始工作。所有开关把手在切断电源时都应闭锁，并挂上"有人工作，不准送电"牌子，只有执行此项工作的人员，才有权摘牌和送电。

（8）建立矿灯管理制度，每盏矿灯都应编号，经常使用矿灯的人员必须专人专灯。对亮度不够、电缆损坏、灯锁不良、灯头松动、密封不严、玻璃破裂等情况的矿灯严禁发出。严禁敲打、撞击和自行拆卸矿灯。

（9）洞内照明和信号装置，应采用具有短路、过载和漏电保护的照明信号综合保护装置配电，且用防爆型的照明信号设备。

（10）洞内电话选用本质安全型电话，并使用矿用电话电缆。

（11）严禁洞内配电变压器中性点直接接地，严禁由地面中性点直接接地的变压器或发电机直接向洞内供电，洞内电气设备正常不带电的金属外壳都应可靠接地。

（12）洞内均采用真空电气设备，实现无油化，所有用电气设备必须具有动作灵敏可靠的各种电气保护。

（13）洞内供电电缆的连接采用隔爆接线盒可靠连接，隔爆接线盒或电缆铠装层均可靠接地；采用阻燃运输胶带，机架可靠接地。

6.1.5.2　防止洞内电气着火事故

为了避免洞内电网所造成的各种危害，在洞内供电系统中主要采取三大保护装置的措施，即过流保护、漏电保护和保护接地。其具体要求如下：

（1）洞内变电所防爆高压真空开关采用微电脑综合保护装置，具有定时限过电流、短路、选择性漏电、绝缘监视、过电压等保护功能。供移动变电站的高压馈电线上，必须装设选择性漏电保护。移动变电站或配电点引出的馈电线上，应装设短路、过负荷和漏电保护装置。低压电动机控制设备应具备短路、过负荷、单相断线、漏电闭锁及远方控制装置。

（2）低压馈电线上，应装设带有漏电闭锁的检漏保护装置或有选择性的检漏保护装置。如果无此种装置，必须装设自动切断漏电馈电线的检漏装置。每天必须对检漏保护装置进行一次跳闸试验。发现检漏保护装置有故障或网路绝缘能力降低时，应立即停电处理，修复后方可送电。检漏保护装置应灵敏可靠，严禁甩掉不用。

（3）6 kV以上的和由于绝缘损坏可能带有危险电压的电气设备的外壳、构架等，都必须有保护接地。所有电气设备的保护接地装置和局部接地装置，都要和主接地极连成一个接大网。主接地极应在主、副水仓中各埋设1块，主接地极应用耐腐蚀的钢板制成，其面积不得小于0.75 m²、厚度不得小于5 mm。

（4）接地网上任一保护接地点测得的接地电阻值，不得超过2 Ω。每一移动式和手持式电气设备同接地网之间的保护接地用的电缆芯线（或其他相当接地线）的电阻值，都不得超过1 Ω。

（5）洞内固定敷设的电缆，均采用煤矿阻燃型电力电缆；非固定敷设的高低压电缆，均采用符合MT 818—2009标准的橡套软电缆，洞内电气设备实现无油化，电力变压器选用矿用隔爆型干式变压器，不易着火。其他电机控制设备均选用矿用隔爆兼本安型或矿用隔爆型设备，洞内配备有消防洒水设备。

（6）机电硐室内设置足够数量的扑灭电气火灾的灭火器材。

6.1.5.3　防止触电事故

（1）机电洞室入口处悬挂"非工作人员，禁止入内"字样的警示牌，室内有高压电气设备时，入口处和洞室在明显地点悬挂"高压危险"字样的警示牌。洞室内的设备分别编，标明用途，并有停送电的标志。

（2）洞内不得带电检修、搬迁电气设备、电缆和电线。所有的开关闭锁装置均能可靠地防止擅自送电，防止擅自开盖操作，并悬挂"有人工作，不准送电"字样的警示牌，只有执行这项工作的人员才有权取下此牌送电。

（3）操作高压电气设备主回路时，操作人员必须戴绝缘手套，并穿电工绝缘靴或站在绝缘台上；手持式电气设备的操作手柄和工作中必须接触的部分有良好的绝缘。

（4）容易碰到、裸露的带电体及机械外露的转动和传动部分均加装了护罩、遮栏等防护措施。

6.1.5.4　防治洞内供电线路事故

（1）地面固定供电线路和通信线路应设置在稳定的地方。

（2）输配线至地面、建筑物或构筑物的距离应符合有关规程规定。

（3）洞内低压馈电线上有可靠的漏电、短路检测闭锁装置。

（4）严禁洞内配电变压器中性点直接接地；严禁由地面中性点直接接地的变压器或发电机直接向洞内供电。

（5）洞内电力网的短路电流不得超过其控制用的断路器在洞内使用的开断能力，并应校验电缆的热稳定性。

（6）洞内电动机的控制设备，应具有短路、过负荷、接地和欠压释放保护。洞内配电点引出的馈电线上应装设短路、过负荷和漏电保护装置。低压电动机的控制设备，应具备短路、过负荷、单相断线、漏电闭锁保护装置及远程控制装置。

（7）洞内低压馈电线上，必须装有检漏保护装置或有选择性的漏电保护装置，保证自动切断漏电的馈电线路。

（8）洞内配电网路均应装设过流、短路保护装置；必须用该配电网路的最大三相短路电流校验开关设备的分断能力和动、热稳定性以及电缆的热稳定性。必须正确选择熔路电流校验开关设备的分断能力和动、热稳定性以及电缆的热稳定性。必须正确选择熔断器的熔体。

必须用最小两相短路电流校验保护装置的可靠动作系数。保护装置必须保证配电网路中最大容量的电气设备或同时工作成组的电气设备能够起动。

（9）必须装设防雷电装置。

（10）电缆的选择及电缆的敷设必须符合《煤矿安全规程》规定。

6.1.5.5　防止突然停电事故

风机、瓦斯泵、压风自救系统用空压机严格按双电源要求，一趟来自国家电网，一趟来自铁路施工临电专线，同时自备 1 台柴油发电机作正洞、平导第三备用电源，当其中一电源发生故障或停电时，另一电源可承担专用负荷用电，确保风机 10 min 内启动，确保供电电源可靠。变电所、瓦斯抽放站、风机、空压机房等重要设施，均设置了事故照明灯具以配合工

作和人员疏散。

在地面设置一台高压防爆开关，实行风电闭锁和瓦斯电闭锁，保证在主抽风机停风和洞内瓦斯超限后能切断洞内全部供电电源。

（1）因检修、停电或其他原因停止主要通风机运转时，必须制定停风措施。变电站（所）在停电以前，必须将预计停电时间通知调度室。

（2）因检修、停电等原因停风时，必须撤出人员，切断电源。

（3）主风机因一趟电源停电或出现故障停风，必须立即启动投入备用电源，并在 10 min 内启动备用风机。

（4）当电网停电后安全监控系统必须保证仍能正常工作不小于 2 h。

（5）安全监控系统中心站必须实时监控全部工作面瓦斯浓度变化及被控设备的通、断电状态。隧道安全监控系统的监测日报表必须报总工审阅。

6.2 天坪隧道施工用电配置

6.2.1 洞内供电方案

（1）洞内用电等级。

洞内用电设备的电压等级为：10 kV、0.66 kV、0.127 kV。

（2）变压器容量选择。

洞内计算负荷为：

有功功率：411.05 kW

无功功率：419.73 kW

视在功率：587.48 kW

故选用一台 630 kW 移动变电站，供洞内防突施工期间设备安全用电。

洞内详细负荷统计见表 5-1。

（3）入洞主电缆选择。

根据负荷计算洞内高压电缆，采用 MYJV22-6 kV 3×35 mm² 矿用交联聚氯乙烯高压电力电缆沿洞口敷设至洞内移动变电站，供防突期间洞内设备的供电。

（4）洞内其他设备电缆选择。

喷浆机（7.5 kW）电缆：选用 MY0.66/0.38-3×6+1×6 mm² 电缆载流量 46 A；

钻机（22 kW）电缆：选用 MY0.66/0.38-3×16+1×10 mm² 电缆载流量 85 A；

模板台车（15 kW）电缆：选用 MY0.66/0.38-3×6+1×6 mm² 电缆载流量 46 A；

混凝土输送泵（90 kW）电缆：选用 MY0.66/0.38-3×35+1×16 mm² 电缆载流量 138 A；

水力压裂泵（250 kW）电缆：选用 MY0.66/0.38-3×120+1×35 mm² 电缆载流量 310 A。

6.2.2 洞外供电方案

6.2.2.1 洞外用电等级

洞外用电设备的电压等级为：10 kV、0.38 kV、0.127 kV。

6.2.2.2　变压器容量选择

（1）3#配电屏开关总为容量 1 500 A。

负荷情况：2×132 kW 抽风机 2 台（一用一备，按一台计算）、2×110 kW 抽风机 2 台（一用一备，按一台计算）。

计算负荷为：

有功功率：411.1 kW

无功功率：1 255.07 kW

视在功率：484.06 kW

故选用一台 630 kW 变压器，满足供电要求，能满足通风机双电源安全供电要求。

（2）4#配电屏开关总容量为 1 000 A。

负荷情况：空气压缩机 110 kW 抽风机 3 台、55 瓦斯抽放泵 2 台（一用一备，按一台计算）

计算负荷为：

有功功率：277.75 kW

无功功率：267.61 kW

视在功率：385.09 kW

故选用一台 500 kW 的变压器，完全满足供电要求，满足压风自救、瓦斯抽放系统双电源安全供电要求。

（3）根据 3#、4#屏设备负荷情况，其他配电屏进行相应负荷调整。

6.2.2.3　电缆选择

（1）风机电缆选择。

采用 YJV0.38 kV-3×185+1×185 mm² 交联聚氯乙烯低压电力电缆，线路满足风机供电要求。YJV0.38 kV-3×185+1×50 mm² 电缆允许载流量为 400 A。

（2）瓦斯泵电缆选择。

采用 MY3×35+1×16 mm² 矿用低压电力电缆，满足要求。MY0.38 kV-3×35+1×50 mm² 电缆允许载流量为 138 A。

6.2.3　接地方式和接地网设置

6.2.3.1　洞　外

洞外变电所内供地面设备用电的变压器和发电机中性点严禁直接接地，但外壳必须接地。变电所主接地网以水平接地体为主、垂直接地体为辅构成复合接地网。水平接地体埋深 0.7 m；垂直接地极间距不小于 5 m。所有屏、柜下的基础槽钢其两端应通过接地扁铁与环形接地母线相连，其接地电阻不大于 4 Ω。

为防止大气过电压，洞外变电应设避雷针，在所有建筑物上均安装避雷带。10 kV 配电装置终端杆及母线上均装设避雷器，能够防止雷电波入侵造成的过电压和操作过电压。

洞外变电所内设置接地网，接地干线为 -40×4 镀锌扁钢，接地支线为 -25×4 镀锌扁钢，接极为 L50×50×5 镀锌角钢，本接地网与隧道工业广场总接地网连接，接地电阻不大于 1 Ω。避雷针接地装置单独设置，接地网接地电阻不大于 10 Ω。所内通信系统其工频接地电阻不大于 1Ω。

6.2.3.2 洞　内

电压 36 V 以上和由于绝缘损坏可能带有危险电压的电气设备的金属外壳、构架，铠装电缆的钢带（或钢丝）、铅皮或屏蔽护套等设有保护接地。

（1）总接地网。

所有电气设备的保护接地装置（包括电缆的铠装、铅皮、接地芯线）和局部接地装置，与主接地极连接成 1 个总接地网。主接地极用耐腐蚀的钢板制成，其面积不小于 0.75 m²、厚度不小于 5 mm，并在主、副水仓中各埋设 1 块。连接主接地极的接地母线，采用截面不小于 50 mm² 的铜线，或截面不小于 100 mm² 的镀锌铁线，或厚度不小于 4 mm、截面不小于 100 mm² 的扁钢。

（2）分区接地网。

在钻孔中敷设的电缆不能与主接地极连接时，单独形成一分区接地网，其接地电阻值不超过 2 Ω。

在下列地点装设局部接地极并满足以下规定：

① 洞内变电所（包括移动变电站和移动变压器）。

② 装有电气设备的硐室和单独装设的高压电气设备。

③ 低压配电点或装有 3 台以上电气设备的地点。

④ 无低压配电点的工作面的回风巷以及由变电所单独供电的工作面，至少应分别设置 1 个局部接地极。

⑤ 连接高压动力电缆的金属连接装置。

局部接地极可设置于巷道水沟内或其他就近的潮湿处。设置在水沟中的局部接地极应用面积不小于 0.6 m²、厚度不小于 3 mm 的钢板或具有同等有效面积的钢管制成，并应平放于水沟深处。设置在其他地点的局部接地极，可用直径不小于 35 mm、长度不小于 1.5 m 的钢管制成，管上应至少钻 20 个直径不小于 5 mm 的透孔，并垂直全部埋入底板；也可用直径不小于 22 mm、长度为 1 m 的 2 根钢管制成，每根管上应钻 10 个直径不小于 5 mm 的透孔，2 根钢管相距不得小于 5 m，并联后垂直埋入底板，垂直埋深不得小于 0.75 m。

电气设备的外壳与接地母线或局部接地极的连接，电缆连接装置两头的铠装、铅皮的连接，采用截面不小于 25 mm² 的铜线，或截面不小于 50 mm² 的镀锌铁线，或厚度不小于 4 mm、截面不小于 50 mm² 的扁钢。

6.2.4　供配电系统设备材料配置

供电系统设备材料配置见表 6-1。

表 6-1　供电系统设备材料配置表

序号	设备名称	规格型号	单位	数量	备注
1	隔爆变压器	KBSZY-630	台	1	
2	10 kV 高压真空防爆开关	PBG50A/10 kV	台	1	
3	矿用隔爆型低压馈电开关	KBZ-600A660/380	台	1	
4	矿用隔爆型低压馈电开关	KBZ-400A660/380 V	台	1	
5	矿用隔爆型低压馈电开关	KBZ-200A660/380 V	台	5	
6	矿用隔爆型低压馈电开关	KBZ-100A660/380 V	台	2	

续表

序号	设备名称	规格型号	单位	数量	备注
7	矿用隔爆型低压真空软起动器	QJZ-350A660/380 V	台	1	
8	矿用隔爆型低压真空电磁起动器	QBZ-200A660/380 V	台	4	
9	矿用隔爆型低压真空电磁起动器	QBZ-80A660/380 V	台	6	
10	矿用隔爆型低压真空电磁起动器	QBZ-60A660/380 V	台	5	
11	10 kV铠装电缆	MYJV22-3×35 mm^{2}10 kV	m	1 200	
12	高压电缆终端接线盒	35 mm	个	3	
13	高压电缆中间接线盒	35 mm	个	1	
14	矿用低压橡套电缆	MY0.66-3×120+1×35	m	1 000	
15	矿用低压橡套电缆	MY0.66-3×70+1×25	m	1 000	
16	矿用低压橡套电缆	MY0.66-3×50+1×16	m	800	
17	阻燃电缆	MY0.66-3×25+1×16	m	2 000	
18	阻燃电缆	MY0.66-3×16+1×10	m	1 200	
19	瓦斯抽放泵	55 kW	台	2	
20	矿用防爆灯	DGS-60/127	只	550	
21	灯泡	60 W/127 V	只	600	
22	灯泡	60 W/36 V	只	200	
23	矿用低压照明橡套电缆	MY0.38/0.66-3×4+1×4	m	1 000	
24	矿用低压照明橡套电缆	MY0.38/0.66-3×2.5+1×2.5	m	200 m	
25	矿用隔爆型照明信号综合保护装置	ZBZ-4.0M660（380）/127 V	台	2	照明用
26	矿用隔爆型照明信号综合保护装置	ZBZ-2.5M660（380）/127V	台	1	瓦斯泵房照明用
27	矿用防爆按钮	LA36V双联8只、三联2只	只	10	钻机远方操作
28	矿用隔爆型低压电缆三通接线盒	BHD2-25A/3	只	20只	低压照明分线
29	隔爆型接线盒	BHD2-400A/4T	只	20	
30	隔爆型接线盒	BHD2-400A/3T	只	30	
31	隔爆型接线盒	BHD2-200A/4T	只	30	
32	隔爆型接线盒	BHD-100A/4T	只	30	
33	隔爆型接线盒	BHD-40A/4T	只	30	低压照明分线
34	柴油发电机	500 kW	台	1	4$^#$屏备用电源

6.3　综合安全防护措施

针对天坪隧道煤系地层特点,为保证煤系地层施工安全,根据2010年7月19日国发〔2010〕23号文件《国务院关于进一步加强企业安全生产工作的通知》要求,引入煤矿系统较成熟的

"安全保障六大系统"（安全监控系统、人员定位系统、紧急避险系统、压风自救系统、供水施救系统、通信联络系统）施工技术，并首次在天坪隧道横洞工区进行应用，取得了较好的效果。

6.3.1 人员定位系统

考虑到与监测监控系统（KJ70NA）兼容，设计选用 KJ251A 型人员管理系统。该系统可对进洞人员进行跟踪定位、报表查询、紧急搜救、生产调度等，为安全生产以及紧急救援提供第一手可靠的决策实时信息。人员定位系统主要由监控中心站、传输网络、前端设备等组成，系统采用矿用环网方式组网。

6.3.1.1 系统设计方案

本方案考虑到与监测监控系统（KJ70NA）兼容，设计选用 KJ251A 型人员管理系统。结合洞内特殊的作业环境，采用远距离无线射频识别技术、远程通信技术、计算机编程与网络技术以及防爆技术等，可实现对进洞人员的实时监测、跟踪定位、轨迹回放、考勤管理、报表查询、信息网络发布、双向通信、人机交互、紧急搜救、生产调度等功能，并可方便接入综合自动化网络平台。

6.3.1.2 系统主要功能特点

人员管理系统主要由监控中心站、传输网络、前端设备等组成，系统采用矿用环网方式组网，系统的结构如图 6-1 所示。

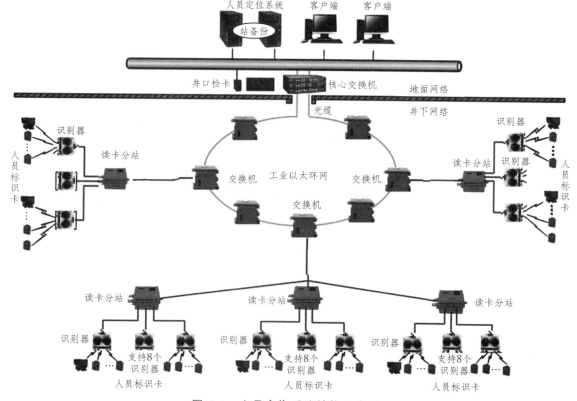

图 6-1　人员定位系统结构示意图

（1）跟踪定位功能：系统对进入隧道人员进行实时地跟踪监测，位置自动显示。

（2）考勤管理功能：系统能够实时地记录作业人员出入隧道时刻；自动生成隧道作业时间；可对全隧道、部门、干部或员工进行月考勤、工时统计及报表打印。

（3）双向通信功能：系统不仅能够接收识别卡发送信息，还可以对全隧道或部分区域内目标进行群发"撤离"命令，对单个目标下发"撤离升井"或"回电话"命令。中心站终端显示命令下发确认；地面可自由对命令进行撤销。

（4）数据存储功能：读卡器和分站具有实时存储多条数据信息功能；即使在通信中断的情况下，均能够存储不少于 2 h 的数据信息。

（5）查询统计功能：能够对进入隧道人数、区域人数、超时员工、出入人数、运行信息等进行统计；对隧道员工信息、分布情况进行查询。

（6）求救报警功能：识别标识卡可发送求救信息，中心站进行报警提示，提供地址、时间等营救信息。

（7）求救操作记录功能：识别卡能够对报警操作进行实时记录，防止无故误操作，保证报警信息的有效性。

（8）门禁功能：根据需要在隧道内限制员工进入的特殊区域，有未经许可人员接近时可发出声光报警信号，地面监控主机也会发出报警信号。

（9）电子巡更功能：可对瓦检员等特殊工种人员进行实时监控，巡更管理。

（10）洞内搜救功能：利用中心站提供的隧道内人员的大致地点，借助手持式读卡器可对洞内人员进行精确搜寻。

6.3.1.3 系统主要技术指标

（1）系统容量：可接分站 64 台以上，每台分站可接 16 台目标识别器，可监测目标数量 65 535 个。

（2）数据传输速率。

工业以太网方式：100 Mb/s 或 1 000 Mb/s；RS485 通信方式 2 400 b/s 或 4 800 b/s。

（3）系统通信距离。

交换机至地面中心站：≤45 km；分站至中心站或环网节点（交换机）：≤15 km；读卡器至分站：≥3 km；读卡器与识别标识卡间通信距离：0～100 m 可调。

（4）系统巡检时间。

工业以太环网通信方式：≤4 s；RS485 通信方式：≤30 s。

（5）最大并发识别数量：200 张。

（6）标识卡电池工作时间：单向卡 2 年以上，双向卡 1 年以上。

6.3.1.4 系统的组成

（1）人员定位分站。

KJ70-F16（B）矿用本安型分站主要实现定位信息的实时收集、处理、存储、统计、显示及上传通信等功能。

主要技术指标：

输入电压：AC 660 V/AC 380 V/AC 220 V/AC 127 V，（50±2）Hz（可选）；

额定工作电压：12 V DC/18 V DC；

分站与数据通信接口的传输口：1 路；

通信传输方式：RS485、半双工、主从式、双极性；

分站与数据通信接口的最大传输距离：≥10 km；

分站与读卡器的传输口：4 路；接入读卡器数量：16 台（16B）；

远程本安供电距离：≥2 km；

备用电源工作时间：≥2 h；

分站存储数据时间：≥2 h；分站在主通信中断后，应能存储 4 000 条数据信息。

（2）读卡器。

负责与标识卡间的无线通信，实现对信息的采集、处理、存储、显示及发送等功能，同时 KTW118 型无线通信基站可同时接收矿用本安手机和定位识别卡的信息，实现隧道无线通信系统和人员定位系统的二合一功能。

读卡器主要包括 KJF210A/B 型矿用读卡器、KTW118 型矿用无线通信基站。

主要技术指标：

额定工作电压：DC 12 V；

工作电流：≤80 mA；

工作频率：2.4 GHz±0.08 GHz；

并发识别数量：≥200 个识别卡；

识别移动目标的最大位移速度：不小于 10 m/s；

漏卡率：小于 10^{-4}；

接收灵敏度：-90 dBm；

接收容量：1～65 535；

无线传输距离：≥80 m；

发射功率：≤1 mW；

接收范围：1～65 535；

防护等级：IP54。

（3）定位识别卡。

KGE116/B/C/D 定位识别卡能周期性地将加密的编码信息以微波方式发送给矿用读卡器，接收来自地面监控中心的调度命令。其中：KGE116B 车载识别卡用于标识大型快速移动设备；KGE116C 单向识别卡用于标识人员或小型设备；KGE116D 双向识别卡用于标识人员或流动生产资料。

主要技术及功能指标：

带欠压报警提示；

供电方式：KGE116B/C 型标识卡：DC 3 V（纽扣型非充电锂电池，不可更换）；

KGE116D 型标识卡：DC 3 V（纽扣型非充电锂电池组，可更换）。

使用寿命：KGE116B/C 型标识卡：≥2 年；

KGE116D 型标识卡：≥1 年。

发射功率：≤1 mW；编码范围：1～65 535。

无线接收距离：≥100 m（KGE116D）。

防护等级：KGE116C 型标识卡：全密封；

KGE116B/D 型标识卡：IP54。

可无线配置 KGE116D 型标识卡参数；

KGE116D 型标识卡接收命令，进行声光提示；

携带方式：体积小，可配置为帽卡、腰卡、矿灯卡。

（4）FDY50 矿用移动式读卡器。

本设备用于检查携带标识卡的唯一性，也可对洞内目标进行动态搜寻及准确定位，同时在井口设置洞内人员进洞唯一性的标示，采用人像或者指纹进行识别，使得进洞的每一个人都有唯一的识别。

主要技术指标：

最大并发识别数量：≥200 个识别卡；

识别移动目标的最大位移速度：不小于 10 m/s；

漏卡率：小于 10^{-4}；

发射功率：≤0 dBm；

接收容量：1～65 535；

无线最大接收距离：≥50 m[搜寻状态；近距离接收距离：≤50 cm（检身及验卡状态]；

工作时间：≥10 h；

存储容量：8 000 条信息；

外观尺寸：65 mm×116 mm×41 mm；

防护等级：IP54。

（5）本安型电子显示屏（PH24）。

既能与近距离读卡器连接，实现对标识卡工作状态进行检测判断，也可安装在洞内对规定区域内的人员信息进行显示，可同时显示 6 条信息。

6.3.1.5　洞内人员定位系统配置

隧道人员定位系统的地面中心站、传送电缆、定位分站选择利用监测监控系统，分别运行 KJ70NA 软件和 KJ251A 软件，实现安全生产监控系统和人员定位管理的二合一功能。

（1）地面中心站。

型号：KJ70NA

配置 IPC610 型监控主机 2 台、数据库服务器 2 台、KJJ46 数据通信装置 2 台、LQ1600K 或喷墨打印机 1 台、山特 2 kV·A 在线不间断电源 1 台、DHX90 避雷器 1 套、10/100M 自适应网络集线器 1 台。

（2）人员定位分站。

设监测监控 KJ70-F16（B）大分站 2 台（隧道内 1 台，地面 1 台）、监测监控 KJ70-F8（B）中分站 2 台（全部为洞内分站），监测监控分站兼作洞内人员定位分站，分别安装 1 台定位识别卡。

（3）KJF210/A/B 型矿用读卡器 3 台，每一监测分站安装 1 台。

（4）定位识别卡。

KGE116B 定位识别卡 1 台；KGE116C 定位识别卡 50 个，进入隧道员工每人配备 1 个；KGE116D 定位识别卡，5 个，用于井口进入隧道检查和管理人员下井检查。

FDY50 矿用移动式读卡器 2 台，用于安全管理人员检查携带标识卡的唯一性和事故救护过程目标动态搜寻和准确定位。

6.3.2 压风自救系统

在主井洞口附近设置空压机房，安设两台空气压缩机，向隧道风用风设备提供风压，同时兼做洞内隧道内压风自救系统供风，压风自救管路同压风管路共用。自洞口开始每 200 m 的距离设置一组压风自救装置，开挖作业面配置数量应比该区域工作人员数量多 2 台。

6.3.2.1 系统的选择

在主井洞口附近设置空压机房，安设两台空气压缩机，向隧道风用风设备提供风压，同时兼做洞内隧道内压风自救系统供风，压风自救管路同压风管路共用。系统应满足如下要求：

（1）压风自救系统组成：空气压缩机、送气管路、阀门、汽水分离器、压风自救装置（包括减压、节流、消噪声、过滤、开关及防护面罩）。

（2）压风自救装置应具有减压、节流、消噪声、过滤和开关等功能。

（3）压风自救装置的外表面光滑、无毛刺，表面涂、镀层均匀、牢固。

（4）压风自救系统零、部件的连接牢固、可靠，不得存在无风、漏风或自救袋破损长度超过 5 mm 的现象。

（5）压风自救装置的操作应简单、快捷、可靠。

（6）在使用压风自救装置时，应感到舒适、无刺痛和压迫感。

（7）压风自救系统适用的压风管道供气压力为 0.3 ~ 0.7 MPa，在 0.3 MPa 压力时，每台压风自救装置的排气量应在 100 ~ 150 L/min 内。

（8）压风自救装置工作时的噪声应小于 85 dB（A）。

（9）压风自救主管路为 ϕ159 mm；压风自救分管路为 ϕ50 mm。

6.3.2.2 安装要求

（1）压风自救系统（图 6-2）安装在隧道内压缩空气管道上，安装地点应在宽敞、支护良好、没有杂物堆的人行道侧，人行道宽度应保持在 0.8 m 以上，管路安装高度应距底板 0.5 m，便于现场人员自救应用。压风自救系统下面不得有水沟无盖板或盖板不齐全的现象。

（2）自洞口开始每 200 m 的距离设置一组压风自救装置，开挖作业面配置数量应比该区域工作人员数量多 2 台。

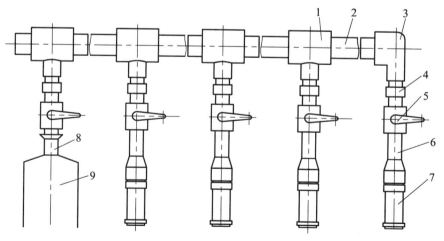

图 6-2 压风自救系统安装图

1—三通；2—气管；3—弯头；4—接头；5—球阀；6—气管；7—自救器；8—卡子；9—防护袋

（3）管路敷设要牢固平直，压风管路每隔 3 m 吊挂固定一次，岩巷段采用金属托管配合卡子固定，煤巷段采用钢丝绳吊挂。压风自救系统的支管不少于一处固定，压风自救系统阀门扳手要在同一方向且平行于巷道。

（4）在主送气管路中要装集水放水器。在供气管路进入与自救系统连接处，要加装开关，后边紧接着安装汽水分离器。

（5）压风自救系统阀门应安装齐全，能保证系统正常使用。进入开挖工作面的进风侧要设有总阀门。

6.3.2.3　管理与维护

（1）压风自救装置安装前须检查是否具有矿用产品安全标志，安装完毕后，需先进行安装质量检查，首先检查是否按规定要求安装，连接件是否牢固可靠，连接处密封是否严密，然后送气，检查系统有无漏气现象。再逐个检查送气器是否畅通，流量是否符合要求。送气不畅通，流量小于规定值的自救装置需取下进行检查，符合要求后再安装使用。经检查、测试完毕，装置才可投入正常使用。

（2）开挖工作面的压风自救系统由在该区域施工的区队管理维护。

（3）要确保地面压风机的正常运转，如出现无计划停风，要保证洞内抽放主管路装的汽水（油）分离器的良好性，避免压风自救系统内存水，影响系统的正常使用。

（4）现场瓦检员是现场压风自救系统的管理监督员，每班的瓦斯检查员必须对所负责区域的压风自救系统进行一次全面细致的检查，发现问题及时与安质部联系，责令整改。

（5）往开挖工作面运送物料时，不得将所运物料卸放在压风自救系统下面，运送物料时不得损坏压风自救系统。

（6）各开挖工作面的压风自救系统需要停风时，经调度室、安质部批准，采取安全措施后，方可进行作业。

（7）本系统必须每天进班时做好检查、维护工作以确保一旦发生灾变时能可靠使用。每班进班时打开汽水分离器排出孔，排除积存在内的积水与杂质。每班要逐个打开自救装置，作通气检查，如发现气不足或无气流出，要当班更换，如有连接不牢和漏气现象，要及时处理，保证装置处于良好的工作状态。压风自救袋上的煤尘要及时清理，经常保持清洁。

（8）应对进洞人员进行压风自救系统使用的培训，确保每位员工都能正确使用压风自救系统。

6.3.3　供水施救系统

设计隧道供水施救系统与防尘洒水系统一体。

6.3.3.1　水　源

在洞口建设有效容积为 200 m^3 的水池，水经净化处理向地面、隧道供水，能够满足供水施救系统的需要。

6.3.3.2　系统组成及主要功能

供水系统的组成如图 6-3 所示。

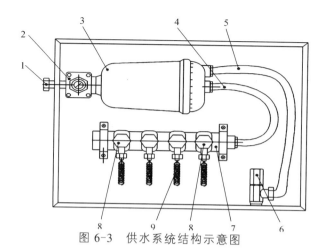

图 6-3 供水系统结构示意图

1—外水源接头；2—减压器；3—滤水装置；4—洁净水连接管；5—排污连接管；
6—排污开关；7—饮用水分水管；8—饮用水角阀；9—洁净饮用水管

（1）系统由清洁水源、供水管网、三通、阀门、过滤装置及监测供水管网系统的等其他必要设备组成。

（2）系统应具有基本的防尘供水功能。

（3）系统具有供水水源优化调度功能。

（4）系统具有在人员集中地点在灾变期间能够实现应急供水的功能。

（5）系统应具有过滤水源功能。（在防尘供水管道与扩展饮用水管道衔接处或在供水终端处增加过滤装置，达到正常饮用水要求。）

6.3.3.3 安装要求

（1）在防尘供水系统基础上，结合隧道实际情况及作业人员相对集中的情况，合理扩展水网，以满足供水施救的基本要求。

（2）开挖工作面每隔 200 m 安装一组供水阀门。

（3）避难硐室各安装 3 组供水阀门。

（4）特殊情况或特殊需要时，按要求的地点及数量进行安装。宜考虑在压风自救处就地供水。

（5）在饮用水管处或在各个供水阀门处安装净水装置，以满足饮用水的要求；单独供水施救系统，一般主管选用 DN50，支管选用 DN25。

（6）饮水阀门高度：距巷道底板一般 1.2 m 以上。

（7）饮用水管路尽量水平、安装牢固。

（8）供水阀门手柄方向一致。

（9）供水点前后 2 m 范围无材料、杂物、积水现象。

6.3.3.4 日常维护

（1）供水施救实行挂牌管理，明确维护人员进行周检。

（2）周检供水管网是否有跑、冒、滴、漏等现象。

（3）周检阀门开关是否灵活等。

（4）饮用水管需排放水每周 1 次，保持饮水质量。

（5）可以利用技术等手段定时检查。

（6）做到发现问题及时上报并做相应的处理。

6.3.4　紧急避险系统

根据《煤矿洞内紧急避险系统建设管理暂行规定》和《煤矿洞内安全避险"六大系统"建设完善基本规范》及煤矿洞内紧急避险有关要求，针对天坪隧道实际情况，设置避难硐室。

在隧道内发生灾害事故时，为无法及时撤离的遇险人员提供生命保障的密闭空间。该设施对外能够抵御高温烟气，隔绝有毒有害气体，对内提供氧气、食物、水，去除有毒有害气体，创造生存基本条件，为应急救援创造条件、赢得时间。

紧急避险系统是指在隧道内发生紧急情况下，为遇险人员安全避险提供生命保障的设施、设备、措施组成的有机整体。紧急避险系统建设的内容包括为进入隧道人员提供自救器、建设紧急避险设施、合理设置避灾路线、科学制订应急预案等。根据我国《煤矿洞内紧急避险系统建设管理暂行规定》和《煤矿洞内安全避险"六大系统"建设完善基本规范》以及其他煤矿洞内紧急避险有关规定的要求，针对天坪隧道施工安排和人员分布实际情况，设计避难硐室系统一套。

6.3.4.1　紧急避险设施要求

紧急避险设施是指在隧道内发生灾害事故时，为无法及时撤离的遇险人员提供生命保障的密闭空间。该设施对外能够抵御高温烟气，隔绝有毒有害气体，对内提供氧气、食物、水，去除有毒有害气体，创造生存基本条件，为应急救援创造条件、赢得时间。

（1）根据该隧道的具体情况，设计采用避难硐室作为隧道内紧急避险设施，服务于整个隧道。

（2）紧急避险设施应具备安全防护、氧气供给保障、有害气体去除、环境监测、通信、照明、人员生存保障等基本功能，在无任何外界支持的情况下额定防护时间不低于 96 h。

① 具备自备氧供氧系统和有害气体去除设施。供氧量不低于 0.5 人/（min·人），处理二氧化碳的能力不低于 0.5 L/（min·人），处理一氧化碳的能力应能保证在 20 min 内将一氧化碳浓度由 0.04%降到 0.002 4%以下。在整个额定防护时间内，紧急避险设施内部环境中氧气含量应在 18.5%~23.0%，二氧化碳浓度不大于 1.0%，瓦斯浓度不大于 1.0%，一氧化碳浓度不大于 0.002 4%，温度不高于 35℃，湿度不大于 85%，并保证紧急避险设施内始终处于不低于 100 Pa 的正压状态。采用高压气瓶供气系统的应有减压措施，以保证安全使用。

② 配备独立的内外环境参数检测或监测仪器，在突发紧急情况下人员避险时，能够对避险设施过渡室（舱）内的氧气、一氧化碳，生存室（舱）内的氧气、瓦斯、二氧化碳、一氧化碳、温度、湿度和避险设施外的氧气、瓦斯、二氧化碳、一氧化碳进行检测或监测。

③ 按额定避险人数配备食品、饮用水、自救器、人体排泄物收集处理装置及急救箱、照明设施、工具箱、灭火器等辅助设施。配备的食品发热量不少于 5 000 kJ/（d·人），饮用水不少于 1.5 L/（d·人）。配备的自救器应为隔绝式，有效防护时间应不低于 45 min。

（3）紧急避险设施的总容量应满足突发紧急情况下所服务区域全部人员紧急避险的需要，包括生产人员、管理人员及可能出现的其他临时人员，并应有一定的备用系数。避难硐室的备用系数不低于 1.2。

（4）隧道在突发紧急情况时，凡洞内人员在自救器额定防护时间内靠步行不能安全撤至

地面的，应建设洞内紧急避险设施。

（5）隧道应在距离揭煤工作面 1 000 m 范围内建设避难硐室。

（6）紧急避险设施应与安全监测监控、人员定位、压风自救、供水施救、通信联络等系统相连接，形成整体性的安全避险系统。

安全监测监控系统应对紧急避险设施外和避难硐室内的瓦斯、一氧化碳等环境参数进行实时监测。

人员定位系统能实时监测隧道内人员分布和进出紧急避险设施的情况。

压风自救系统应能为紧急避险设施供给足量氧气，接入的隧道压风管路应设减压、消音、过滤装置和控制阀，压风出口压力在 0.1 ~ 0.3 MPa，供风量不低于 0.3 m³/（min·人），连续噪声不大于 70 dB。

供水施救系统应能在紧急情况下为避险人员供水，并为在紧急情况下输送液态营养物质创造条件。接入的供水管路应有专用接口和供水阀门。

通信联络系统应延伸至洞内紧急避险设施，紧急避险设施内应设置直通矿调度室的电话。

（7）紧急避险设施的设置要与避灾路线相结合，紧急避险设施应有清晰、醒目、牢靠的标识。避灾路线图中应明确标注紧急避险设施的位置、规格和种类，隧道中应有紧急避险设施方位的明显标识，以方便灾变时遇险人员迅速到达紧急避险设施。

（8）紧急避险系统应随隧道开挖系统的变化及时调整和补充完善，包括及时补充或移动紧急避险设施，完善避灾路线和应急预案等。

6.3.4.2　避难硐室

（1）避难硐室选址。

根据天平隧道灾害危险分析，设计在横洞主井与副井联络隧道处设置避难硐室，以便为灾变情况下作业人员提供紧急避险场所，保障职工的生命安全，本方案计划于 PDK128+210 处设置避难硐室。

（2）避难硐室整体结构。

避难硐室总体结构如图 6-4 所示。

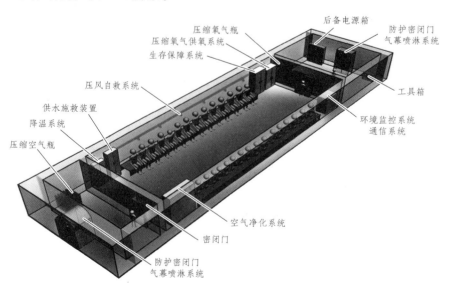

图 6-4　避难硐室的结构示意图

（3）避难硐室各个子系统。

避难硐室内部包括安全防护系统、供氧系统、净化系统、降温除湿系统、环境监控系统、照明系统、通信系统、动力保障系统、生存保障系统、排水排气系统。

6.3.5　通信联络系统

揭煤期间利用现有系统作为与外界联系的主要工具。目前移动无线通信网络信号已经全面覆盖各区域，隧道施工所有管理及技术骨干均配备有移动通信手机，地面各管理人员手机保持 24 h 开机，保持通信畅通，充分保证隧道安全。

根据 2007 年 8 月 9 日国家安全生产监督管理总局、国家煤矿安全监察局联合下发的《关于所有煤矿必须立即安装和完善洞内通信、压风、防尘供水系统的紧急通知》的有关要求。揭煤防突期间，新选配新型交换机系统设备。

根据设计和规范规定，设计选配 1 套 HJK-120D 型煤矿小型调度电话交换机，容量 32 门，使用 23 门，新建地面压风机房及风机房安装电话，根据实际情况适当增加电话门数。经耦合器后通信线路由主、副井引入平导和正洞，在开挖工作面安装 KT1017 型本安电话机，在地面调度室、值班室、压风机房、主要通风机房安装普通话机，爆炸材料库房、瓦斯抽放站安装 KT1017 型本安电话机。

6.3.5.1　设备的技术要求

（1）位于机房、调度室的设备，应能在下列条件下正常工作：

环境温度：15～30℃；

相对湿度：40%～70%；

温度变化率：小于 10℃/h，且不得结露；

大气压力：80～106 kPa。

GB/T 2887—2011 规定的尘埃、噪声、照明、电池场干扰和接地条件系统一般由控制中心、调度台（可与控制中心一体化）、中继器（可缺省）、信号装置（电话交换机或无线基站、编解码器）、终端设备（固定电话或移动电话、播音器）、电源、电缆（或光缆）、接线盒、避雷器和其他必要设备组成。

（2）除有关标准另有规定外，系统中用于瓦斯隧道内的设备应在下列条件下正常工作：

环境温度：0～40℃；

平均相对湿度：不大于 95%（+25℃）；

大气压力：80～106 kPa；

有爆炸性气体混合物，但无显著振动和冲击、无破坏绝缘的腐蚀性气体。

（3）供电电源。

① 地面设备交流电源。

额定电压：380 V/220 V，允许偏差-10%～+10%；

谐波：不大于 5%；

频率：50 Hz，允许偏差±5%。

② 隧道设备交流电源。

额定电压：127 V/380 V/660 V，允许偏差：

专用于隧道：-20%～+10%；

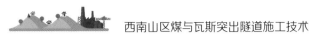

其他产品：–25%～＋10%；

谐波：不大于10%；

频率：50 Hz，允许偏差±5%。

（4）系统组成。

系统由控制中心、调度台（可与控制中心一体化）、中继器（可缺省）、信号装置（电话交换机或无线基站、编解码器）、终端设备（固定电话或移动电话、播音器）、电源、电缆（或光缆）、接线盒、避雷器和其他必要设备组成。

（5）主要功能。

① 系统功能。

系统应具有终端设备与控制中心或调度台之间的双向语音通信功能；系统应具有由控制中心或调度台发起的组呼功能；系统应具有由控制中心或调度台发起的全呼功能；系统应能够显示发起通信的终端设备的位置和编号；系统应能够查询终端设备目前所处的位置；系统应具有通信历史记录并可进行查询；系统应具有自动或手动启动的录音功能；系统应具有对系统设备工作状态的连续监测功能；系统应具有防止修改实时数据和历史记录等存储内容（参数设置及页面编辑除外）的功能；系统应能对终端设备的当前通信状态进行提示；若存在多种类型的通信系统共存时，各系统宜能实现互通。

② 人机对话功能。

系统应具有人机对话功能，以便于系统设置、参数修改、功能调用、图形编辑等；系统应具有操作权限管理功能，对参数设置等必须使用密码操作，并具有操作记录；除报警状态外，在任何显示模式下均应能直接进入所选的显示内容、参数设置、页面编辑、查询等方式。

③ 报警和避险通信联络功能。

系统应具有发布紧急通知和危险警报功能；系统应具有由终端设备发起的呼救功能，终端设备可直接向控制中心或调度台发送呼救信号，控制中心或调度台应有声光提示并能够显示报警位置；系统应具有与避险硐室或救生舱内避险人员实现语音通话的功能，宜具有视频通信功能；系统宜具有监测监控异常状态文字短信息报警功能。

（6）其他要求。

设备的传输性能、电源波动适应能力、工作稳定性、抗干扰性能，可靠性均符合要求。

6.3.5.2　电话线网

（1）地面线网：由地面生产调度总机引一根 HYA-5×2×0.5 市话电缆到通风机房、瓦斯抽放站，另一根 HYA-10×2×0.5 市话电缆到地面工业场地各部门。市话电缆采用电杆架空敷设。

（2）隧道内线网：由地面生产调度总机内安全栅输出侧引二根 HUYAV-10×2×0.8 矿用通信电缆，经主、副井到开挖工作面、硐室。通信电缆沿巷道壁吊挂敷设；通信电缆与洞内电力电缆应敷设在不同的两侧。进洞通信线在进洞处应安装熔断器和避雷装置。

6.3.6　安全监控系统

6.3.6.1　安全监控系统的选型

（1）安全监控系统基本要求。

安全监控设备必须具有故障闭锁功能：当与闭锁控制有关的设备未投入正常运行或故障

时，必须切断该监控设备所监控区域的全部非本质安全型电气设备的电源并闭锁；当与闭锁控制有关的设备工作正常并稳定运行后，自动解锁。

安全监控系统必须具备瓦斯断电仪和瓦斯风电闭锁装置的全部功能；当主机或系统电缆发生故障时，系统必须保证瓦斯断电仪和瓦斯风电闭锁装置的全部功能；当电网停电后，系统必须保证正常工作时间不小于 8 h；系统必须具有防雷电保护；系统必须具有断电状态和馈电状态监测、报警、显示、存储和打印报表功能。

（2）安全监控系统的选择。

选用目前较成熟的 KJ70NA 型煤矿一体化安全监控系统一套，配备相应的传感器和监控分站。

系统组成：采用时分制分布式结构，主要由地面监控主机、数据库服务器、网络终端、通信接口、避雷器、系列监控分站、各种传感器和控制执行器等部分组成，是一套集安全监控、生产工况监控内容为一体的隧道安全生产综合监控系统。

（3）监控系统主要设备参数及特点。

① 地面中心站。

型号：KJ70NA

配置 IPC610 监控主机：2 台

数据库服务器：2 台

KJJ46 数据通信装置：2 台

激光打印机：1 台

不小于 8 h 的在线式不间断电源：1 台

DHX70 避雷器：1 套

10/100 M 自适应网络集线器：1 台

软件运行平台为 WIN98/2000/2003 环境，通过 Ethernet 以太局域网组成全网络化环境，协议支持标准 TCP/IP 等。

② 系列分站。

KJ70-F16/F8 大、中型分站是 KJ70NA 型监控系统的关键配套设备，主要实现对各类传感器的数据采集、实时处理、存储、显示、控制以及与地面监控中心的数据通信，具有红外遥控初始化设置功能。可独立使用，实现瓦斯断电仪和瓦斯风电闭锁装置的全部功能。

容量：KJ70NA-F16/F8 分别是 16/8 个输入端口，8/4 个控制输出（控制量和开关量可任意互换）。

隔爆形式：Exib I 矿用本安型。

6.3.6.2　中心站设置

（1）地面中心站。

KJ70NA 系统的中心站设于项目部办公楼内，占用房屋一间。

（2）中心站主机和终端设置。

中心站配备 2 台 IPC610 型监控主机（互为备用），主机通过 KJJ46 传输接口与地面、洞内各分站通信，并能实现手动遥控断电功能。两台主机均插有网卡，作为计算机网络的一个工作站，监测系统配置一台激光打印机。主要设备按 KJ70NA 监控系统配套设置。

（3）中心站供电。

中心站应设专用可靠的供电线路。计算机系统的电源设备应提供稳定可靠的电源。供电电源设备的容量应具有一定的余量。

机房须配备电源稳压设备，为计算机主机和终端配备 UPS 电源，以保证在电网停电时系统的正常工作时间不小于 8 h。计算机系统接地采用专用地线。专用地线的引线应和大楼的钢筋网及各种金属管道绝缘。计算机机房应设置应急照明和安全出口的指示灯。

计算机机房应采用专用空调设备，空调电源不能与监测监控系统共用。机房空气温度为 18～26℃，噪声≤47 dB（A），湿度≤80%，灯光照度符合卫生标准。中心站的环境条件应满足厂家关于安装环境的对中心站机房的技术要求。

（4）中心站通信。

中心站设置生产调度电话 1 部。

（5）中心站安全防护。

① 防静电、防雷击。

接地是防静电采取的最基本的措施，安全接地应符合 GB 2887 中的规定。在易产生静电的地方，采用静电消除剂和静电消除器。

符合《建筑防雷设计规范》中的防雷措施。在雷电频繁区域，装设浪涌电压吸收装置。

② 防鼠害。

在易受鼠害的场所，机房内的电缆和电线上涂敷驱鼠药剂，设置捕鼠或驱鼠装置。

6.3.6.3 分站及传输电缆设置

（1）分站。

① 分站类型。

分站是监测系统的关键配套设备，分大、中分站两种。KJ70NA-F16 大型分站、KJ70NA-F8 中型分站是监控系统的关键配套设备，主要实现对各类传感器的数据采集、实时处理、存储、显示、控制以及与地面监控中心的数据通信，具有红外遥控初始化设置功能。可独立使用，实现瓦斯断电仪和瓦斯风电闭锁装置的全部功能。

大分站（KJ70NA-F16）容量：16 个输入端口，8 个控制输出，最多安装 16 个传感器。模拟量和开关量可任意互换。

中分站（KJ70NA-F8）容量：8 个输入端口，4 个控制输出，最多安装 8 个传感器。模拟量和开关量可任意互换。

为保证监控系统的可靠运行，所有分站均具有瓦斯风电闭锁功能，并有后备电池保证分站在断电两小时内可靠工作。

② 设置地点。

根据洞内传感器位置分布，设计配备地面监控分站 2 台（大分站），平导及正洞隧道监控分站各 1 台（中分站）。

③ 安装方式。

平导及正洞隧道分站安装在便于人员观察、调试、检验及支护良好、无滴水、无杂物的隧道或硐室中，安设时应垫支架，使其距隧道底板不小于 300 mm，或吊挂在巷道中。声光报警器设置在相邻分站附近。

（2）传输电缆敷设。

① 基本要求。

安全监控设备之间必须使用专用阻燃电缆或光缆连接，严禁与调度电话电缆或动力电缆等共用。防爆型煤矿安全监控设备之间的输入、输出信号必须为本质安全型信号。

② 传输电缆和接线盒。

传输设备由传输电缆和接线盒组成，传输电缆分 3 种规格：

主通信电缆：PUVVR1×4×7/0.52 型矿用聚乙烯阻燃钢丝铠装信号电缆，用于监控中心站至分站的数据传输，长度 1 900 m。

模拟量电缆：PUVVR1×4×7/0.43 型矿用聚乙烯阻燃信号电缆，用于分站与传感器的数据传输，长度 1 900 m。

开关量电缆：PUVVR1×4×7/0.28 型矿用聚乙烯阻燃信号电缆，用于分站与传感器的数据传输，2 000 m。

采用矿用本安电路用分线盒，型号为 KP5001，数量 50 个。

③ 电缆敷设要求。

监控电缆采用悬挂敷设。监控电缆应与电力电缆分挂在隧道的两侧，距电力电缆 0.3m 以外的地方。

（3）隔爆电源设置。

监控系统隔爆电源一般设置在无淋水、顶板支护可靠的隧道内，通过 KDW0.3/660 矿用隔爆兼本安直流稳压电源，输入电压 220 V，输出电压 5/12/18/24 VDC。断电范围为其控制的分站内的设备。

6.3.6.4　使用和维护

（1）管理机构及人员。

① 检修机构。

由专人负责将安全测控仪器送到检修中心进行调校和维修。

② 安装、维护。

成立监控系统管理小组，组长由技术负责人担任。机电队具体负责监测监控系统的安装、维护、简单检修和协调管理工作。监控系统固定专人维护、专人操作，配备维修、维护、操作人员。

③ 人员培训。

为了使安全监控系统能够正常工作，出现故障能及时处理，必须对有关管理人员、技术人员、维护操作人员进行专业技术培训。通过培训并经考试，并取得合格证书后，技术人员、维护操作人员才能持证上岗。

所有的技术人员、维护操作人员必须定期到有资质的单位轮训，经考试考核合格后方能继续上岗。

施工方应定期请厂家技术人来矿进行业务培训。

（2）定期调试、维护有关规定。

① 调试。

安全测控仪器设备必须定期调校。安全测控仪器使用前和大修后，必须按产品使用说明书的要求测试、调校合格，并在地面试运行 24～48 h 方能进入隧道。

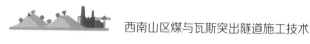
采用催化燃烧原理的瓦斯传感器、便携式瓦斯检测报警仪、瓦斯检测报警矿灯等，每隔 10 d 必须使用校准气体和空气样，按产品使用说明书的要求调校一次。调校时，应先在新鲜空气中或使用空气样调校零点，使仪器显示值为零，再通入 CH4 浓度为 1% ~ 2% 的瓦斯校准气体，调整仪器的显示值与校准气体浓度一致，气样流量应符合产品使用说明书的要求。

除瓦斯以外的其他气体测控仪器应每隔 10 d 采用空气样和标准气样进行调校。风速传感器选用经过标定的风速计调校。温度传感器选用经过标定的温度计调校。其他传感器和便携式检测仪器也应按使用说明书要求定期调校，使各项指标符合规定。

安全测控仪器的调校包括零点、显示值、报警点、断电点、复电点、控制逻辑等。

为保证瓦斯超限断电和停风断电功能准确可靠，每隔 10 d 必须对瓦斯超限断电闭锁和瓦斯风电闭锁功能进行测试。

安全测控仪器在洞内连续运行 6 ~ 12 个月，必须升井检修。

② 使用维护。

安全监测工必须 24 h 值班，每天检查煤矿安全监控系统及电缆的运行情况。使用便携式瓦斯检测报警仪与瓦斯传感器进行对照，并将记录和检查结果报地面中心站值班员。当两者读数误差大于允许误差时，先以读数较大者为依据，采取安全措施，并必须在 8 h 内将两种仪器调准。

管理人员发现便携式瓦斯检测报警仪与瓦斯传感器读数误差大于允许误差时，应立即通知安全测控部门进行处理。

安装在设备上的瓦斯检测报警仪，由司机负责监护，并应经常检查清扫，每天使用便携式瓦斯检测报警仪与车载瓦斯检测仪进行对照，当两者读数误差大于允许误差时，先以读数最大者为依据，采取安全措施，并立即通知瓦检员，在 8 h 内将两种仪器调准。

使用的分站、传感器、声光报警器、断电控制器及电缆等由所在班组长负责管理和使用。

传感器经过调校检测误差仍超过规定值时，必须立即更换；安全测控仪器发生故障时，必须及时处理，在更换和故障处理期间必须采用人工监测等安全措施，并填写故障记录。

低浓度瓦斯传感器经 CH4 浓度大于 4% 的瓦斯冲击后，应及时调校或更换。

电网停电后，备用电源不能保证设备连续工作 1 h 时，应及时更换。

使用中的传感器应经常擦拭，清除外表积尘，保持清洁。采掘工作面的传感器应每天除尘；传感器应保持干燥，避免洒水淋湿；维护、移动传感器应避免摔打碰撞。

隧道一旦发生瓦斯爆炸、煤与瓦斯突出事故，损失必然巨大，不但延误工期，而且机械设备和人员生命的安全都将付出重大代价。防止该类事故发生，一是需要切实可行的技术措施；二是应有科学而严谨的管理制度。瓦斯隧道需要从人员、设备、火源等方面建立相应的管理制度，确保瓦斯隧道施工过程中施工安全。瓦斯突出隧道施工过程中必须建立健全管理制度和应急救援方案。

6.4　各项管理制度

为防止瓦斯隧道的事故发生，保证员工及其他隧道施工人员的人身安全，真正做到"安全第一，预防为主"，需结合实际情况、公司及建设单位相应的管理办法制定各项管理制度。

6.4.1　安全生产责任制

安全生产责任制就是对各级负责人、各职能部门以及各类作业人员在管理和施工过程中，应当承担的责任作出明确规定，将安全生产责任分解到施工单位的主要负责人、项目负责人、班组长以及每个岗位上的作业人员。安全生产责任制是项目生产最基本的安全生产管理责任制，是施工项目安全生产管理的核心和中心环节。

项目负责人必须由取得相应执业资格的人员担任，对建设工程项目的安全施工负责。落实安全生产责任制度和操作规程，确保安全生产费用的有效使用；根据工程的特点组织制定安全施工措施，消除安全事故隐患，组织制定安全事故应急救援预案，及时、如实报告生产安全事故。

专职安全生产管理人员负责对安全生产进行现场监督检查；督促作业人员遵守安全操作规程和技术标准，及时制止并纠正违反施工安全技术规范、规程的行为；发现安全事故隐患，应当及时向项目负责人和安全生产管理机构报告。

6.4.2　安全教育培训制度

为加强现场安全生产宣传教育，提高管理人员、技术人员和作业人员在瓦斯隧道施工中的安全素质和操作技能，普及瓦斯隧道方面的安全生产知识，增强自我防护能力，预防和减少事故发生，需对现场管理人员、技术人员和作业人员进行安全教育培训。熟悉安全生产法律法规、国家规定的与本工种方向适应的、专门的安全理论知识和操作技能、安全技术操作规程、工种作业场所和工作岗位存在的危险因素、防范措施及事故应急措施。

根据规定，特种作业人员、特殊岗位需参加由地方安全生产监督管理部门、建设施工主管部门及其他具备培训考核资格的部门或机构举办的安全生产培训，考核合格后，颁发相应的证书。

6.4.3　进洞管理制度

为规范和加强我部现场管理人员、作业人员及外来检查人员进出瓦斯隧道的管理，避免和减少人为因素造成的不良后果，须制定进洞管理制度，对洞口进行封闭式管理，设置门禁系统（洞口上部采用1.8 m高栅栏网进行防护；距离洞口20 m处采用10 m自动升降门满足施工车辆出入），右侧为金属探测门满足施工人员出入，严禁携带易燃易爆物、手机以及未经防爆改装的设备进入洞内，严格执行洞口登记值班制度。

进口人员必须穿戴劳动防护用品，必须接受门岗的安全检查，严禁携带任何火种及可能产生火花的物品入内；经批准的动火作业，必须有专职瓦检员随行方可将相应材料、设备带入隧道；所有进洞人员实行挂牌制度，分工序挂牌上岗、下班摘牌离岗。上级领导及其他相关人员进洞检查实行登记制度，门岗建立登记台账，并应注明进出洞时间。

洞口设置更衣室。任何人进洞前必须将随身携带的手机、香烟、打火机等火种和电子设备、物品等保存到专用衣柜，严禁穿着化纤类衣服进入隧道；隧道洞门设置静电消除装置，所有进洞人员必须消除静电以后方可进洞。门岗对进入隧道的人员有告知义务，拒绝任何拒绝履行防火、防爆检查的人员进入隧道。

进入隧道的机械设备、电器设备、车辆必须满足防爆要求，否则禁止进入隧道。经过防

爆改装的机械设备、电器设备、车辆由分部设物部负责发给专用进洞许可证，并将进洞许可证挂在醒目位置，凭证进入隧道作业。

进入隧道的施工机械设备、电器设备、车辆实行出、入登记制度，上述机械设备进入洞内，门岗必须对车辆驾驶室进行检查，防止将火种带入洞内；驾驶人员及其他操作人员必须履行进洞登记手续。

6.4.4 用电管理制度

根据《铁路瓦斯隧道技术规范》《瓦斯隧道施工管理办法》对进洞机电设备及器材进行组织和实施，规范瓦斯地段用电管理，需制定瓦斯隧道用电管理制度。

成立瓦斯隧道用电管理小组，负责瓦斯隧道用电综合管理，包括用电方案、组织设计、机电设备安装实施验收、安全监测检查等；为确保瓦斯隧道用电安全，瓦斯隧道需配置双回路电源，洞内采用双电源线路，不得分接隧道意外的任何负荷。针对洞内的各级配电电压和机电设备需满足下列要求：

（1）高压不应大于 10 000 V。

（2）低压不应大于 1 140 V。

（3）照明、手持式电气设备的额定电压和电话、信号装置的额定供电电压，在低瓦斯工区不应大于 220 V；在高瓦斯工区和瓦斯突出工区不应大于 127 V。

（4）远距离控制线路的额定电压不应大于 36 V，潮湿场所、开挖面、台车台架照明电压不应大于 26 V，并使用隔爆照明灯具。

洞内配电变压器严禁中性点直接接地，严禁洞外中性点直接接地的变压器或发电机直接向瓦斯隧道内供电。针对瓦斯隧道洞内高压电缆需符合：

（1）固定敷设的电缆应根据作业环境条件选用。

（2）移动变电站应采用监视型屏蔽橡套电缆。

（3）电缆应采用铜芯。

瓦斯突出工区的电气开关与作业机电设备必需使用防爆型，必须全过程、不间断地测定瓦斯浓度，一旦达到 0.3%，立即停止作业或退出并熄火，通风排放。洞内供电必须做到"三专""两闭锁"，即：专用变压器、专用开关、专用供电线路，瓦斯浓度超标时与供电的闭锁、风机与洞内供电的闭锁。

瓦斯隧道的配电变压器严禁中性点直接接地，严禁由洞外中性直接接地的变压器或发电机直接向瓦斯隧道供电，瓦斯隧道必须采用独立的接地保护系统。

设备检漏继电器，低压馈电线路上，装设能自动切断漏电线路的检漏装置：

（1）施工现场的总隔爆开关及分路隔爆开关设置两级检漏继电器，两级检漏继电器的额定漏电动作电流和额定漏电动作时间应作合理配合，并具有分级保护的功能。

（2）检漏继电器装设在总电源器的负荷侧和分路隔爆开关的负荷侧。

（3）检漏继电器的选择应符合现行国家标准规定，额定漏电电流应不大于 15 mA，额定漏电动作时间应小于 0.1 s。

为了防止雷电波及隧道内而引起瓦斯爆炸，所有进洞线路，包括动力电缆、照明电缆、瓦斯监控系统电缆以及通信电缆均需在洞口安装避雷器。

隧道内采用双电源线路，其电源线上不得分接隧道以外的任何负载，为保证隧道通风、照明及监测系统等一级负荷用电，在外电网停电 10 min 内，启动备用的二台发电机组供给一级负荷用电。

电缆的敷设基本要求：

（1）照明电缆及灯应使用钢索悬挂。

（2）电缆悬挂点间的距离，在正洞、平导内不得大于 3 m。

（3）高、低压电缆敷设在同一侧时，其间距应大于 0.1 m。电缆间的距离不得小于 0.05 m。

（4）洞内电缆与电气设备连接，必须使用与电气设备的防爆性能相符合的防爆型的连接盒，电缆芯线必须使用齿形压线板或线鼻子与电气设备连接。

高瓦斯工区照明灯具的选用，应符合下列规定：

（1）已衬砌段的固定照明灯具，可采用 EXdⅡ型防爆照明灯。

（2）开挖工作面附近的固定灯具必须采用 EXdⅠ型防爆照明灯。

（3）移动照明必须使用矿灯。

洞内电气设备的设置按以下原则执行：

（1）配电系统设置总隔爆开关、分隔爆开关、设备隔爆开关，实行三级配电；配电系统应使三相负荷平衡。

（2）动力隔爆开关与照明隔爆开关分别设置，照明线路界限要接在动力隔爆开关的上侧。

（3）总隔爆开关设置在靠近电源区域，分隔爆开关设置在用电设备或符合相对集中的区域，分隔爆开关与设备隔爆开关的距离不得超过 30 m，隔爆开关与其控制的固定用电设备的水平距离不应超过 3 m。

（4）每台用电设备必须有各自专用的隔爆开关，禁止用同一隔爆开关直接控制二台及二台以上的用电设备。

（5）隔爆开关不得装设在易受外来物撞击、强烈振动、液体侵蚀及热源烘烤的场所，否则应进行清除或防护处理；隔爆开关周围留有足够两人同时工作的空间和通道，周围不得堆放有碍操作、维修的物品。

（6）隔爆开关要放置在洞内其他机械设备不易碰撞的地方，并设立警示标志或警示灯。

供电线路应无明接头，无接头连接不紧密或散接头，有漏电保护装置，有接地装置，电缆悬挂整齐，防护装置齐全等。

隧道内供电必须做到"三无""四有""两齐""三全"。三无：无"鸡爪子"、无"羊尾巴"、无"明接头"；四有：有过电流和漏电保护、有螺丝和弹簧垫、有密封圈和挡板、有接地装置；两齐：电缆悬挂整齐、设备硐室清洁整齐；三全：防护装置全、绝缘用具全、图纸资料全。

瓦斯隧道使用的机电设备，在使用期间，除日常检查外，应按规定的周期进行检查，其检查周期应符合表 6-2 规定。

具体电器保护措施：

（1）瓦斯工区内的电气设备不允许大于额定值运行。

（2）瓦斯工区内的低压电气设备，严禁使用油断路器、带油的起动器和一次线圈为低压的油浸变压器。

（3）瓦斯隧道内的配电变压器严禁中性点直接接地。严禁由洞外直接接地的变压器或发电机直接向瓦斯工区内供电。

（4）隧道内高压电网的单相接地电容电流不得大于 20 A。

（5）瓦斯隧道内禁止高压馈电线路单相接地运行，当发生单相接地时，应立即切断电源。低压馈电线路上，必须装设能自动切断漏电线路的检漏装置。

表 6-2 瓦斯隧道使用机电设备检查周期表

序号	检查项目	周期	备注
1	使用中的防爆机电设备的防爆性能	每月一次	专职电工应每日检查外部一次
2	配电系统继电保护装置检查、整定	每月一次	
3	高压电缆的泄漏和耐压试验	每半年一次	
4	主要机电设备绝缘电阻检查	每年一次	
5	主要机电设备电缆的绝缘和外部检查	每月一次	外观和悬挂情况由专职电工每周检查一次
6	移动式机电设备的橡胶电缆绝缘检查	每季一次	由当班司机或专职电工每班检查一次有无破损
7	接地电阻测定	每季一次	
8	新安装的机电设备绝缘电阻和接地		投入运行前测定
9	瓦斯检测仪器仪表	10 天一次	检查校正方法见规范 TB 10120—2002

（6）瓦斯突出工区内的局部通风机和开挖面的电气设备，必须装设风电闭锁装置。当局部通风机停止运转时，应立即自动切断局部通风机供风区段的一切电源。

（7）为了防止地面雷电波及隧道内引起瓦斯爆炸，必须遵守下列规定：① 经由洞外架空线路引入隧道的供电线路，必须在隧道口处装设避雷装置；② 由洞外直接进入隧道内的轨道和露天架空引入（出）的管路，必须在隧道洞口附近将金属体进行不少于两处的集中接地；③ 通信线路必须在隧道洞口处装设熔断器和避雷装置。

（8）隧道内 36 V 以上的和由于绝缘损坏可能带有危险电压的电气设备的金属外壳、构架等，都必须有保护接地，其接地电阻值应满足下列要求：① 接地网上任一保护接地点的接地电阻值不得大于 2 Ω；② 移动式或手持式电气设备与接地网间的保护接地用的电缆芯线的电阻值不得大于 1 Ω。

6.4.5 隧道通风系统管理制度

为了规范隧道施工通风作业，保证施工通风效果，给施工提供良好的作业环境，使隧道施工得以安全、快速、高效地进行，根据《铁路隧道施工规范》（TB 101204—2002）、《铁路瓦斯隧道施工技术规范》（TB 10120—2002），结合隧道实际情况制定通风管理制度。

成立通风系统管理机构明确组长、副组长及具体成员的职责，全程参与方案制定、实施、局部调整，过渡方案的设计，通风系统测试与评价、通风检测系统的维护以及洞内作业环境评价等。通风管理各个阶段施工前，必须进行技术交底，结合项目的特点、技术要求、施工工艺、工程难点、施工操作要点以及工程质量标准进行安全技术交底。

6.4.5.1 具体通风管理

（1）风机的安装。

根据选定的通风设备安装位置，平整场地，设置安装通风设备的基础和支架，并有技术人员提供风机支架图纸和材料型号，一般按承重通风机总重量的 2～4 倍焊制通风机机架。为防止洞内排出的污风被二次吸入，通风机架设在距洞口 20 m 外。将通风设备平放在预制好的支架上，调平、调整方向后用螺栓固定。通风设备的安装应符合设计要求及使用说明要求。电器控制柜安设在干燥、无尘、通风良好且便于风机司机操作的地方，接通电源，分别启动两台电机，检查电机旋转方向是否与箭头指向一致。

（2）风机的运行管理。

通风工应加强与风机司机的联系，风机司机必须在接到通风工通知后方能送风。送风时，先启动一台电机，5 min 后再启动另一台电机。变级多速风机必须由低速到高速逐台稳定启动，即低速启动稳定后才能启动中速，中速稳定后才能启动高速。风机司机要遵守操作规程，防止发生机械事故，做好防火、防触电工作；风机不运转时，务必切断电源，并对风机运行状况做好记录，以备查询，特殊情况及时汇报。

（3）通风实施过程中风机位置的调整。

随着作业面的向前推进，有时需要安装和移动风机。该工作由技术人员指导通风工人和风机维修工完成。首先，由技术人员根据设计选定风机的位置，通风工人在安装风机的地方加固处理；其次，由风机维修工对所安风机进行检测，确定正常后，用吊装设备移动到指定位置，再由通风工人对风机进行加固；最后，由技术人员和风机维修工负责连接线路，调试运行。

（4）风机的维护与保养。

风机的维护与保养，必须遵循一定的工作制度，必须有专人保养维修，不能携带故障运行，定期清理风机内的灰尘，为了保证风机的叶轮不会被锈蚀失衡，对于叶轮上的灰尘、污垢要特别地清除。维修的时候一定要先断电，再检查。每隔一个月对风机加注一次黄油，保证运行的畅通。

6.4.5.2　通风系统维护的辅助措施

（1）通风工对责任区内的通风系统须每班巡回检查一次，发现破损、爆裂、泄漏、拖挂、弯曲、褶皱、拉链脱开等要及时处理。

（2）定期测风压、风量、风速，并做好记录。

（3）经常检查和维修通风机具，检查通风设备的供风能力和动力消耗，检查风管有无损伤，损伤要修补。

（4）风管破损严重的应急处理措施为：先用扎丝将风管缝补好，等不需要通风时把风管换掉，再用塑焊枪进行修补。

（5）管理好进洞的运输道路和运输设备，防止划破风管，对于可能损坏风管的出露锚杆，要及时进行处理；对于车辆经常碰到的通风管路，要及时抬高。洞内尽量不要停放闲置的汽车、梭矿和堆积杂物，以免影响风流。

（6）管理好进洞的污染源，必要时对内燃机械设备加空气净化装置。

（7）必要时在开挖工作面装设水雾除尘设备，使之与空气中的粉尘碰撞，则尘粒附于小水滴上，被溶湿的尘粒凝聚成大颗粒，从而加快了其降落程度，达到降尘的效果。

（8）必要时采用空气引射器吹散局部积聚的瓦斯和有害气体。

6.4.5.3　通风安全施工措施

（1）通风作业人员要熟悉隧道施工环境、作业工序、通风仪器设备性能，岗前经专职培训合格后才允许进行通风作业。

（2）通风设备安装必须牢固，周围 5 m 内不得堆放杂物。通风设备应配有保险装置，发

生故障时，能自动停机。

（3）风机司机要遵守操作规程，防止发生机械事故，做好防火、防触电工作；风机不运转时，务必切断电源。

（4）风机司机发现通风系统有异常、振动、火花等故障时，应立即通知人员做出处理。

（5）不允许把重物加在通风管上，更不允许通风工站在通风管上作业。风管周围不得堆放尖锐物件，在安装风管时，风管线路下方的锚杆、钢筋应及时割掉，防止扎烂风管。

（6）动力线、照明线不得安装在风管同侧。通风工用电，接线必须找专职电工。

（7）隧道接近或通过瓦斯的岩层，必须按煤炭工业部现行的《煤矿安全规程》有关规定办理。

（8）施工过程中必须对人员加强安全技术交底。

（9）长梯作业时做好防滑或踏空准备，系好安全带。同时应有其他通风工扶着梯子。

（10）严禁穿着化纤衣物进入瓦斯隧道。严禁将火柴、打火机及其他易燃物品带入隧道内。

（11）高空作业必须佩戴安全帽，同时必须系好安全带。

（12）在使用紧线器时，一定要把握住力度，防止钢丝拉蹦，以免伤人。

（13）当在模板台车、台架上作业时，一定要抓牢站稳，防止坠落。

（14）隧道内任何时间禁止瞌睡和睡觉。

（15）响炮前必须退到安全距离以外避炮。

（16）随时注意洞内过往车辆，及时避让，保证个人人身安全。正在作业时，如有车辆过来，必须立即停止作业，以免被车碰到。

6.4.5.4 通风应急处理措施

（1）风机故障应急处理：当发生风机烧坏时，首先通知作业面工人，并根据洞内环境监测结果决定是否停工，同时尽快查明原因，启动备用风机，并对烧坏的风机进行维修。

（2）通风管路爆裂或划破应急处理：在通风状态下，发生风管爆裂或被划破现象时，应首先通知作业面工人，并根据洞内环境监测结果决定是否停工，同时通知风机司机把风机变为低速运转或停止运转，用细铁丝对爆裂风管进行快速缝合，尽快恢复正常通风；待允许停风时，再将爆裂或被划破的风管更换为新风管。在停风状态下，发生风管被划破现象时，可直接将被划破的风管更换为新风管。

（3）通风管路拉链断开应急处理：在通风状态下，发生风管拉链断开现象时，应首先通知作业面工人，并根据洞内环境监测结果决定是否停工，同时通知风机司机关掉风机，用细铁丝对断开的两节风管进行快速缝合连接，连接好后，尽快恢复正常通风；待允许停风时，再将拉链损坏的风管更换为新风管。在停风状态下，发生风管拉链断开现象时，可直接将拉链损坏的风管更换为新风管。

（4）通风管路掉落时应急处理：当发生管路掉落现象时，应首先通知作业面工人，并根据洞内环境监测结果决定是否停工，同时通知风机司机把风机变为低速运转或停止运转，车辆暂停通行，并尽快将掉落管路牵线吊起，固定牢靠。完成后，恢复正常。

6.4.6 瓦斯监测系统管理制度

瓦斯监测是贯彻"安全第一，预防为主"安全生产措施的重要体现。在瓦斯隧道施工中，瓦斯监测是施工安全的基本保障。做好瓦斯检测工作有以下重要意义：防止在施工过程中，有害气体浓度超限造成灾害，以保证施工安全和施工的正常进行；根据监测到的隧道内有害气体的浓度大小，及时采取相应的技术措施；检验防排瓦斯技术措施效果，正确指导隧道施工，为科学组织施工提供依据。

瓦斯检查管理是为了杜绝瓦斯事故的发生，确保天坪隧道安全生产。根据《铁路瓦斯隧道技术规范》《煤矿安全规程》《煤矿安全监控系统及检测仪器使用管理规范》《瓦斯检查员》等制定监测系统管理制度：

（1）瓦斯隧道必须建立安全监控管理机构，安全监控管理机构负责安全监控设备的安装、调试和维护工作。安全监控管理机构应配备一定数量的安全监控员和瓦检员、通风安全监督人员，瓦检员必须经过专业培训，经有关部门考试合格并持证上岗。

（2）瓦斯隧道安全监控系统除具有甲烷断电仪和甲烷风电闭锁装置的全部功能及故障闭锁功能外，当主机或系统电缆发生故障时，系统必须保证甲烷断电仪和甲烷风电闭锁装置的全部功能；当电网停电后，系统必须保证正常工作不少于 2 h；系统必须具有防雷电保护；系统必须具有断电状态和馈电状态监测、报警、显示、存储和打印报表功能。

（3）瓦斯隧道必须根据现行《煤矿安全规程》有关条款规定进行系统设置。主要通风机、局部通风机应设置设备开停传感器；被控设备开关的符合侧应设置馈电状态传感器；各作业点参照"瓦斯安全监控系统专项方案"的规定设置甲烷传感器。

（4）编制隧道作业规程或安全技术措施时，必须对安全监控设备的种类、数量和位置、动力开关的安设地点、信号电缆和电源电缆的敷设、控制区域等明确规定，并绘制布置图。

（5）为防止甲烷超限断电，切断安全监控设备的供电电源，安全监控设备的供电电源必须取自被控制开关的电源侧，严禁接在被控开关的负荷侧。

（6）与安全监控设备关联的电气设备、电源线及控制线在拆除或改线时，必须与安质部共同处理。检修与安全监控设备关联的电气设备，需要安全监控设备停止运行时，须经工区副经理同意，并制定安全措施后方可进行。

（7）在使用安全监控设备前，必须按产品使用说明书的要求调试合格后方可使用。

（8）模拟量传感器应设置在能正确反映被监测物理量的位置。开关量的传感器应设置在能正确反映被监测状态的位置。声光报警器应设置在经常有人工作便于观察的地点。地面与洞内主站或分站，应设置在便于人员观察、调试、检验及支护良好、无滴水、无杂物的进风巷道或硐室中；安设时应垫支架，使其距隧道底板不小于 300 mm，或吊挂在隧道中。

（9）隔爆兼本质安全型等复合型本质安全型防爆电源，应设置在已经施工二次衬砌地段，严禁设置在断电范围内。隔爆兼本质安全型防爆电源，严禁设置在回风巷内。

（10）安全监控仪器设备必须定期调试校正，每月至少一次。在设备验收时，安装前也必须调试校正。

每隔 10 d 必须对甲烷超限断电闭锁和甲烷风电闭锁功能进行测试（包括零点、灵敏度、报警点、断电点、复电点、指示值、控制逻辑等）。

（11）安全监控设备发生故障时，必须及时处理，在故障期间必须采用人工监测等安全措施，并填写故障记录表。

（12）监控员必须 24 h 值班，每班检查安全监控设备及电缆，使用便携式光学甲烷检测仪或便携式甲烷检测报警仪与甲烷传感器进行对照，并将记录和检测结果报监测值班员。当两者读数误差大于允许误差时，先以读数较大者为依据，采取安全措施，并必须在 8 h 内对两种设备进行调试完毕。

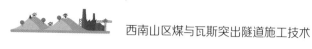

（13）对需要经常移动的传感器、声光报警器、断电器及电缆等安全监控设备，必须由掘进班组长负责按规定移动，严禁擅自停用。

分站、传感器、声光报警器及电缆等安全监控设备，由所在工区施工队队长负责保管和使用，如有损坏及时向安质部汇报。

（14）凡经大修的传感器，必须经计量检定合格方可在洞内使用。

（15）瓦斯隧道安全监控系统监控室必须实时监控全部工作面瓦斯的浓度变化及被控设备的通、断电状态。

（16）瓦斯隧道安全监控系统监控室值班员必须认真监视监控器所显示的各种信息，详细记录系统各部分的运行状态，负责打印监测日报表，报工区副经理和技术主管审阅。

（17）安全监控系统管理机构必须对当日获得的信息进行分析整理并送有关部门审阅。

（18）凡发生队组解脱或破坏安全监控系统的情况，必须执行先停工后追查的制度。

6.4.7 瓦斯检测交接班制度

（1）瓦斯检查员必须执行隧道内现场交接班制度。隧道内应设立瓦斯检查员交接班洞室，洞室内备有照明灯、记录用桌凳。

（2）高瓦斯区和瓦斯异常区必须设专职瓦斯检查员，要在作业地点交接班，并在规程措施中做出明确定。

（3）严格执行填写交接班记录制度。交接班要做到上不清下不接。接班人对交接内容了解清楚后，交接班人员都必须在《瓦检员瓦斯检查手册》上签字，记录备查。记录填写内容包括：检查员检查地点，瓦斯浓度检查情况，瓦检仪器的完好状态，当班瓦斯及沿途通防设施、设备的检查情况，交接班人员签字等。交接班记录在隧道内保存一个月，带到地面保存一个季度以上。

（4）交接时间：

早班 7：30—15：00　　中班 15：30—23：30　　夜班 23：30—7：30

瓦斯监控检测资料管理制度：

（1）瓦斯监控检测资料员应根据资料内容进行资料盒的脊背、封面标识，做到整齐、美观，便于查阅。资料盒内应包括总目录、卷内目录、资料封面、分目录和资料内容五部分，各级目录及资料内容必须对应一致，层次清晰。

（2）资料应随工程进度及时收集、整理，项目齐全、字迹清楚、图面整洁、签章齐全，必须使用档案规定用笔。资料编制表格式样应符合国家、行业或地方有关规定。

（3）资料管理人员应根据工程进度及时填写瓦检资料，并按规定及时归档。资料填写人员应对资料内容的真实性、准确性负责。

（4）资料员随时掌握瓦斯检测及监测情况，保证资料指导施工，发现滞后情况时，应依据资料管理制度进行报告、催交工作。

（5）资料员负责对瓦斯检测及监测资料的编制情况进行初检。根据相关规范要求对资料中的内容填写、签名盖章、进行检查并督促相关人员整改，保证其正确性。对检查合格的资料，做好编目、外观整理、组卷等工作。

（6）项目经理部总工程师应定期组织工程技术人员对工程资料进行自检，留下检查记录，按项目部规定对相关责任人进行奖罚并限期整改，并组织工程技术人员对资料检查中存在的问题进行认真分析、总结和再培训学习。

6.4.8　瓦斯监测检测信息沟通制度

为了让瓦斯检测结果及时、准确、有效地传达到施工现场和项目领导，避免瓦斯超限和爆炸事故的发生，须制定瓦斯检测信息沟通制度，通过记录牌公布、口头、书面、会议、短信及电话汇报的形式。项目各职能部门、工作人员必须按规定积极参加沟通过程；有待协商解决的问题，及时沟通，直至问题获得解决；对于涉及责任界限的沟通，必须做记录签字。

瓦检员在检查过程中必须按规定时间向现场领工员、安全员汇报，领工员并及时向项目领导汇报检测结果。瓦检员如果在检查某一地点时，发现问题和隐患必须立即停止检查，通知领工员、安全员和通风组对隐患进行处理，处理完毕后，必须立即向项目领导汇报，同时领工员、瓦检员须做好记录。如果没有按正常时间向项目领导汇报，且没有说明原因，则按脱岗处理。

当班领工员必须认真按瓦斯巡回检查路线图表填写瓦斯检查员汇报的记录，决不允许瓦斯检查员一遍检查完后一起汇报再填写。发现有此现象，追究当班领工员和瓦斯检查员责任。

制定瓦斯分级管理制度，瓦斯浓度控制标准为 0.5%、0.8%、3.0%。

瓦斯浓度为 0.5% 时，报工区安质部和渝黔项目部安质部，由工区经理组织安全员、领工员和瓦检员负责加强通风排放，直至小于 0.5%。

瓦斯浓度为 0.8% 时，及时报工区安质部和渝黔项目部安质部，并报项目部经理、总工、安全总监，由项目部领导到场协助处理。由渝黔项目部组织项目总工、安全总监、工区经理、安全员、瓦检员和中心站管理人员，与领工员共同分析瓦斯超限原因，并如实记录，上报集团公司安质部。

瓦斯浓度为 3.0% 时，立即报工区安质部和渝黔项目部安质部，并报项目部经理、总工、安全总监，由项目部领导到场协助处理。由渝黔项目部组织项目经理、总工、安全总监、工区经理、安全员、瓦检员和中心站管理人员，与领工员共同分析瓦斯超限原因，并如实记录，上报集团公司安质部。由项目部组织分析通风实际情况，并制定瓦斯排放措施。由工区经理组织安全员、领工员和瓦检员负责加强通风排放。

6.4.9　瓦斯隧道动火审批制度

结合洞内实际情况，对洞内动火作业分类，分为 A 级、B 级、C 级三类：

（1）A 级动火作业：在易燃易爆场所进行的动火作业。

（2）B 级动火作业：在本单位区域内除易燃易爆场所之外的临时性的维修、改造、施工等动火作业。

（3）C 级动火作业：在本单位区域内进行的固定的长期性动火作业。

（4）所有级别的动火作业都必须办理动火作业许可证。

具体管理：

（1）瓦斯隧道内及隧道口 20 m 范围内为禁火区，所有动火作业均属于 A 级动火作业。

（2）需进行动火作业的，由施工单位提出申请，填写动火许可证，动火许可证上要详细写出动火安全措施。由施工单位的安全主管领导签字后，报项目部经总工程师、安全总监、通风调度及瓦斯监测部门会签后才能动火。

（3）动火许可证一式两份，动火单位一份，安全部一份。

（4）动火作业应接受项目部安全员、瓦检员的监督和检查。作业前清除一切可燃物、助燃物，瓦检员对瓦斯进行测定，瓦斯限值降到规定浓度时才可进行动火作业，同时加强隧道通风。作业过程中，瓦检员应随时对动火区域 20 m 范围内进行瓦斯检查，出现异常情况，安全员、瓦检员有权停止动火作业。

动火申请及要求：

（1）A 级动火必须在动火前两天提出申请，由于意外原因（如抢险救灾、隧道坍塌支护等）突然造成事故而必须立即动火检修的项目除外，但动火前也应填写动火许可证，并征得项目部主管领导的同意，方可动火。

（2）B 级动火必须在动火前一天提出申请，由于意外原因（如抢险救灾、隧道坍塌支护等）突然造成事故而必须立即动火检修的项目除外，但动火前也应填写动火许可证，并征得项目部总工程师的同意，方可动火。

（3）C 级动火必须在动火前 4 h 提出申请，由于意外原因（如抢险救灾、隧道坍塌支护等）突然造成事故而必须立即动火检修的项目除外，但动火前也应填写动火许可证，并征得项目部安全总监的同意，方可动火。

（4）施工单位在动火作业范围必须做好安全防火措施，备齐必要的消防器材，接受监督和检查。

（5）动火作业完成后，施工单位应仔细检查，熄灭一切火源，谨防死灰复燃，做到工完场清。经现场监督检查人员验收签字后，施工单位方可撤出。

（6）无动火许可证禁止在禁火区动火，违反本制度的单位和个人将严厉追究其责任。

动火作业的安全规定：

防火、灭火措施没落实不动火；周围的杂物和易燃品、危险品未清除不动火；附近难以移动的易燃结构物未采取安全防护措施不动火；凡盛装过油类等易燃、可燃液体的容器、管道用后未清理干净不动火；进行高空焊割作业时，未清除地面的可燃物品和采取相应防护措施不动火；动火场所未采取安全防护措施，危险性未拔除不动火；未有配备灭火器材或器材不足不动火；现场安全负责人不在场不动火；隧道内瓦斯超限，未达到安全值不动火；没有瓦斯检测员在场，未对该段进行检测不动火。

6.4.10　现场安全盯岗制度

为贯彻"安全第一、预防为主、综合治理"的方针，进一步加强项目安全生产组织管理，保证项目节假日及休息时间（包括夜间）安全生产工作的连续性，保证在紧急事件发生时的应急组织、领导、指挥能力，分部安全生产领导小组决定在分部范围内建立健全并进一步完善安全生产值班盯岗制度。

分部日常管理、节日期间和特殊时期（夜间施工）特殊岗位（掌子面开挖、揭煤、瓦斯排放等）应按照此制度进行值班盯岗。安排生产、技术、工程、行政等的主要负责人，均应轮流承担本项目的安全生产值班盯岗任务，根据具体情况按周或旬排好顺序轮流值班。

（1）值班干部在值班期间，负责本单位的全面安全生产工作，对其管辖范围内所发生的伤亡事故，负责组织抢救、指挥保护现场、上报处理，参与安全生产教育工作。参与本单位新进员工的安全教育，积极参加并检查本单位安全活动。

（2）参与安全生产检查，对危险性较大的施工，必须全过程盯防，对所负责范围经常进行安全检查，着重检查施工现场的安全设施是否合格，检查各项安全措施是否落实，检查瓦斯监测、通风、防爆、监控措施是否落实，检查"三宝"（安全帽、安全带、安全网）使用是否认真，检查临边的防护是否完善，检查机械设备、临时用电是否安全，消防、保卫制度、措施是否落实等。对检查出的问题认真组织整改，并严格执行安全纪律。

（3）对值班管辖范围内发生的伤亡重大未遂事故负有管理责任。要认真参加事故处理，本着"四不放过"原则，以实例教育职工，采取可靠防护措施，预防事故重复发生。

（4）经常听取意见，针对值班内的安全生产实际情况，及时向上级反映情况，并提出积极建议，改进安全管理工作。要及时解施工现场发生的重大情况，及时帮助解决施工现场解决不了的问题，及时向上级反映施工现场的情况。

（5）值班人员应保证通信畅通，因故离开要向主管领导请假，安排替班人员，重要时期不离岗脱岗。特殊岗位人员，任何时间都不得脱岗。值班人员认真填写好安全值班记录。

为更好发挥领导干部现场作用，现场盯岗干部的职权：

（1）安全值班人员在值班期间，及时掌握安全生产情况。对违章冒险作业应给予制止；必要时有权决定罚款和暂停生产，并迅速向分部领导报告。对不听劝告的违章者，有权提出处罚意见并进行处罚。

（2）有权拒绝执行违章冒险作业的指令，并立即向主管安全的领导报告。

（3）凡进入施工现场的人员，在安全生产问题上都必须听从安全值班人的意见和指挥。

6.5 安全应急救援管理

6.5.1 危害类型和程度分析

6.5.1.1 煤与瓦斯突出隧道灾害分析

（1）煤与瓦斯突出是隧道瓦斯的特殊涌出现象，能在短暂的时间里突然从煤层中喷出大量的瓦斯和煤炭，同时伴随着强大的冲击和声响，对隧道施工人员的安全威胁极大。

（2）根据煤与瓦斯突出时所显现的突出动力现象及突出物的抛掷堆积状况，将煤与瓦斯突出分为：煤与瓦斯突出、煤与瓦斯倾出、煤与瓦斯压出及瓦斯喷出。

6.5.1.2 危害分析

煤与瓦斯突出会造成大量煤体和瓦斯的涌出，造成隧道堵塞、人员和设备被淹埋、通风系统被破坏，瓦斯大量涌出还会引起爆炸或造成人员窒息死亡，严重威胁施工人员的生命安全。施工过程中需要加强管理，加强瓦斯检测和通风，严格控制瓦斯浓度，杜绝三违和火源出现，防止瓦斯突出事故发生。

6.5.2 组织机构及相关职责

6.5.2.1 应急救援组织机构

成立以项目经理为指挥长的应急救援领导小组，设调度室，下设 7 个处置组：专业救护组、机电设备组、通风组、施工技术组、安全质量组、后勤保障组、善后处置组。

总指挥：项目经理

副指挥长：项目副经理、项目总工程师、安全总监

副组长：各职能部门负责人及项目其他成员

（1）组长职责：全面负责应急救援组织活动，发布救援命令，向上级汇报救援工作进展情况，制订救援方案和应急措施。

（2）副组长职责：组长处理事故的第一助手，在组长领导下配合专业救护队组织制订营救人员和处理事故的计划；总指挥部不在时，由副总指挥依次行驶指挥权。

（3）成员职责：根据营救人员和处理事故的方案，以专业救护队人员为主题组织为处理事故所必需的工人待命，及时调集救灾所必需的设备材料。

6.5.2.2 各专业处置组任务及职责（括号内为组长）

（1）专业救护组：对煤与瓦斯突出事故的救援行动具体负责，根据营救和处理事故计划规定的任务，完成对事故遇难人员的救援和事故处理。

（2）机电设备组：检查所有进入瓦斯隧道的机电设备必须符合防爆要求；督导机械班、电工班对应急机电设备进行检测和日常维修保养；对防爆设安装、维修、使用人员加强防爆知识业务学习，做到判断事故准确、处理及时。

（3）通风组职责：按照组长命令负责改变隧道通风系统，为实现自然通风恢复主通风机运转做好技术指导工作，重视主通风机的工作状况和组织完成必要的通风工程，组织瓦斯排放并执行与通风有关的其他措施。

（4）施工技术组职责：按照组长命令负责协调各方面的工作，协助专业救护队进行抢救、撤人和灾害处理。

（5）安全质量组岗位职责：监督各种安全检查质量事故隐患的整改和各项安全质量措施的落实；负责瓦斯隧道施工人员的安全培训工作，做好瓦斯隧道安全知识的宣传和普及；建立健全瓦斯隧道施工的各种岗位安全制度；组织安全检查，负责揭煤前及揭煤过程中的安全工作，监督瓦斯隧道各工种施工人员，认真落实岗位安全质量保证措施。

（6）后勤保障组岗位职责：做好后勤保障，保证瓦斯隧道施工、材料、机备供应和人员资金到位；加强瓦斯隧道施工人员的职业道德，安全意识教育，牢固树立"安全第一"的思想。

（7）善后处置组岗位职责：负责现场的清理工作；负责对外理赔工作；负责伤亡事故的赔偿处理工作；参与事故调查、分析和总结教训。

6.5.3 预防与预警

6.5.3.1 危险源监测监控方式

（1）各级领导、各有关业务部门在危害辨识、风险评价的基础上，对辨识出的、难以控制的隧道煤与瓦斯方面重大危险源，建立台账，分级管理，加强业务工作，督促隐患整改，安装监测报警装置，控制风险，防止事故发生。

（2）健全完善安全隐患公布及排查制度。定期把隧道安全监控系统提供的数据、各类安全检查查出的安全隐患进行综合分析，提出隧道的安全隐患排查表，明确整改措施、负责人和完成时间，并公之于众。

（3）按重点防突的掌子面的名称、地点、石门揭煤或震动性放炮的地点、放炮时间以及停电、撤人的范围要在洞口调度室预警预报栏公布。

（4）加强对全体员工的防突知识培训，提高员工防灾、治灾意识和能力，要求每位员工熟知煤与瓦斯突出前的预兆及发生突出事故后的抢险自救措施。

6.5.3.2　煤与瓦斯突出事故的防治措施

（1）防突工作应当做到多措并举、可保必保、应抽尽抽、效果达标。

（2）认真搞好掌子面突出危险性预测预报，当预测有突出危险时，及时采取防突措施并进行措施效果检验、采取安全防护措施。

（3）掌子面坚持每班观测围岩结构变化情况，遇地质构造或出现突出预兆时，都必须停止施工，撤出人员，向调度室汇报，待采取措施、消除突出危险后，方可恢复施工。

（4）掌子面安设压风自救器，作业人员随身携带压缩氧自救器，在工作面附近新鲜风流巷道中安设直通调度室的防爆电话。

6.5.4　信息报告程序

（1）一旦发生隧道煤与瓦斯突出事故，工班长应尽可能了解和弄清事故的性质、范围和影响程度，迅速向调度室电话汇报，同时组织人员往洞外撤离。

（2）调度室接到事故电话汇报后，立即向应急救援小组组长汇报，由组长启动应急救援预案。调度室负责通知应急救援小组成员到场。

（3）组长通知专业救护队进场，同时组长应于 30 min 内向项目部汇报。汇报的主要内容包括：

① 事故发生单位概况；

② 事故发生的时间、地点以及事故现场情况；

③ 事故类型及简要经过；

④ 影响范围；

⑤ 事故已经造成或者可能造成的伤亡人数（包括下落不明的人数）和初步估计的直接经济损失；

⑥ 事故原因的初步判断；

⑦ 应急预案的启动情况；

⑧ 已采取的应急救援措施和进展情况；

⑨ 需请示报告的其他事项等。

6.5.5　应急处置

6.5.5.1　响应程序

一旦发生煤与瓦斯突出事故，由组长启动应急救援预案，根据事故性质进行上报。

应急救援预案启动后，调度室值班人员按照应急救援人员通知明细表，迅速通知有关领导和人员立即赶到事故现场，按照各自职责全面开展应急救援工作。

6.5.5.2 处置措施

应急预案启动后，应急救援小组根据现场实际情况采取下列措施：

（1）尽快安全撤出洞内施工人员，积极组织营救遇险遇难人员，及时救治受伤和中毒人员；保护好事故现场，因抢救事故需要移动现场部分物品时，必须做出标志或绘制事故现场图，并详细记录。

（2）迅速找到并控制或消除事故的危害和危险源，防止事故扩大。

（3）根据事故性质迅速恢复被损坏的洞外供电、通风、排水、通信等系统，确保抢险救灾工作的顺利进行。

（4）根据专业救护队侦察情况迅速制订救灾方案和救灾计划。

（5）现场应急处置应遵循的原则。

① 救人优先的原则：现场工作人员本着"以人为本，救人第一"的原则，首先进行自救，然后进行救助他人；

② 防止事故扩大，缩小影响范围的原则；

③ 保护救灾人员生命安全的原则；

④ 利于恢复生产的原则。

（6）事故发生后的应急处置措施。

① 发生突出事故后，在专业救护队未达到之前，在带班干部和班组长带领下迅速组织现场人员开展自救和互救，施工人员迅速佩戴好隔离式自救器按最短的避灾路线附表三撤到洞外，在撤离时要设法切断洞内电源。

② 专业救护队必须按照应急救援小组指令在 30 min 内到达事故地点进行抢险救灾。到达事故现场后，首先设置警戒；组织人员进行侦察工作，准确探明事故性质、原因、范围、被困人员可能的位置，以及巷道通风、瓦斯等情况，积极搜索被困人员，并随时与调度室保持联系，汇报抢险进展情况。

③ 专业救护队员在隧道内抢救时必须遵循以下原则：

采取一切有效措施，及时救助遇险人员，尽量减少人员伤亡；

发现火源要立即扑灭；

确认无二次突出可能时，要及时恢复破坏的隧道通风设施，恢复正常通风；

对充满瓦斯的主要隧道加强通风，迅速按规定将高浓度瓦斯直接引入副井排出隧道。

④ 要慎重处置隧道内电源，断电作业应在远距离进行，防止产生电火花引起爆炸。

⑤ 洞内不准随意启闭电器开关，不要扭动防爆灯和灯盖，防止引爆瓦斯。

⑥ 制定相应安全措施，排除隧道内的高浓度瓦斯等有害气体，整修恢复通风系统，按措施清理突出煤渣，防止事故再生和扩大。

⑦ 注意事项：

应急抢险人员应按规定佩戴符合标准的个人防护用品。

应采购国家指定的专业厂家生产的抢险救援器材，要严格采购、入库、存放过程及使用前的检查验收关，并按规定使用。

制定的应急救援对策或措施要有针对性、可操作性，最好执行事前演练过的救援对策或措施。

现场自救互救应遵循保护人员安全优先的原则，防止事故蔓延，降低事故损失。

应急救援结束后，领导小组应组织人员对本次救援工作进行总结，找出存在问题，修订完善应急预案

6.5.5.3 医疗卫生救助

煤与瓦斯突出事故发生后，需立即向松坎镇中心卫生院及桐梓县人民医院请求支援。

6.5.5.4 应急人员的安全防护

（1）现场应急救援人员应根据需要携带相应的专业防护装备，采取安全防护措施，严格执行应急救援人员进入和离开事故现场的相关规定。

（2）应急救援小组根据需要具体协调、调集相应的安全防护装备。

6.5.5.5 现场检测与评估

根据需要，应急救援小组成立事故现场检测、鉴定与评估小组，综合分析和评价检测数据，查找事故原因，评估事故发展趋势，预测事故后果，为制订现场抢救方案和事故调查提供参考。检测与评估报告要及时上报。

6.5.5.6 应急结束

（1）恢复正常状态的原则。

以人为本的原则：事故现场抢险救援结束后，必须核实灾区内伤亡人数，确保遇险人员全部获救。

保证安全原则：恢复正常状态前，必须对事故现场进行侦察，并消除或控制可能造成二次事故或诱发其他事故的隐患。

实施监控原则：对事故现场进行人工和安全仪器仪表的连续监控，发现异常情况，立即采取相应安全技术措施，消除各类隐患。

（2）恢复正常状态的程序。

当事故应急处置工作结束后，分部已经进入恢复阶段，应急救援小组确认应急状态可以终止时，由应急救援小组组长决定并发布应急状态终止命令，宣布应急状态终止。

在应急状态终止后，应根据需要，组织信息发布，由书记说明有关事故处理完毕后的调查结果、采取的措施、善后处理的安排及预防改进措施等。

6.5.6 信息发布

分部对外新闻发言人由书记担任。

6.5.7 后期处置

6.5.7.1 善后处置

应急救援小组负责组织煤与瓦斯突出事故的善后处置工作，包括人员安置、补偿，征用物资补偿，灾后重建，污染物收集、清理与处理等事项。尽快消除事故影响，妥善安置和慰问受害及受影响人员，保证社会稳定，尽快恢复正常安全生产秩序。

6.5.7.2 保　险

煤与瓦斯突出事故发生后，积极联系、配合保险公司开展应急救援人员保险受理和受灾人员保险理赔工作。

6.5.7.3 事故灾难调查报告、经验教训总结及改进建议

（1）应急救援工作结束后，参加救援的部门要认真核对参加抢险救援人数，清点装备、器材；核算救援发生的费用，整理抢险救援记录、图纸，3日内写出救援报告。

（2）安检部门协助上级有关部门勘察事故现场，对事故进行初步调查分析，查明事故原因，组织制定防范措施。

（3）参加应急救援的各部门，应保存完整的应急救援记录、方案、文件、图纸等文字和音像资料。

（4）分析总结应急救援中存在的问题，修订完善相应的应急救援预案。

6.5.8 保障措施

6.5.8.1 通信与信息保障

建立健全煤与瓦斯突出事故应急救援信息报告系统；建立完善救援力量和资源信息数据库；规范信息获取、分析、发布、报送格式和程序，保证信息资源共享，为应急决策提供相关信息支持。

6.5.8.2 应急设备及用品保障

急救设备，救护队备齐包括急救药品、器具、设备等急救设备。抢修设备，包括工程车辆、维修工具、备用品等。防护用品，包括防护服、防护帽、防护眼镜、手套、呼吸器、防毒面具等。

6.5.8.3 图表资料保障

图表资料包括隧道通风系统示意图、通风网络图及供水、压风管路系统图、供电系统图、排水系统图。

6.5.8.4 应急队伍保障

煤与瓦斯突出应急救援队伍主要由专业救护队、应急救援小组组成。

6.5.8.5 交通运输保障

发生煤与瓦斯突出事故后，调度负责交通车辆的安排，负责保证隧道内运输线路的畅通。

6.5.8.6 医疗卫生保障

救护队负责常规医疗用品的准备，松坎镇卫生所和桐梓县人民医院负责配备相应的医疗救治药物、技术、设备和人员，提高医疗卫生机构应对煤与瓦斯突出事故的救治能力。

6.5.8.7 资金保障

财务室应当做好事故应急救援必要的资金准备。

6.5.8.8 技术储备与保障

工程部技术室在发生煤与瓦斯突出时，为应急救援提供技术支持和保障。

第7章 问题讨论

7.1 铁路隧道与煤矿施工规范适用性

瓦斯隧道施工经验少、技术发展落后、专用施工装备不配套、没有形成成熟系统和规范的管理，问题日益突出。

直到 2002 年，在总结相关瓦斯隧道施工经验，同时借鉴了煤矿相关规范的基础上，铁道部颁布了《铁路瓦斯隧道技术规范》，成为了交通建设行业唯一的技术规范。除此之外，在日常施工中，施工单位不得不参考甚至照搬煤炭系统相关规定。但是，由于不能深刻认识瓦斯隧道施工原理，不考虑隧道施工的特点，机械照抄照搬煤矿经验，同样会导致事故的发生，也必然会增加施工成本和工期，造成巨大的浪费。另外，自《铁路瓦斯隧道技术规范》颁布至今已有十多年的使用时间，期间新技术、新工法、新工艺、新装备层出不穷，目前，《煤矿安全规程》和《防治煤与瓦斯突出细则》也进行多次修订，现有铁路瓦斯隧道技术规范已经越来越不适应现场施工技术的发展，需要进一步修订完善。

7.1.1 瓦斯工区划分调整

目前，《铁路瓦斯隧道技术规范》（TB 10120—2002）将瓦斯隧道分为低瓦斯隧道、高瓦斯隧道及瓦斯突出隧道。其中工区又分为非瓦斯工、低瓦斯工区、高瓦斯工区、瓦斯突出工区，主要划分依据是瓦斯涌出量指标。这种划分过于简单笼统，不能全面、动态地反映隧道内复杂的各项因素，会给现场施工管理带来很多不便。更重要的是，会增加不必要的成本和工期延误。

例如中梁山公路隧道施工中，就存在全隧（3 165 m）按瓦斯隧道施工管理和局部（煤系段 300 m）按瓦斯隧道施工管理的争论。最终采取的第二种方案，在加强通风和检测的基础上，煤系地层段两端按普通隧道施工。事实证明，这一做法既安全、高效，又没有增加太多投资。

中梁山隧道施工虽为个例，但也说明建立一个科学合理的等级划分体系的重要性。同时，应建立机制，使同一瓦斯工区、同一工序在不同的施工阶段应该分别进行客观合理的评价，对安全设防等级进行动态调整，使施工在安全的基础上，更加高效、经济。

7.1.2 瓦斯分级标准需要更新

《铁路瓦斯隧道技术规范》（TB 10120—2002）4.1.3 条文指出："根据计算，一个工区的瓦斯涌出量不大于 0.5 m³/min 时，采用普通的通风设备即可把洞内瓦斯浓度降到 0.3%以下。"结合我国铁路瓦斯隧道施工经验，建议应按瓦斯浓度来明确施工阶段瓦斯分级标准。

施工阶段应根据实际监测的瓦斯浓度，及时确定或调整设计阶段划分的瓦斯工区级别。在通风条件下瓦斯浓度小于 0.5%、停风 1 h 后瓦斯浓度小于 1%时，为低瓦斯工区，反之为高瓦斯工区。

以上建议标准既能方便现场应用，且与瓦斯爆炸界限（瓦斯浓度 5%）来比，相当于安全系数取 5～10，可以规避瓦斯爆炸，因此是安全可靠的。同时，建议将瓦斯地段分级修改为非瓦斯地段、低瓦斯地段、高瓦斯地段和瓦斯突出地段，从而使瓦斯地段、瓦斯工区和瓦斯隧道相互关联。

根据以上分析，针对铁路瓦斯隧道，在确保施工安全的基础上，明确设计阶段和施工阶段的瓦斯分级标准，如表 7-1 所示。

表 7-1　铁路瓦斯隧道瓦斯分级标准（建议）

瓦斯级别	设计阶段		施工阶段
	瓦斯涌出量（m³/min）	瓦斯压力（MPa）	瓦斯浓度（%）
非瓦斯	0	0	0
低瓦斯	0～0.5	0～0.15	0～0.5
高瓦斯	≥0.5	0.15～0.74	≥0.5
瓦斯突出		≥0.74	发生瓦斯突出现象

7.2　煤矿巷道揭煤与隧道施工

瓦斯隧道和煤矿巷道既有共同点，即都在瓦斯环境内进行巷道掘进，都要对煤与瓦斯突出等风险进行预防和处置。但瓦斯隧道又不同于煤矿巷道施工，主要有以下区别：

7.2.1　目的不同

煤矿以采煤为目的。因此，煤矿巷道一般埋深较大，沿煤层分布，煤层及瓦斯情况相对明朗；相比煤矿，隧道埋深较浅，地质水文情况更复杂；隧道尽量避开或者减小穿煤厚度，但也使煤与瓦斯的分布及预测难度加大，更增加了风险。

7.2.2　巷道结构不同

煤矿巷道与隧道在结构形式、断面大小、支护形式等方面均有较大差异，详见表 7-2。

表 7-2　瓦斯隧道和煤矿巷道对比表

名称	巷道布置	开挖断面	埋深	巷道施工内容	风险点区别
瓦斯隧道	双洞或正洞+平导，相对简单。但一旦确定，无法调整线路，无专用通风巷道	一般较大，平导一般为 30 至 40 m²，正洞断面普遍为 120 m² 以上	埋深一般相对较小	巷道开挖支护、衬砌、仰拱开挖支护衬砌、附属工程施工、通风（施工期间）、机电（施工期间）、运输（施工期间）、煤与瓦斯防突施工（突出段落）	煤与瓦斯的探测预报难、围岩失稳与瓦斯风险叠加风险大，机电设备安全风险、管理风险大
煤矿	主巷道+诸多采掘巷道，相对复杂，但可根据实际需要调整线路，有专用通风巷道	一般较小，仅 7～10 m²，最大 30 m³	埋深一般较大	巷道开挖支护、附属工程施工、通风（长期）、机电（长期）、运输（长期）、煤与瓦斯防突施工（长期）	防突工作面多，煤与瓦斯突出风险，机电设备安全风险，管理风险

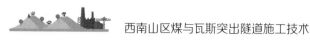

7.2.3　施工设备不同

煤矿施工由于其专业性和长期性，其配套的机械、电气设备已经相当齐全、完善，并且机械化、自动化程度越来越高。反观瓦斯隧道施工领域，由于历史和利用率等原因，缺乏配套的机电设备。煤矿一般采用有轨设备进行运输，但目前已有一些无轨防爆设备（如防爆胶轮车等）出现并运用。但是，瓦斯隧道防爆装运设备匹配问题比较突出。

隧道一般采用三种方式进行装运施工：无轨运输方式、有轨运输方式、混合运输方式（无轨装渣配合有轨运输，或者局部有轨运输转无轨运输），其中常规隧道基本采用无轨方式进行施工。针对瓦斯隧道的特殊情况，根据《铁路瓦斯隧道技术规范》明确要求，必须采用有轨设备或者防爆设备进行施工。

隧道采用有轨运输方式存在设备投入大、管理难度大、场地限制、不灵活而效率低、部分设备质量不稳定（如挖装机等）等诸多问题，目前已很少应用。而应用较多的是无轨防爆改装方式，但缺少整机防爆合格证明、合规性不明确、效率相对较低等问题。

采用煤矿标准的电气设备虽然能够部分解决瓦斯隧道施工问题，但也仍然存在如与正常段电力系统衔接、与部分隧道施工设备不匹配、第二电源投入大、管理难度加大等问题。

7.2.4　人力资源不同

煤炭开采作为一个传统学科，不仅从设计、管理、施工等方面都有完善成熟的标准、规范、经验；而且从各级人员的培养录用、各岗位的配置、各工艺、流程的完善、科学研究等各方面都已建立起一套从院校到矿山、从井下到井上、从工人到矿长的完善体系，专业的人做专业的事。

铁路或公路瓦斯隧道施工作为一门交叉学科，近些年才得到重视，设计、施工、管理人员都缺少经验，一线工人更多的是普通劳务工，劳动技能和素质均难以满足瓦斯隧道施工要求，虽然经过短期专门强化培训，但管理风险、安全风险依然巨大。

7.2.5　施工组织不同

由于煤矿以采煤为目的，因此在设计阶段就已经对矿区地质情况进行了详细的探测，对煤层及瓦斯情况掌握较详细。同时，煤与瓦斯的预报预测、采掘、检验检测、处突措施、揭煤、交通运输、通风等各项施工作为煤矿的常规施工，已形成一整套系统、成熟、标准化的规范。另外，施工过程中可根据实际情况进行相应调整。因此，煤矿施工能从资源配置、施工工艺、定额、工期安排等各方面合理安排，施工组织相对容易。

隧道虽然结构相对长而简单，但一旦设计确定，就无法做线路上的调整。各工序在同一巷道内依次紧跟，循环进行，若全隧按瓦斯隧道组织施工，将造成巨大的浪费。因此，煤系地层的各项施工作为特殊地段的特殊施工，将对后续施工造成巨大影响，甚至需要中断施工。同时，由于缺少配套的施工机械、通风方式等方面的区别，对于瓦斯隧道尤其是高瓦斯、瓦斯突出隧道的施工组织难度相对较大。

7.3　现有规范与现场施工的匹配

目前，瓦斯隧道施工遵循的是 2002 年铁道部颁布的《铁路瓦斯隧道技术规范》(TB 10120

—2002），较好地规范、指导了瓦斯隧道的设计、施工。但在实际施工过程中，仍有部分条款和设计值得商榷。

7.3.1　电气设备和施工机械

《铁路瓦斯隧道技术规范》（TB 10120—2002）中 8.1.1 条明确规定：隧道内非瓦斯工区和低瓦斯工区的电气设备与作业机械可使用防爆型，其行走机械严禁驶入高瓦斯工区和瓦斯突出工区；隧道内高瓦斯工区和瓦斯突出工区的电气设备与作业机械必须使用防爆型。

在设计文件中常见到"采用有轨运输"的要求。根据前一节对煤矿巷道和瓦斯隧道施工差异的探讨可知，煤矿施工周期较长（一般为几十年），煤与瓦斯全部采用防爆设备是非常合理的。瓦斯隧道中真正的高瓦斯或者瓦斯突出工区段落一般都不长，施工期也相对较短，若全部按有轨运输和防爆设备，不仅在成本上造成巨大的浪费，而且功效降低，延误工期。同时，有轨设备本身也存在安全风险。近些年来，随着新技术的发展，对现有无轨设备进行防爆改装进行瓦斯隧道施工的技术得到了越来越多的应用，截至目前至少已有几十座各类瓦斯隧道得到成功实践，说明在经过合格规范的改装、合理有效的通风、严格的检测和管理的条件下，采用无轨防爆改装设备是完全可行的。

7.3.2　双电源、发电机热备

《铁路瓦斯隧道技术规范》（TB 10120—2002）中 8.1.1 条明确规定：高瓦斯和瓦斯突出工区必须配置双电源。条文解释中说明：双电源指分别来自两个变电站的不同母线段的电源；或一条来自变电站，一条来自自备电站的两条电源线路。

在实际施工中，往往从安全风险单方面考虑，片面地要求双电源采用双变电站的方案。隧道，尤其是铁路隧道一般地处偏远山区，按此要求执行非常困难，就算实现，其代价也是相当巨大的。因此该条款其实并不适宜。

采用变电站+自备电站（发电机组）的方案，又往往涉及电源转换的问题。《铁路瓦斯隧道技术规范》（TB 10120—2002）中 7.3.1 条明确规定：当一路电源停电时，另一路应在 15 min 内接通，保证风机正常运转。据此，在实际施工中，往往要求发电机热备。这是一种不合理的办法，将造成巨大的浪费（节能减排）。正确的做法应该是：发电机组仅需负责向通风系统和监控系统供电；严格日常的通信、通风、发电设备的维护保养；经常进行电源转换演练，揭煤前全面检查预热；一旦有事，立即撤人。在渝黔线天坪隧道的施工实践中，完全能够在 10 min，甚至更短的时间内完成电源转换。

7.3.3　风速问题

《铁路瓦斯隧道技术规范》（TB 10120—2002）中 7.2.7 条明确规定：瓦斯隧道施工中防止瓦斯积聚的风速不宜小于 1 m/s。条文解释中说明：该数据参照南昆线家竹箐隧道实测数据制定。

仅参照一座隧道实测数据制定，并不科学。瓦斯隧道施工的关键之一在于通风，加强通风没有错，但不应过高要求，过犹不及。各隧道地层、瓦斯赋存及涌出情况、断面形式、通风方式等均不尽相同。家竹箐隧道实测数据只能证明适用于其本身，不能作为规范的依据。各隧道应根据各自情况、特点，编制科学有效的通风方案，选取合适的参数。天坪隧道横洞工区作为瓦斯突出工区，根据自身情况，通过计算，确定了（回风流中）0.25 m/s 的最低风速，

实测风速 0.3~0.4 m/s，揭煤时 0.5~0.6 m/s，完全满足了安全施工的需要。如若刻板地执行 1 m/s 的最低风速要求，必将造成巨大的浪费。

当然，特殊情况下需要提高风速另当别论，但也需要实际计算。

7.3.4　揭　煤

《铁路瓦斯隧道技术规范》（TB 10120—2002）中 2.0.6、6.5.2、6.5.3 条明确规定，采用震动放炮措施时，石门开挖工作面距煤层的最小垂直距是：急倾斜煤层 2 m、倾斜和缓倾斜煤层 1.5 m，如果岩层松软、破碎，还应适当增加垂距。石门揭煤宜用微震动爆破法。急倾斜和倾斜的薄煤层，应一次全断面揭穿煤层全厚；急倾斜和倾斜的中厚、厚煤层，一次全断面揭入煤层深度宜为 1 ~ 1.3 m；缓倾斜煤层，应一次全断面揭开岩柱。当倾角小于 12°，岩柱水平长度大时，可刷斜面揭开煤层。

在石门围岩较好的急倾斜-倾斜，中厚-厚煤层揭煤施工中，会出现以下问题。由于煤层倾斜的原因，在揭煤时石门部分位置的实际厚度将超过 1.5 m 至 2 m 的规定值，再加上矿用炸药的低猛度特性，要达到规定的全断面入煤深度是很困难的。一旦揭煤不成功，反而增大施工安全风险。采用大断面刷斜坡的方式在实际施工中难度较大，且斜面也无法进行钢拱架支护等施工，也存在风险。

渝黔线天坪隧道根据煤矿渐进式揭煤的成熟经验，将隧道断面化大为小，平导采用上下台阶，正洞采用三台阶的开挖工法，从上而下的顺序揭煤。在确保消突措施有效、效果检验合格的情况下，上台阶可灵活调整石门厚度，采用边探边掘的渐进方式逐渐接近煤层。在确保能够一次成功的情况下才进行揭石门爆破。最小一次揭石门厚度为 1 m。同时，根据煤矿的揭煤经验，在煤矿巷道断面条件下，见煤面积达到 1 m² 即可判定为揭煤成功，而不需要全断面见煤。这方面值得我们继续研究探讨。

7.3.5　消突措施

对高瓦斯和瓦斯突出隧道而言，消突措施是一项主要的施工内容，也是成败与否的关键之一。但规范仅对排放做了一定程度的规定。在实际施工中，由于工期等方面的考量，会采取一些新的措施，如抽排、水力压裂、水力冲孔、水力割缝等，来提高排放效率，节约时间，降低成本。规范在这方面并没有相应的规定。同时，排放时间统一规定为 15~30 d，也不科学，没有普遍意义。

另外，揭煤后续施工的内容也需要完善。如揭煤与安全步距的协调关系、二衬等施工的安全规范等。

7.4　瓦斯隧道施工定额

相对于施工技术的发展，瓦斯隧道施工定额工作更加滞后。截至目前，仍未出台正式的铁路瓦斯隧道定额供设计、施工时作为概预算编制依据。

概算编制阶段，常常是靠不多的资料收集、经验积累、简要计算，因此往往考虑不够全面，不够深入。大部分仅仅考虑部分实体瓦斯施工费用，还有一些情况是将相关费用简单地列支在安全生产费中，而一些"看不见"的费用未能列入概算。致使概算费用远远低于实际施工投入，给施工生产带来诸多困难，直接影响到工程建设进度与生产安全。

　　设计阶段，虽然按照相关规范、规定要求进行设计，但概预算却因缺乏定额依据，只是在普通隧道概预算的基础上，"适当"增加措施费，造成很多"有措施，无费用"的情况。

　　施工过程中，严格要求并没有错。但由于经验不足、认识不深、机械执行等原因，建设单位、监理单位，甚至是施工单位本身，也会盲目地增加很多不必要不科学的措施和投入。相反，一些施工单位因为投入过大造成严重亏损（或者潜在亏损），又无明确的调整概预算甚至是计量、变更的依据，压力巨大。从而错误地产生侥幸心理，减少投入，降低标准，管理松懈，不能严格执行相关规定要求。造成巨大的安全隐患。

　　不得不说，编制一套合理的瓦斯隧道施工定额已经到了亟不可待的程度。

7.5　存在的问题

7.5.1　瓦斯隧道组织管理模式

　　当前一段时期内，瓦斯隧道，尤其是瓦斯突出隧道施工高要求与现场实际之间的矛盾仍将存在。各项目都建立了不同的组织管理模式。由于种种原因，在施工过程中或多或少都存在问题，带来很多安全隐患，甚至引发事故。因此，不管采取何种模式，都必须严密高效、切实可行、便于操作。建议在施工中采用项目部+专家组+专业施工班组+第三方监管的模式进行施工。

　　项目部作为施工管理的主体，负责方案编制、组织协调施工管理的责任。成立专家组，聘请各方面专家，尤其是对相应煤系地层比较熟悉的煤矿方面的专家，对方案编制、设计优化、管理体系等进行全方位的指导。

　　引入专业的施工班组，目前主要是煤矿，尤其是熟悉相应煤系地层施工的煤矿班组。主要是按设计及方案施工风险性较大、较复杂、较专业的如钻孔施工、抽排施工、揭煤施工等。另外，对关键的瓦斯监测、通风、供电等宜采用专业化的班组进行施工。

　　增加第三方监管力量。目前，监管力量主要是煤矿、科研院校等单位专业人员，也可以是有条件的专家组成员组成，对项目部负责。其主要作用是弥补项目部瓦斯施工日常管理力量的不足。第三方人员常驻工地，对施工方案、管理制度的现场执行进行监督指导，对现场突发情况进行指导处置。

　　各部分通力协作，互为补充，也互为监督，并与建设单位、监理单位、设计单位的管理相融合，最终实现方案最优、效率最高、管理最严、执行最好、效果最佳的目的。

7.5.2　管理制度创新

　　由于瓦斯隧道施工的高风险性，很多单位和个人在编制施工方案和现场施工管理过程中，往往过于保守，止步于"老传统、老做法"，不敢越雷池半步。从科学发展的角度来看，这是非常不可取的，严重地制约了瓦斯隧道施工技术的发展。一些项目不结合现场实际，不认真深刻地研究瓦斯隧道施工技术的内涵，机械、教条地执行规范，对"四新"（新技术、新工艺、新工法、新设备）成果不想用、不敢用，甚至只把设计和规范当作规避责任的"挡箭牌"，制约了管理制度创新与发展。

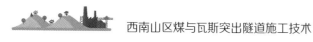

为了从技术层面提供更为合理、可靠的保障，我们应该积极、稳妥地采用和发展"四新"成果，不断地推进瓦斯隧道施工技术的健康发展。这也需要我们的主管部门从规范更新、管理体制等各层面创造一个更为科学合理的环境。

7.5.3 铁路隧道与煤矿瓦斯管理需要区别对待

（1）煤矿以采煤为目的，井巷多沿煤层走向或倾斜方向布置；铁路隧道则垂直于或基本垂直于煤层走向，尽量以最短距离穿过煤层。就与煤层的关系而言，前者是面，后者是点。

（2）矿山井巷断面小，一般不超过 18 m²；铁路隧道断面大，平导断面在 40 m²左右，双线铁路隧道的开挖断面目前已超过 110 m²。

（3）煤矿是多水平、多采区、多工作面同时作业；铁路隧道则以单一的工作面直通洞外。所以铁路瓦斯隧道的瓦斯浓度大都低于邻近煤矿。如果忽视以上基本区别，在施工瓦斯隧道时套用煤矿的管理模式，照搬《煤矿安全规程》和《防治煤与瓦斯突出细则》，往往失之偏颇。虽然保证了施工安全，但也增加了许多不必要的投入，加大了工程成本。

铁路瓦斯隧道对《煤矿安全规程》和《防治煤与瓦斯突出细则》应认真对待，但也不必亦步亦趋。施工中应结合实际，具体情况具体分析，科学地实事求是地进行处置，切忌生搬硬套，否则，会给施工带来诸多不便，"规范"也不会发展和进步。

参考文献

[1] Ю. Н. 马雷舍夫（Ю. Н. Малышев）等. 煤与瓦斯突出预测方法和防治措施[M]. 北京：煤炭工业出版社，2003.

[2] 国家安全生产监督管理总局. 煤矿安全规程[S]. 北京：煤炭工业出版社，2009.

[3] 国家安全生产监督管理总局. 防治煤与瓦斯突出规定[S]. 北京：煤炭工业出版社，2009.

[4] 铁道部. TB 10120—2002 铁路瓦斯隧道技术规范[S]. 北京：中国铁道出版社，2002.

[5] 铁道部经济规划研究院. TZ 204—2008 铁路隧道工程施工技术指南[S]. 北京：中国铁道出版社，2008.

[6] 中铁隧道勘察设计院有限公司. 改建铁路重庆至贵阳线扩能改造工程天坪隧道施工图[Z]. 天津：中铁隧道勘察设计院有限公司，2012.

[7] 王明慧. 西南山区高速铁路建设技术与实践[M]. 成都：西南交通大学出版社，2017.

[8] 张忠爱，杨仁春. 渝黔铁路天坪隧道有害气体预测预报方法[J]. 隧道建设，2017（5）：618-621.

[9] 房玉中，谢国强，陈晓成，等. 渝黔铁路天坪隧道机制砂生产关键技术研究[J]. 隧道建设，2015（9）：883-890.